青蓝工程
专业能力必修系列

小学 英语教师 专业能力必修

xiaoxue yingyu jiaoshi zhuanye nengli bixiu

教育部基础教育课程教材发展中心　组编

编委会主任：曹志祥　周安平
本 册 主 编：鲁子问　王彩琴
副　主　编：夏谷鸣　张荣干　雷云萍

西南师范大学出版社
全国百佳图书出版单位　国家一级出版社

图书在版编目（CIP）数据

小学英语教师专业能力必修/鲁子问，王彩琴主编. —重庆：西南师范大学出版社，2012. 1
（青蓝工程系列丛书）
ISBN 978-7-5621-5660-4

Ⅰ. ①小… Ⅱ. ①鲁…②王… Ⅲ. ①英语课－教学研究－小学－师资培训－教材 Ⅳ. ①G623. 312

中国版本图书馆 CIP 数据核字（2012）第 010366 号

青蓝工程系列丛书
编委会主任：曹志祥 周安平
策　划：森科文化

小学英语教师专业能力必修
鲁子问 王彩琴 主编

责任编辑：廖 伟 任占弟
封面设计：红十月设计室
出版发行：西南师范大学出版社
地址：重庆市北碚区天生路 1 号
邮编：400715 市场营销部电话：023-68868624
http：//www. xscbs. com
经　　销：新华书店
印　　刷：重庆升光电力印务有限公司
开　　本：787mm×1092mm 1/16
印　　张：12. 75
字　　数：258 千字
版　　次：2012 年 3 月 第 1 版
印　　次：2020 年 12 月 第 5 次印刷
书　　号：ISBN 978-7-5621-5660-4

定　　价：36. 00 元

《青蓝工程》

编委会名单

编者的话

在基础教育课程改革10周年之际，伴随着义务教育课程标准的再次修订与正式颁布，我们隆重推出这套“青蓝工程——学科教师专业能力必修系列”丛书。丛书立足于教师应该具备的最基本的教学专业知识与普适技能，为有效实施新修订的义务教育课程标准，深化基础教育课程改革，贯彻落实《国家中长期教育改革和发展规划纲要（2010－2020年）》，助力素质教育高质量地推进提供了保证。

“教育大计，教师为本。”课程改革的有效实施和素质教育的贯彻落实需要一支高素质、专业化的教师队伍做支撑。教师的专业化发展在我国历来受到高度重视，但今天我国教师的专业化水平与社会的现实需求和时代的进步，特别是与教育改革发展的需要还存在着较大的差距。

以往，我们常常说教师要提高自身的专业水平或教学技能，但一个合格的教师究竟需要哪些最基本的专业知识与专业技能？教师的专业发展又该朝着哪个方向和目标去努力？这些问题，在教师专业化发展，尤其是在学科教师专业能力的提高上，一直以来并不是十分清晰。因此，我们聘请了当前活跃在基础教育学科领域的顶级专家，他们中的绝大多数是直接参与义务教育课程标准修订、审议或教材编写的资深学者，以担任相应学科的中小学教师应该（需要）了解（具备）的最基本的常识性知识和技能为出发点，总结了具有普适意义的学科教育教学知识和技能，力求推进教师教育教学能力的均衡发展，实现大多数教师教育教学能力的达标。从这个意义上，可以说这套丛书是教师专业化水平建设与发展的一个奠基工程，也是10年基础教育课程改革成果的结晶。我们希望青年教师不但能从书中充分汲取全国资深专家与优秀教师的经验、成果，更能“青出于蓝而胜于蓝”，在前辈的引领下，大胆创新，勇于超越，也因此，我们将丛书命名为“青蓝工程”。

丛书从“知识储备”和“技能修炼”两个维度展开论述（个别学科根据自身特点在目录形式上略有不同）。“知识储备”部分一般包括：①对学科课程价值的理解与认识；②修订后课标（义务教育）的主要精神；③针对该学段、该学科的教学所需的基本知识和内容等。“技能修炼”部分主要针对教学设计、目标把握、教学实施与教学评价等专题展开论述。每个专题下根据学科特点和当前教学实际设有几个小话题，以案例导入或结合案例的形式阐述教师教学所必需的技能以及形成这些技能所需要的方法和途径等。

本丛书具有权威性、系统性和普适性，希望对广大教师，特别是青年教师的专业成长能有实实在在的帮助。

丛书编委会

2012 年 1 月

前　言

一项战略确定之后，战略执行者的能力就将成为战略成败的关键因素。基础教育课程改革是我国一项重大的基础教育战略，要实现这一战略，就需要一大批达到战略实施要求的教师。为此，教育部基础教育课程教材发展中心专门和西南师范大学出版社启动了《青蓝工程——学科教师专业能力必修》项目。我们受委托，承担英语学科的小学、初中、高中教师的专业必修书目的编制。

本书由鲁子问进行总体设计，王彩琴、夏谷鸣、张荣干、雷云萍参与全书结构讨论，王彩琴负责编写组织工作，并负责案例分析、理论点拨、反思探究、修炼建议的编写，刘菁菲、王春晖、黄洁负责案例选编和问题展示部分的编写，夏谷鸣、张荣干、雷云萍分工负责不同部分的审稿和修改，鲁子问负责部分疑难问题的编写，并负责统稿。

在编写过程中，我们以国家《义务教育英语课程标准》（2011 年版）为基础，参考了一些相关著述，特此表示感谢！

由于各种原因，本书还可能存在一些不足，还请广大读者批评指正，以便我们不断完善。

编　者

前 言

[illegible]

编 者

目　录

Contents

上　篇　学科能力　1

下　篇　教学能力　87

上篇

学科能力

教师的学科能力对教师的教育教学效果有着重要影响。本篇中主要论述了小学英语教师的学科能力，主要包括小学英语教师的内功，以及小学英语教师对新课程与教学目标的理解与运用。

专题一 小学英语教师的内功

一、语音——小学英语教师的关键素质

问题展示（Questioning）

语音是语言的外在形式与文化内涵之一。小学阶段是语音教学的关键时期，因为这一阶段的绝大多数学生的语音具有较好的可塑性，而只有极少数具有特殊语言素质的人才可以在成年以后掌握一门新语言的语音。我们的普通话语音水平就是很好的证明。大部分人在少年时期受方言影响会形成一些特殊的普通话语音，如很多从小生活在南方的老师无法准确地说出“无奈”（wu nai），而总是说成“无赖”（wu lai），或者总是把“北京”（bei jing）说出“北津”（bei jin），或者把“私事”（si shi）说成“丝丝”（si si）。当然，也有一些人即使在成年后开始学普通话，也能成长为播音员，但这毕竟是少数。所以，对于绝大多数小学生来说，小学阶段学习英语的最大好处之一，就是在语音能力具有可塑性的时期学习到准确的英语语音，为以后的英语学习或者文化体验打下良好的基础。良好的语音会使学生在英语课堂上自信地参与活动，这种参与必将促进他们更好地学习英语，也使他们得到更多的展示机会、纠错机会、发展机会。所以我们说，良好的语音是促进学生更好地学习英语的有效起点。

英语与汉语的主要区别之一就是语音。英语语音几乎没有一个与汉语的语音完全相同，英语的语调具有自身特点，英语更是具有语词、语句重音的语言。更为重要的是，英语是由重音确定语词发音时间的语言（stress-timed language），而汉语是由字本身确定字的发音时间的语言（word-timed language）。

显然，英语语音学习对于小学生非常重要，而英汉语言在语音上存在很大差异。这就要求小学英语教师具有准确的英语语音能力，而且具有清晰的语音意识，在教学中注意到英汉语音差异，在教学中规避学生已有的汉语语音对学生正在形成的英语语音的副作用。

毫无疑问，语音能力是小学英语教师的关键素质，语音素质的不足会影响其教学成效，更会导致学生掌握错误的语音，从而影响其以后的甚至终身的英语学习成效。此外，根据语言运用能力的要求，我们的语音教学必须把握一个关键，即为了语言运用而学习语音，而不是进行孤立的语音知识教学。

我们来看宫老师的语音教学活动。她的教学内容是字母 A 到 M 的读音巩固活动。

以下是教学过程：

Step 1：热身。宫老师和学生一起唱英语歌曲 *Good morning*。然后开始当天的 Free talk，即用不同的方式和学生打招呼，复习问候语 Good morning！/Hello！/Hi！/How are you? I'm fine，thank you. /What's your name? I'm... /Glad to meet you. /Goodbye!

Step 2：复习英语字母。宫老师要求学生用升降调读出 A 到 M 的英语字母，在学生读字母时，宫老师注意纠正学生错误的发音。接下来，宫老师要求全班先背诵，再请个别学生背诵 A 到 M 的英语字母。

Step 3：游戏活动。(1) 对口型：学生正确读出花形卡片中的大写或小写字母时，可得到字母卡。宫老师让持卡学生分别站在教室两侧，其他学生则看教师的口型猜出字母。持卡学生听到字母后，快速到中间配对，先到的获胜。(2) 找伙伴：宫老师读出［ei］这个音标，手持 Aa、Hh、Jj、Kk 的学生站起来，读出自己手中的字母。宫老师读出［iː］这个音标，手持 Bb、Cc、Dd、Ee、Gg 的学生站起来，读出自己手中的字母。宫老师读出［e］这个音标，手持 Ff、Ll、Mm 的学生站起来，读出自己手中的字母。宫老师读出［ai］这个音标，手持 Ii 的学生站起来，读出自己手中的字母。

Step 4：练习。(1) 引导学生欣赏若干图片，激发起学生的想象力后，把课本中的练习留给学生在课后自主完成。例如，(2) 选择几个字母进行听写。

Step 5：布置作业。宫老师要求学生：(1) 听、读第一课到第六课；(2) 朗读字母 Aa 到 Mm，每个 10 遍，父母计数。

案例分析（Demonstrating）

宫老师采用了活动式的课堂教学，这符合课程标准的要求。课堂导入选用的英语歌曲有助于学生放松，但是如果换唱英文字母歌，则可以更好地激活学生的字母知识。课堂复习采用的字母朗读、背诵、排序等活动过于机械，但训练也是有效的。一组游戏活动可以促进字母读音和顺序的巩固。课堂练习活动有些问题，练习英语字母读音的图片显然是来自汉语拼音练习——鸽子的 g、喝水的 h 的读音，而不是英语字母 g、h 的读音。

总体而言，宫老师尽管用了不少活动进行教学，但教学自始至终都是在语音知识层面的教学，对字母的读音和顺序都缺乏运用，而且对有些语音的把握也存在偏差，汉语拼音对学生的英语学习可能会带来负迁移作用。

理论点拨（Illustrating）

英语语音对于小学英语教学至为关键，甚至会影响小学生终身的英语学习。因此，小学英语教师必须充分掌握英语语音知识，并掌握合理的教学方法。

1. 英语语音的特点

作为小学英语教师，首先我们应该了解英语语音的特点。

（1）元音。英语元音与汉语元音有很大差异。英语元音的舌位等与汉语元音的舌位也有很大区别。

英语单元音舌位图：

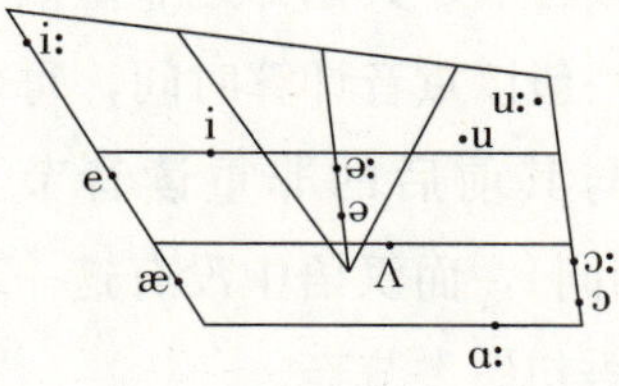

汉语单元音舌位图：

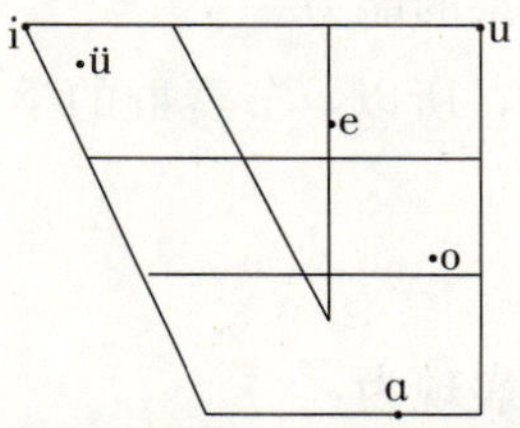

比较两图可知，两种语言的单元音没有一个完全相同。所以，我们不能轻易地从汉语迁移出英语单元音的读音。

在双元音方面，现代汉语的双元音基本已经被单元音化。在日常交际汉语中没有真正的双元音，如我们说“说曹操，曹操到”时，“曹操”中的 ao 都是一个音，没有分解为从 a 到 ao 的两个音的过程，只有在歌曲、戏曲中我们唱“白脸的曹操”时才会明显地使用双元音从 a 到 ao 的两个音的过程。但英语中，双元音基本上还是采用两个音滑变成一个双元音的过程来说出双元音的，如 hello 的［əu］是从［ə］到［u］的过程，而汉语中的“欧”其实是一个音，不是真正意义上的双音。

同时，英语元音长短不一，而且其时长在语流中会出现变化，汉语元音的读音基本等长，其读音时长在语流中没什么变化。

中国学生受汉语语音影响，学习英语元音时容易出现单元音不饱满、不到位，双元音被单元音化的现象，需要特别注意。

（2）辅音。英语辅音后面经常附加元音，这与汉语相同，但词尾的辅音附加元音则与汉语不同，汉语没有真正的词尾辅音，几乎都是以元音（韵母）结尾，而英语的大多数单词是以辅音结尾。很多小学生经常出现在英语词尾辅音后附加元音的错误，如把 book 读成 booker、把 name 读成 namu 等。

同时，学生的英语学习还受方言影响。我国很多方言的辅音都存在这样那样的混淆，如很多地方存在的卷舌音错误、南方广泛存在的 [l] [n] 不分的错误，这都需要我们在教学生学习英语辅音时注意。

(3) 语调。英语的语调与汉语的语调有很多差异，如英语的特殊疑问句一般都使用降调，但汉语的特殊疑问句一般都使用升调；英语有一些句中有升调，但汉语没有句中升调，学习这些语调时学生容易出现错误。

(4) 节奏。汉语是音调语言，一个字只有一个音，在多字词组中，音的轻重是字本身规定的，所以汉语不存在因为重音而出现的语流音变的节奏。但英语大多是多音节词，一个词大多只有一个重读音节，其他都是非重读音节，在语句中更是存在语句重音。在口语中，英语的语句一般以重音计算时间，每个重读音节之间的时间应该大致相等，所以一个重读音节与其前后的非重读音节一般构成一个完整的节奏群(rhythm group，与意群基本相同)，而汉语中没有这一现象。所以，学生经常出现非重读音节被拉长的问题，导致语句失去节奏。

节奏群直接制约着学生在口头表达中运用节奏群进行表达的能力，以及学生在听力理解中把握节奏群提高理解效果的能力。

因为节奏群与意群基本相同，所以，节奏群的学习对学生在阅读理解中运用意群提高阅读效果的影响非常大。

2. 英语语音的运用形态

一般而言，语音的运用主要表现为：

(1) 识别。当语音不清晰时，人们就需要识别究竟是哪一个语音，这样才能确定对方所表达的准确信息，越是容易混淆的语音，越是需要识别。

(2) 表达。语音显然是达意的，我们需要用语音语调表达我们的意图，如重读就是一种表达方法。当然，有时为了避免信息流失，也刻意使用特殊的表达方式。如两岁的孩子 Sam 吵着闹着还要吃更多巧克力，妈妈不给他吃，因为担心巧克力吃多了对牙齿不好。爸爸听到孩子哭，就问妈妈："Why is Sam crying?"妈妈显然不能说 chocolate 这个词，因为孩子听到了会哭得更厉害，就对孩子爸爸说："He wants more c—h—o—c—o—l—a—t—e."这样孩子就听不懂了，因为两岁的孩子还没学会拼写。

(3) 学习。语音是英语的重要组成部分，我们在学习英语时可以利用读音帮助我们学习，比如记忆单词，我们可以借助 book 学习 look、借助 bike 学习 like 等。

3. 英语语音的教学方法

根据鲁子问等人的《小学英语教学活动设计》一书中的研究，小学英语语音的教学方法主要有三种，我们应该完全掌握，根据教学需要灵活运用。

(1) 语境法。这一方法是指基于一定的真实运用英语的语境，设计语音活动。我们可以设计在真实运用英语语境中的语音比较活动。例如，一个打电话的语境，A 听不清楚 B 的话，于是询问，B 进一步说明。

A：Your name，please.

B：Lida.

A：What？Nina？

B：No，I'm Lida，not Nina.

A：All right，Lida.

这样的真实语境的活动可以让学生辨析［l］［n］两个语音。再如，在一个野餐的场景，A 请 B 给他递物品。

A：Give me the pan，please.

B：（passing a pen to A）Here you are.

A：Oh，no！Not the pen. Give me the pan，please！

B：Aha，sorry！Here's the pan.

让学生读和表演这个对话，显然可以帮助学生掌握 pan、pen 的读音区别。

在真实语境中的语音学习，我们还可以结合真实交际中的表情、体态语开展语音学习活动。

（2）歌曲歌谣法。唱歌、说歌谣是孩子们最喜爱的活动之一。在英语启蒙阶段，学唱歌曲、学说歌谣不仅有利于降低语言学习的难度，培养孩子们掌握语言的信心，帮助孩子们增加语言的语感，而且也是呈现新的语言的重要方式。

歌曲、歌谣是“听，唱”（listen and sing）的活动，是练习新的学习内容的有效方式，节奏和韵律能帮助学生提高语言的流利程度，并能帮助学生记忆所学的语言。我们不仅可以在课堂上教小学生学唱歌曲与歌谣，也可在适当时候举行教学歌曲的比赛。比如，下面这个传统歌谣就是学习双元音［au］的经典歌谣。

See-saw，up and down，	跷跷板，高又低，
Which is the way to the town？	哪条路，去城里。
One foot up and one foot down，	一脚高，一脚低，
That is the way to the town.	这条路，去城里。

头韵是传统的英语语音学习方式，我们也可以选择或设计这样的韵句让学生学习，如传统的“Peter Piper picked a pickle of pepper.”等。

因为中国学生学习元音的困难更大一些，我们还可以设计强调元音的短小的韵句来强化语音，如“I'm a cat，cat，cat in a hat，hat，hat.”就可以强化学生的语音感知。

我们还可以根据课文内容等编写新的歌谣来帮助学生学习语音。鲁子问教授在其《小学英语游戏教学理论与实践》一书中，介绍了他收集和编写的有关教学所有音标的歌谣，值得我们参考。

（3）游戏法。小学生非常喜欢游戏，游戏也是小学生运用英语的一种形态。当我们把游戏的重点放在语音上的时候，我们可以组织各种游戏活动进行语音教学。

Listen, run and touch, say 是一个经典游戏，就是让学生听指令，然后跑到某个位置，按指令触摸相应的对象，并用语句说出对象。老师可以在黑板上贴上 mouth、mouse、hand、head、pen、pan 等的图片，让学生听指令"Touch the hand"，学生跑到黑板前，触摸 hand 图片，说出"Here's the hand."或者"This is the hand."则获胜，或得分。

在游戏中，我们还可以组织比赛。让学生组成不同的小组进行语音比赛，可以是朗读比赛，可以是听音辨析比赛等。不过竞赛活动的形式应该仍然是前面介绍的形式，而不宜采用机械性训练的活动进行竞赛。竞赛可以采取两人对抗赛、分组对抗赛、无限制竞赛等，可以采取连续多天的竞赛，也可以采取多轮淘汰的竞赛，甚至可以引入流行的 PK 赛等。

总之，比赛只是形式，关键在于让学生积极参与语音学习活动。

也有人把语音学习与特殊的体态（特别是手势）等结合起来开展语音学习活动。这种非真实交际的体态语的学习活动，我们认为具有一定的游戏活动的性质，在对学生的学习有效时，我们可以开展。不过，由于这类活动并不是直接的语音学习，因此我们要慎重使用。

反思探究（Reflecting）

基于以上的"案例分析"和"理论点拨"，我们可以对宫老师的教学设计进行进一步的完善。

Step 1：热身。师生一起唱英语歌曲 *ABC Song*，然后，进行当天的 Free talk，即用不同的方式和学生打招呼，复习问候语，并有意识地引出字母，如"Good morning, children. /Hello, Tingting. /Oh, a new cap. /Oh, a letter M on it! /Look, everyone, M on tingting's cap. /Hi, Daming. /Oh, a new pencil. /And letter E and F on it. /Nice pencil."

设计意图：通过热身的 *ABC Song*，让学生自然地回忆起一些字母，通过自由交谈，使学生进入愉快的心境，提高学习热情，为学生能积极主动地完成学习任务奠定基础。教师使用不同的问候语，对不同对象进行交际会话，有意地培养学生听的能力和对他人的问候做出准确判断并正确回答的能力，并导出部分字母，引导学生观察生活中的字母。

Step 2：运用练习。老师引导学生模仿开展以下活动。

（1）打电话。下面是一位顾客和宾馆接待员之间的一段对话：

宾馆接待员：Your name, please.

顾客：Gao Ling. G—a—o, Gao. L—i—n—g, Ling.

宾馆接待员：Sorry，is it G—a—o or J—i—a—o?

顾客：G—a—o.

宾馆接待员：Is it L—i—n—g or N—i—n—g?

顾客：L—i—n—g.

宾馆接待员：G—a—o，Gao. L—i—n—g，Ling. Thank you.

顾客：Thank you.

（2）秘密情报。A 和 B 两人在麦当劳餐厅负责为国家传递秘密情报，不能说出声，A 只能说出每个字母，B 记录下来。

A（silently）：b—a—g.

B（writes）：bag. 然后拿着 A 的书包离开。

（3）找伙伴。老师读出某一英语音标，学生将含有该音标的字母举起来，并朗读出来。

Teacher：[ei].

Ss：手持 A、a、H、h、J、j、K、k 的学生站起来，读出自己手中的字母。

Teacher：[iː].

Ss：手持 B、b、C、c、D、d、E、e、G、g 的学生站起来，读出自己手中的字母。

Teacher：[e].

Ss：手持 F、f、L、l、M、m 的学生站起来，读出自己手中的字母。

Teacher：[ai].

Ss：手持 I、i 的学生站起来，读出自己手中的字母。

设计意图：用前两个活动呈现字母读音的真实运用形态，使学生不仅巩固字母读音，而且掌握了对字母读音的运用。学生通过第三个活动巩固已学字母读音，并形成按照语音学习的学习策略，这也是字母读音的一种运用形态。

Step 3：巩固与评价。老师引导学生完成字母朗读竞赛、字母背诵竞赛、字母识别竞赛、字母连线、字母配对等活动，引导学生进行课堂总结评价，鼓励获胜小组。

设计意图：最后的活动巩固部分，让学生更有成就感，使学生在“趣味字母”中激发想象力。课堂活动环环紧扣，类型丰富，在游戏中巩固知识，让学生始终保持兴奋的学习状态，有意犹未尽的感觉。教师在评价的设计上也采取了和本课内容紧扣的方式，学生得一分，就得到一朵花，最后教师对学生进行评价，使评价不流于形式，能更好地为教学服务。

Step 4：布置作业。（1）听、读第一课到第六课的内容。（2）从课堂的三个游戏活动中任选一个，与朋友开展活动。

显然，新的教学过程都是围绕字母语音的运用展开的，活动也有趣味性，这都是基于教师准确把握了字母读音的运用形态才设计形成的。如果不能准确把握语音的运用形态，也就无法设计出这样的运用活动了。

修炼建议（Developing）

小学英语教师应该从以下方面进行提高自身英语语音运用能力的修炼。

1. 专门学习英语语音

英语语音和汉语语音不同，不系统学习是难以真正掌握的。我国英语语音教学传统深厚，申葆青教授、屠蓓教授、朱鑫茂教授都有很好的英语语音教材，不仅有对每一语音特点的介绍，还有很好的针对语调、重音等的训练，值得学习。

2. 掌握英语语音运用形态

尽管英语运用有很多大部头的研究专著，但现在国内没有现成的适合教师用的介绍英语运用的书。因此，英语语音运用形态的更多具体案例还需要老师们自己积累总结。

3. 围绕运用设计教学

这是现在很多小学英语语音教学的主要问题，我们只有真正从运用展开教学设计，才能真正培养学生的运用能力，也才能真正实现英语课程的目标。

二、词汇——小学英语教师的重要素质

问题展示（Questioning）

词汇是语言的基本成分，教师自身的词汇能力是其教学素质的基本组成部分，也是其教学的基本能力。小学英语教师的词汇素质对课堂教学有着怎样的影响？我们先来看一看某市一所普通小学卢老师的英语课堂词汇教学案例。这节课的主要内容是教学描述“颜色”的英语词汇。

Step 1：热身。师生互致问候之后，卢老师问大家：“Do you like pandas? Do you know the color of a panda? Now，let’s go to the zoo and see the pandas. Please watch carefully and tell：What color is the panda?”然后播放一段视频，展示动物园中的国宝熊猫。

Step 2：复习。卢老师拿出六种动物的图片，借助歌谣复习形容词。

Tall，tall，tall！The giraffe is tall.

Short，short，short！The deer is short.

Big，big，big！The pig is big.

Small，small，small！The mouse is small.

Long，long，long！The snake is long.

Funny，funny，funny！The monkey is funny.

Step 3：语法呈现。卢老师在屏幕上展示出一幅熊猫的图片，对大家说："我们学过了 tall、short、long、big、small、funny 等形容词，今天我们来学习一些描述颜色的形容词。"接着，展示 white、black 两个单词。然后，又采用图片对应的方式展示 a red car、a green tree、an orange coat、a purple skirt 等。

Step 4：语法操练。卢老师要求学生首先跟着自己读，然后全班齐读，再男女生互相领读。

Step 5：作业布置。卢老师要求学生：（1）记忆今天学过的"颜色"英语单词；（2）学会唱英语歌曲 *I can sing a rainbow*。

案例分析（Demonstrating）

卢老师这节课的步骤清晰、内容突出，这些都值得肯定。但是，这节课也存在着一些问题。

（1）"热身"与"复习"的步骤和内容调换一下，步骤的衔接与过渡会更加自然，也更符合学生的基本认知规律。

（2）语法操练的方式虽然看上去多样化，但实际上只有一种方式，那就是"齐读"，而且没有语境，没有真实的语用目的（也就是没有体现出为什么用 a red car 说明图片内容），这样，无形中会忽略对学生单词发音准确性的及时反馈和评价。

（3）这节课上缺乏对词汇的有意义的练习，这就会影响学生词汇学习的有效性，因为简单的机械化操练不能帮助学生有效地理解、掌握和运用词汇。

（4）作业中的第二题"学会唱英语歌曲"表述得过于笼统，如学生从哪里获得这首英语歌曲，如何学唱这首歌曲，学唱到什么程度，为什么要学唱这首英语歌曲等。

（5）歌谣的"Tall，tall，tall！The giraffe is tall."也不是合理的表达方式，生活中没人这么说话。

理论点拨（Illustrating）

教师对词汇的呈现、讲解和例释等活动本身是必要的，关键在于其呈现、讲解和例释的方式方法以及之后对词汇运用活动的设计与实施。如果这些活动仅仅停留在机械操练的层面，学生就始终没有机会真正地"触摸"词汇，或是与词汇产生"互动"，也就无法理解和领悟词语的基本含义以及在特定语境中的意义，也不可能有机会（也不了解如何做）运用词汇描述事物、行为和特征，并说明概念等。如此，学生学习的兴趣、积极性、主动性等会越来越弱，直至消失，结果导致学生词汇学习的零效率。

1. 英语词汇学习的方法

英语词汇学习分成直接式学习和间接式学习两种类型。直接式学习是直接的词汇练习和活动，如词形拼写练习、词汇游戏等。间接式学习则是学生的注意力并不在词汇学习上的时候所进行的。语言学习的输入发生的条件是：（1）学生对所接触的语言内容感兴趣（可能发生在阅读、听说或其他交流中）；（2）语言内容要高于学生目前的真实水平，如包含新词汇或新结构等；（3）学生不会因为要学习新东西而感到紧张。

直接式学习和间接式学习都存在于词汇学习中，但因为后者提供了语境，学生能够在语言的使用中达到学习的目的，所以教师应该给学生提供比直接式学习多得多的间接式词汇学习的机会。

以此为依据，Nation 把词汇的教学从最直接到最间接分成以下四种：（1）课内外专门的词汇学习活动，如拼写规则的学习、词典的使用、猜测词义、生词表的学习等；（2）词汇学习与其他语言活动相联系，如学习语篇之前先讲授其中的生词；（3）在教学过程中遇到生词时作解释（这是最普遍的方法）；（4）在教材内容的选择上考虑到词汇的学习，如使用简化的原版读物。

在运用以上的方法时，教师需要考虑下面三个问题：哪些是学生需要掌握的词汇？如何帮助学生学会这些词汇？如何了解学生需要掌握和已经掌握的词汇？如果教师忽略了对此类问题的思考，那么词汇教学的效果就无法得到基本保证。

2. 词汇学习的本质含义

有关词汇和词汇习得方面的研究表明：（1）词汇学习是一个连续不断的过程。某一语言的本族语使用者在成年后仍继续扩大其词汇量。（2）认识一个词意味着知道在口语中和书面语中碰到该词的概率。很多词我们还知道很可能与其搭配出现的其他种类的词。本族语者一般能将一组词分出“常见”“不常见”“不大常见”三类。（3）认识一个词意味着知道功能和情景的变化对该词的各种限制，如时间变化、地位变化、社会角色、语域等对词语的选择有一定的限制。（4）认识一个词意味着知道该词的句法特征。（5）认识一个词意味着知道该词的深层形式和从该词派生出来的词。（6）知道一个词意味着知道该词与其他词之间的关系网络。一般来说，词汇之间关系的联想可以通过对比或反义词、相似点或同义词、从属关系分类、并列关系分类以及上下文关系分类等。（7）知道一个词意味着知道该词的其他不同的意义。

3. 影响词汇学习的主要因素

Nation 认为，以下三个方面是影响词汇学习的主要因素：

（1）学习者已有的经验和知识。这包括两个主要方面：①学习者的母语（汉语）对英语词汇学习的影响。这里面包含母语对外语的“正迁移”和“负迁移”两种影响。汉英两种语言的发音方式、重音位置、书写形式、词汇在句子中的语法位置、词汇之间的搭配、出现频率、礼貌程度、正式程度、词汇蕴涵的文化等都会直接影响学习者对英语词汇的学习。如果学习者总是先记住该词的汉语意思，就容易导致“僵化”，从而影响对英语的准确把握。②已有的英语知识对新的英语词汇学习的影响。这里面包含“已知”对“新知”的“正迁移”和“负迁移”两种影响。通常的原则是：单词的词性的可推测度越高、词形越规律，学生学习的负担就会越轻。但是，当（主动的）

学习者将已学的规则套用在未知的词汇上时，就容易产生“泛化”，从而影响对英语的准确把握。

（2）教师的教学方法。这主要体现在三个方面：①复现率以及对学习者注意力的引导。单词在教材中复现的次数越多，学习者就越容易学会该单词。教师本人口头重复单词的形式、教师本人直接将单词的形式和意义呈现给学习者等都不如让学习者自己回忆的效果好。如果单词在教材中的复现率较低，而且教师本人不能正确地进行注意力引导的话，那么花在词汇教学上的课堂时间就几乎等于白费。德国著名心理学家艾宾浩斯的遗忘曲线理论告诉我们，人们学习中的遗忘是有规律的，即先快后慢。新学的知识在一天以后如不抓紧复习，就会只剩下原来的25%左右。随着时间的推移，遗忘的速度减慢，遗忘的数量也就减少。②所学词汇与其他词汇之间的关系引导。研究显示，所学词汇与其他词汇之间的相似度极大地影响着词汇学习的效率。它们之间的关系可谓“水能载舟，亦能覆舟”的关系。很多教师喜爱采用同义词或近义词的方式教授词汇，因为他们认为词汇之间的相似度越高，学生就越容易掌握这些词汇。殊不知，词汇之间的相似度越高，学生掌握这些词汇就越难。如home，house，family；cloth，clothes，clothing；see，notice，observe，look，glance，stare，watch等。因为学习者在记住这些词是一类词的同时，也要花费大量的精力去辨析它们之间的语用差别。采用反义词的方式也会产生同样的问题。③规则之外的现象。任何规则都有例外，教师需要权衡给学习者介绍“规则”与呈现“例外”哪一个更重要。但可以肯定的是，“例外”不能呈现在学习者掌握“规则”之前，否则，教师的“教”就直接导致了学习者“学”的失败。

（3）词汇本身的特征。词汇本身的特征是指词汇的形式、位置、功能、意义等。这些特征本身在很大程度上影响着词汇学习的效率。以词性为例，对大多数学习者来说，名词是最容易学的，其次是形容词，而动词和副词是最难学的。同时，学习者觉得对名词和动词的猜测难度低于对形容词和副词的猜测难度，而且学习者通常都是借助母语中对应词的词性来猜测该词的词性。但是，名词的单复数形式往往会令中国学生困惑，因为汉语中有量词，而英语中没有量词，所以两种语言对单复数概念的界定不尽相同，如bread、paper、fish等。

反思探究（Reflecting）

基于上面的“案例分析”和“理论点拨”，我们可以对卢老师的课堂教学设计加以进一步的完善。

Step 1：复习与热身。师生互致问候之后，老师带领学生借助歌谣复习形容词。

Look！Look！The giraffe is tall.

Look！Look！The deer is short.

Look！Look！The pig is big.

Look! Look! The mouse is small.

Look! Look! The snake is long.

Look! Look! The monkey is funny.

Step 2：呈现词汇。老师在屏幕上展示出一幅彩虹的图片，对大家说："我们学过了 tall，short，long，big，small，funny 等形容词，今天我们来学习一些描述颜色的形容词。首先我们一起来听一首英语歌曲 *I can sing a rainbow*。在听的过程中，请大家注意补捉描述彩虹颜色的形容词啊！"歌曲连续播放三遍，每一遍播放之后，老师都询问学生："捕捉到了哪些'颜色'词汇？"并要求学生跟唱这首歌曲，旨在模仿语音语调、强化词汇记忆。

Step 3：操练词汇。歌曲播放三遍之后，老师鼓励大家将刚才捕捉到的词汇和句子"唱出来"（旨在检测初步的效果）。接下来：（1）老师逐句领唱/教唱，并将其中表示颜色的形容词写在黑板上（或者展示在屏幕上）；（2）屏幕上循环播放彩虹的图片，老师要求学生根据看到的颜色快速地说出其对应的英语单词；（3）两人活动——以"问一答"形式表示彩虹颜色的形容词；（4）以单独、两两、自由结合的小组形式唱出这首英语歌曲，听众重点捕捉"歌唱者"对颜色形容词的发音是否正确。

Step 4：语法练习。老师要求学生运用以前学过的形容词和刚刚学过的颜色形容词描述一个场景，如"It's summer. There are many flowers in the park：red，purple，pink，yellow and orange. I feel very hot，but I'm very happy."然后，指出这个场景中出现的形容词。

Step 5：作业布置。老师要求学生：（1）继续练习 *I can sing a rainbow* 这首歌曲，最好把这首歌曲教给爸爸妈妈；（2）用今天和以前学过的英语形容词描述一个自己最喜欢的、颜色丰富的物品或场景。

修炼建议（Developing）

语言好比一座大厦，语法是其建筑的框架，词汇则是建筑该大厦的砖块。在语言环境丰富的情况下，词汇与语法的交际功能相比，词汇是主要的，语法是次要的。只有在语境相对贫乏的情况下，语法对语言的输出和理解才起到比较大的作用。所以，语法的作用是调节性的，它是服务于词汇的。词汇表达实际意义，语法表达关系意义。

在英语词汇学习的过程中，我们要首先把握母语词汇习得带给我们的启示：词存在于一个语义空间里，学会一个词意味着知道它在这个空间所占据的位置；学会一个词意味着知道它的聚合及其相互关系；学会一个词还意味着认识它在上下文中的作用，即认识它的句法、语义和语用特点。理解一个词与输出一个词是不同的过程。输出是一个更为积极、复杂因而也更为困难的过程；表达具体意义的词一般会被更早学会，并且容易被记忆和检索。儿童在词汇学习过程中，有一部分词是母亲或周围人用直接的方法传授的（多次的、有意识的重复和纠正），另一部分是他自己习得的。

很多教师都有一个深刻的感受：大学毕业时记住了很多词汇，教着教着，词汇量就逐渐减少，5年后基本上就只剩下教材里的词汇了。

那么，英语教师如何才能保持自己的词汇量，甚至不断提升自己的词汇量呢？可以尝试以下方法：

1. 英文教研。我们之所以记得教材里的词汇，是因为我们上课在用。那么，我们在开展教研活动、写教学论文时，也应该尽可能多地使用英文，这样我们就会用到更多的词汇，这些词汇我们也就不会忘记了。

2. 英文阅读。我们可以坚持每天，最起码每周阅读一些英文材料，这些材料可以是我们教学需要阅读的材料，也可以是我们感兴趣的小说、新闻等材料。只要我们有兴趣，就能坚持下去，就能保持我们现有的词汇量，甚至扩大我们的词汇量。

3. 英文生活。我们可以坚持用英文写日记或者周记，坚持用英文给同行写电子邮件，用英语与朋友交谈，看英文电影、电视等。这些生活中的英语，也会对我们有很大帮助。

当然，我们必须有敏锐的词汇意识，不断积累词汇，深化自己对词汇的理解与运用。

作为教师，我们还必须掌握《义务教育英语课程标准》（2011年版）（以下简称《课程标准》）中对词汇学习的要求。

《课程标准》对小学阶段的"话题"要求是："理解和运用有关下列话题的语言表达形式：个人情况、家庭与朋友、身体与健康、学校与日常生活、文体活动、节假日、饮食、服装、季节与天气、颜色、动物等。"对与此相关的"词汇"要求是：学习有关本级话题范围的600～700个单词和50个左右的习惯用语；知道单词是由字母构成的。

小学生在英语学习中暴露出来的最大问题不是听、说、读等语言技能方面的问题，而是"识读能力较低"。造成"小学生英语识读能力较低"的主要原因之一就是教师的词汇教学方法欠妥。为此，小学英语教师亟须提高对英语词汇本质特征的把握，以及对词汇教学方法的修炼。我们要尽可能地充分了解小学生词汇学习的基本规律，如从模糊认知到清晰认知、从整体记忆到局部记忆、从词形记忆到读音记忆到运用记忆等，按照这些规律，修炼自己的词汇教学技巧，如词不离句、句不离篇，在真实语境中运用真实语言，表达真实的语用目的等。

三、语法——小学英语教师的基本素质

问题展示（Questioning）

《课程标准》对小学阶段的"语法"要求是："在具体语境中理解以下语法项目的意义和用法：名词的单复数形式和名词所有格；人称代词和形容词性物主代词；一般现在时，现在进行时，一般过去时和一般将来时；表示时间、地点和位置的常用介词；

简单句的基本形式。”那么，小学英语教师的“语法素质”在课堂教学中的表现如何呢？我们先来看一看某市第一实验小学的许老师的教学案例。这一案例的教学重点是“用英语描述和交流各自的一日三餐”。

Step 1：热身与导入。在录音伴奏下，师生一起表演英语歌谣 *Noodles and rice are very，very nice*。由以前学过的有关食物的歌谣引入，旨在调动学生积极的学习情绪，营造愉快的学习氛围，并为引出本课关于食物的句型做好铺垫。

Step 2：呈现词汇和句型。许老师对学生们说：“Yes，noodles and rice are very nice. But I don't like noodles and rice. I like sandwiches very much.（屏幕上出现 sandwich 一词）I like sandwiches，because they are very delicious.”（屏幕上又出现 delicious 一词）许老师又问大家：“What did Lingling have for breakfast? Do you want to know?”许老师利用 PPT 呈现对话中第一幅图：Daming has got an E-mail from Lingling. 许老师强调 E-mail 一词并示范其读音。紧接着，许老师引导学生快速进入课文情景，让学生在课文情景中感知、理解 E-mail 这个单词。

Step 3：操练词汇和句型。

（1）许老师在黑板上写下三个句子，并贴上图片，让学生听录音并连线。

What did Lingling have for breakfast?	贴图 eggs and sausages
What did Lingling have for lunch?	贴图 sandwiches
What did she have for dinner?	贴图 fish and chips

接着，许老师让学生跟读课文录音，她本人在学生之间走动，纠正学生的单词读音。

（2）许老师要求学生与各自的同桌以“问一答”的形式巩固词汇和句型。同样的，她本人在学生之间走动，纠正学生的单词读音。

（3）许老师点名叫了三组学生到教室前边“表演”刚才练习的对话。

Step 4：布置作业。许老师要求大家放学后和爸爸妈妈一起将课文录音听三遍，重点掌握其中的新单词和句型。

许老师的词汇与语法课堂教学设计是否存在一定的问题？如果有问题，是哪方面的问题？如何解决此类问题？

案例分析（Demonstrating）

许老师这节课的话题是谈论饮食习惯，学生要通过对本单元的学习掌握并运用相关词汇和语言结构：What did she have for breakfast/lunch/dinner yesterday? She had...

这节课的话题导入方式较为自然、真实，呈现词汇的方法也较为有效。但是，这节课存在以下几个方面的主要问题：

（1）对词汇和句型的练习、巩固和运用的设计较为简单、肤浅，不能帮助学生有效地掌握词汇和句型的意义及其运用。

(2) 许老师没能将地方饮食文化有机地融入学习内容之中，导致这节课与学生的真实生活脱节，这很容易造成学生对学习内容的厌倦，因为他们会觉得学习内容与自己无关、“不真实”。

(3) 许老师没能利用学习内容进行真实有效的“跨文化交际意识和交际能力的培养”，也没有积极引导学生形成合理的、健康的饮食习惯，如“I like sandwich, because it's very delicious.”就不是很好的引导，因为这不是真实的理由，sandwich并不delicious，而是fast，但我们不能说“because it's fast”，但可以说“because it saves time”，这样的理由更合理。

理论点拨（Illustrating）

语法教学的主要目的有两个：(1) 帮助学生认识并意识到该语法项目在日常生活交际中存在的客观性、必要性和意义，使他们主动了解并掌握其运用的结构规则；(2) 帮助学生根据学到的语法规则去捕捉他人话语中的意义，运用语法规则得体、准确地表达自己的思想和情感，从而完成人与人之间的信息交流和意义传达。

1. 英语语法教学的方式与模式

英语语法教学的方式主要指“显性语法教学和隐性语法教学”，而模式主要指“演绎法和归纳法”。

就语法教学方式而言，传统的语法教学以显性手段为主，交际教学中的语法教学隐性成分增大。在语法教学实践中，教师应当根据学生的真实学习风格、真实学习需求、真实认知能力等来选择最佳的教学方法。通常来说，英语语法教学应采用以隐性教学为主、显性教学为辅的教学方式，而高中阶段的显性语法教学成分要高于小学和初中，小学的语法教学主要应该是隐性语法教学，只有到了六年级，我们才可以适当开展一些显性的语法总结，因为六年级的学生正在开始形成抽象思维能力，可以接受一定的归纳总结。

就语法教学模式而言，演绎和归纳各有其优缺点，策略性语法教学应该是二者的结合。在演绎教学模式中，教师首先展示语法规则并举例说明，然后由学生将所展示的语法规则运用于新的语言环境。这种模式的语法规则讲解得清楚准确，便于学生理解；但是增加了学生对教师的依赖性，学生被动学习的成分较大，记忆时效较短。在归纳教学模式中，学生首先接触包含语法规则的真实语言情境，然后根据语境归纳出语言的使用规则。这种模式提高了学生接触语言的几率，有助于培养学生的语感，且主动参与的学习方式深化了学生对语言运用的理解。但是，这种模式对教师的要求和挑战都要高于演绎模式。

2. 英语语法的基本结构和表意功能

教师要帮助学生准确把握常用语言形式的基本结构。语言形式的基本结构是学生正确理解和准确输出语言的前提，教师要尽量创设趣味性强、贴近学生生活、适合目标语法的情境，从而帮助学生在情境中探索语法规律，运用语法规则，内化语法知识，提高语言输出质量，形成综合语言运用能力，为真实语言交际打下基础。

教师要动态真实地把握“结构与功能”之间的关系。英语中的语言结构及其表意功能并不是单纯的一对一的关系。同一个基本的语言结构在不同的语境下会产生完全不同的意义，这就是通常所说的“一形多意”。同样，同一个意义也能通过完全不同的语言结构得以表达。另外，教师还要意识到句子所表达的意义除了字面意义外，还有隐含的意义。例如，“你叫什么名字?”在不同的语境下、针对不同的交际对象就可以采用完全不同的英语结构。

Name?

Your name，please?

Tell me your name，please.

What's your name?

May I know your name，please?

Could you tell me your name，please?

I wonder if you could tell me your name?

3. 英语语法教学的基本原则

(1) 兴趣动机原则。兴趣是最好的老师，动机是一切活动的保证。现在的高中学生对语法都不大感兴趣，但语法又是他们以后津津乐道的主要内容！为此，教师在激活学生语法学习的动机和兴趣时，要尽量做到：①密切联系并有效激活学生的真实生活细节（即图式)；②选择能够有效引发学生想象力和好奇心的话题；③创设有效语境，增加语法运用练习的开放性；④结构与功能相结合；⑤充分尊重并体现个性化学习方式。

(2) 动态真实原则。教师要结合学生的真实情况和真实的学习内容，设计出丰富多彩的语法学习活动，科学搭配“显性与隐性”教学方式和“归纳与演绎”教学模式。

(3) 程序高效原则。教师应遵循“展示－解释－训练－拓展”等基本语法教学程序，并适当设计超语言层面的练习，如解决问题、计划出游、订购机票、采访等，以确保学生参与的最大化、活动种类的多样化、语用练习的真实性、课堂评价的有效性。

反思探究 (Reflecting)

基于以上的“案例分析”和“理论点拨”，我们可以进一步完善许老师的教学设计。

Step 1：头脑风暴。师生问候之后，老师可以根据真实的上课时间引导学生运用头脑风暴复习并激活相关话题的词汇。如老师问学生：“What do you usually have for each meal every day?”学生的回答会集中展现在下面的“头脑风暴”图中：

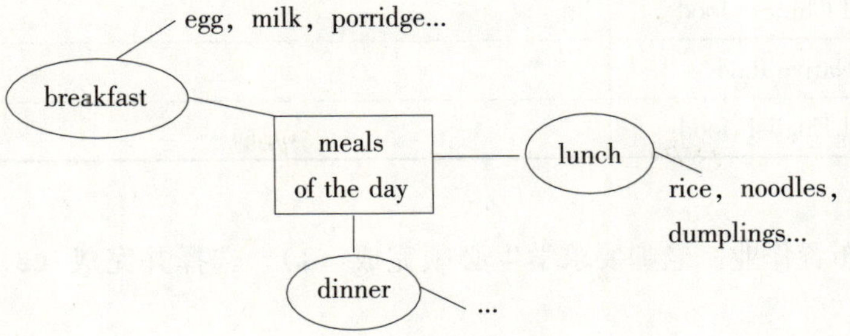

学生可以根据各自的真实生活习惯展示相关话题的词汇，使用汉语展示也无妨；老师如果能将学生展示出来的词汇进行归类，如主食、副食、汤类、蔬菜、水果等，则更好。

Step 2：呈现词汇和句型。针对学生在第一步骤展示的词汇，老师对学生们说："Yes，noodles and rice are very nice，and I like them，too. But some people like sandwiches very much.（老师在黑板上认真书写 sandwich 一词，而不是用 PPT 展示）They like sandwiches because they think sandwiches are very delicious."（在黑板上认真书写 delicious 一词）用板书书写单词的最大好处就是能边拼边写，其速度适合学生的认知水平。同时，老师要注意在板书设计时给接下来的练习提供方便，如 delicious sandwiches 或者 Sandwiches are delicious. 老师接着说："Lingling 就特别喜欢吃三明治。大家想知道为什么吗？我们一起来看看她发给 Daming 的电子邮件就知道啦！"于是，师生一起进入课文内容：Daming has got an E-mail from Lingling.

Step 3：讲解与操练。(1) Listen and repeat"课文"后，师生一起将其中的"食物"进行"分类"，即按照典型的中、英传统食物进行分类，并将当地典型的特色食物融入其中（汉语也可以）。(2) 老师领读这些词汇，并尽量连词成短语、连短语成句子。(3) 老师引入主要句型，示范给学生。A：What did you have for breakfast today? B：I had... for breakfast today. It's delicious. (4) 学生进行两人"问一答"式操练。

Step 4：词汇和句型运用。调查小组成员昨天的食谱。一定时间的操练之后，老师要求各小组调查统计本组成员昨天或今天的食谱。要求运用句型：What did you have for breakfast/lunch/dinner? I had... for... 完成下列表格，汇总后将结果加以呈现（建议如实回答，不会用英语讲的当地特色食物可以用汉语拼音替代）。

Name	Breakfast	Lunch	Dinner

各小组根据统计的结果，分析本小组成员近两天的食谱中典型的、传统的中、英食物分别是__________；典型的当地特色食物是__________。

Traditional Chinese food	
Local/Native food	
Traditional English food	

Step 5：布置作业。老师要求学生必须完成（1），选择并完成（2）和（3）中的一项。

（1）运用今天学到的词汇补充完整下面的短文：

Daming has got an ________ from Lingling，the E-mail is about ________. Yesterday Lingling had an English breakfast. She had ________ and sausages. She had ________ for lunch. And she had ________ for dinner. It's a traditional English dinner. She likes English food. It's very ________.

（2）将今天课堂活动中调查到的同学们的食谱展示给家长，并发表个人的看法(尽量多地使用英语)。如 Ten of us had sandwiches for breakfast yesterday because they think sandwiches are delicious. Sandwiches are traditional English food，and I like them，too. How about you，Mum and Dad?

（3）健康饮食小调查：通过有效途径了解有益于身体健康的、科学的饮食结构。

Meals of the day	Healthy food
Breakfast	
Lunch	
Dinner	

修炼建议（Developing）

语法教学的内容应该包括三方面：语言结构、语意和语用。语意包括语法形式与结构的语法意义和内容意义，语用的主要形态是功能，指语言在一定社会语境、一定语篇中的表意功能。语法教学不仅要使学生掌握语言的形式和意义，更要使学生清楚形式的运用，赋予语法以交际意义。

小学语法教学主要遵循交际性原则。小学语法教学的目的是培养学生的语法意识，为语言技能的发展提供支持，为交际能力的培养打下基础。因此，教师要在必要的语法操练的基础上尽可能地创设交际性语言环境，运用幻灯、动作、实物、图片、表演等创造真实或尽量真实的交际活动，使学生在活动之中感知、理解和学习语言，获得语法技能。

作为英语教师，我们必须强化自己对英语语法的理解与掌握，对此我们可以采取多种方式。

1. 专题式。专门阅读交际语法的专著和教材，掌握英语语法的内涵。这方面的教材很多，甚至有专门的“教师语法”类著作。

2. 教材式。注意认真阅读教材，分析教材中语法项目出现的语境、语用目的等，还可以选购多种英语教材，对其中相同语法内容的课文的语境进行深度分析，尤其是关注语境和语用功能，并在教学中适当借鉴。

3. 生活式。在日常生活接触到的英语中强化对英语语法的理解，如看电视、看电影、与外国人交流、听外教或专家的英语演讲等，做一个语言意识明确而且敏锐的英语教师，时刻关注英语语法的运用。

四、游戏——小学英语教师的引领素质

问题展示（Questioning）

游戏是小学英语课堂教学中必不可少的活动环节。游戏能够吸引小学生的注意力，激发小学生参与课堂学习活动的兴趣和积极性，从而提高课堂教学成效。

下面是某市外国语小学李老师的教学案例，这一教学案例的主要内容是 *The Story of Rain*。

Step 1：热身与导入。师生互致问候之后，李老师带领学生一起唱将 *Ten Little Indian Boys* 改编后的英语歌曲：*Ten Little Rain Drops*。

One little，two little，three little rain drops，

Four little，five little，six little rain drops，

Seven little，eight little，nine little rain drops，

Ten little rain drops.

之后，李老师问学生："Do you know where the rain drops come from? Well，today we're going to learn it."

Step 2：词汇呈现。李老师在引导学生复习 rain、cloud、sun、stream、come from（老师说汉语意思，学生说相应的英语单词）等词之后，开始教学生新单词。首先，直接将 vapour，shine，become，little，drop 等词呈现在屏幕板上，然后老师领读（声调、降调、小声、大声）。

Step 3：操练游戏。李老师要求学生（48 人）按座位分成 4 人小组（1、3、5 排转身面对 2、4、6 排），然后以小组为单位轮流朗读屏幕上的单词，每个词读三遍。接下来，开始比赛游戏：如果老师说汉语意思，各小组就抢答对应的英语单词，并拼读出来；如果老师说英语单词，各小组就抢答对应的汉语意思，并用英语拼读出该词。抢答最快速、正确率最高的小组最终获胜。

Step 4：课文学习。游戏之后，李老师要求学生看屏幕上呈现的课文内容，并跟读录音。然后，老师读问题，学生齐声读答案。

T：Where does the rain come from?

Ss：It comes from the clouds.

Step 5：作业布置。李老师要求学生背诵课文内容，并背给家长听，家长签字。

这一节课的高潮是“操练游戏”环节，但该环节也是本节课秩序最乱、学生意见分歧最大的环节。师生在哪一个小组抢答最迅速这个问题上争议很大，最终都是老师说了算，导致不少学生的情绪受挫。

案例分析（Demonstrating）

这节课的整体设计还是很不错的。首先，李老师能够灵活改编 *Ten Little Indian Boys* 这首英语歌谣，采用节奏合理的韵律激活学生的学习积极性，并导入本节课的话题，这一点很值得肯定！其次，这节课词汇呈现的方法虽然过于简单，但李老师领读时能采用升降调变化、大小声变化等技巧也是很不错的！

主要问题出在“操练游戏”这一环节上。其分组方式、各小组人数、游戏规则等方面都有必要进一步完善。每一组 4 人的话，全班 48 人就会产生 12 个小组，这么多的小组不利于老师判断哪一个小组举手最早、那么多声音喊叫时不便于老师判断谁的答案最佳。一旦老师误判了，就会产生学生情绪受挫这样的后果，导致学生参与的积极性丧失，再加上获胜的小组只能有一个，学生受到鼓励和嘉奖的几率过低，也不利于学生主观能动性的调动和利用。另外，这一环节的教学时间过长，严重影响了“课文学习”这一重点环节的实施效果，从而影响了教学目标的顺利达成。

理论点拨（Illustrating）

游戏是在人类社会中广泛存在的文化现象，也是人的一种重要的文化生存形态。当然，它更是儿童的文化生存形态，甚至应该说游戏本质上就是儿童的一种主要的存在方式，是儿童的基本生存形态。游戏还是非常有效的教学形式，是儿童喜爱的学习方式和学习活动。①

1. 游戏的教学效能

游戏具有明显的教学效能。

（1）游戏能提高教学质量

在教学游戏中，儿童积极参与、乐于参与，保证了教学目标的顺利实现。而且，教学游戏有助于儿童牢固掌握教学内容，这显然有助于提高教学质量。

（2）游戏能提高教学效率

课堂教学的时间总是有限的，如何在有限的教学时间内实现教学目标，是教学成

① 这一部分引自鲁子问的《小学英语游戏教学理论与实践》中国电力出版社，2004 年版，已获作者允许。

功的关键。而让儿童将有限的注意力集中到学习活动之后参加愉快的游戏上，能使其最有效地利用教学时间进行学习，并让儿童在课外的游戏中巩固所学的内容，充分将儿童在非学习时间的活动转移到教学目标上来，从而全面提高教学效率。

(3) 游戏能弱化学习的认知负载、心理负载、能力负载

儿童具有游戏的天赋，他们非常乐于学习游戏，而且非常善于学习游戏。因此，很多语言内容有一定难度的游戏，儿童也能比较好地掌握。所以，当语言内容以游戏的形式出现时，儿童更乐于学习，也更善于学习。这样，用游戏进行语言教学，就极大地降低了学生的认知负载、心理负载和能力负载，从而有助于儿童的学习。

(4) 游戏能促使学生形成积极的学习体验，成为学习的主体

在游戏中，儿童能获得丰富的情感体验，这包括积极的学习体验。也就是说，儿童通过游戏很快地掌握教学内容，能大幅度减轻儿童的学习焦虑，从而促使儿童形成“我能学”的意识。当儿童出于对游戏的喜爱而逐渐形成“我要学”的意识之时，儿童的学习主体性意识就开始形成了。当儿童自己成为学习的主体后，教育就可以从课堂延展到儿童的整个人生之中了。

总之，游戏是教育不可或缺的内容，更是非常有效的教学活动。

《课程标准》要求小学生掌握的“玩演”技能是：能在教师的指导下用英语做游戏并在游戏中进行简单的交际；能做简单的角色表演。

教师们更多关注的是新颖别致的编组和打分方法，认为这样可以激发学生的参与意识，并使之保持持续的注意力。但要想让学生自始至终积极配合教师的课堂教学活动，就要设计较为吸引人的、符合学生兴趣和接受能力的游戏。

2. 游戏设计与选择

由于生活游戏与教学游戏存在一些不同，很多生活游戏不能直接在教学中使用。因此，我们需要设计与选择教学游戏。

设计与选择小学英语教学游戏时，我们要考虑这样一些要素：教学因素（英语教学目的、多元智能教学目的、英语教学途径与方法、教学游戏的教学特性）、学生因素（规模即参与人数、学生生理与心理特征、学生英语语言水平）、教师因素（教师性格特征、教师教学经验）、环境因素（时间、空间、教育技术）。

(1) 教学因素

①英语教学目的

作为教学活动的组成部分，小学英语教学游戏应该具有非常明确的教学目的。因此，设计与选择游戏时首先应该考虑游戏是否能实现教学目的。

我们设计与选择教学游戏，首先要分析这些游戏能否实现英语教学的总体目的——培养学生的综合语言运用能力。也就是说，所有游戏的最终目的都应该指向英语运用能力，当然包括做游戏的能力，而要避免那些纯粹为了知识学习而开展的游戏，或者纯粹为了娱乐、玩耍而开展的游戏。

然后我们要分析这些游戏能否实现本课的教学内容所规定的教学目的，能否培养学生运用本课所学语言的能力。

②多元智能教学目的

小学英语是小学的基础学科之一，因此必然承担着英语语言能力之外的其他教学目的，如培养学生的认知能力、观察能力、分析能力、情感态度、文化意识等多元智能的教学目的。

我们设计与选择游戏应该充分考虑到全面的教学目的，而游戏的一个重要特征就在于游戏是多感官通道的，所以游戏非常有利于对学生多元智能的培养。

因此，我们要从发展学生多元智能的目的来设计与选择小学英语教学游戏。

③英语教学途径与方法

小学英语教学游戏属于英语教学活动，当然要运用英语教学的途径与方法。

要实现培养学生英语运用能力的这一教学目的，就必须要有体现真实语用的教学途径与方法。所以我们在设计与选择小学英语教学游戏时，在游戏的整体层面、语句层面、语词层面都要体现真实语用的目的。

真实语用的途径与方法要求我们在设计与选择小学英语教学游戏时认真分析，游戏中运用语言的情境是否可能在真实生活中出现，也就是我们是否如同在游戏中运用语言一样，在真实生活中也这么运用这些语言，否则我们就需要对游戏进行适当的调整，直到游戏中运用语言的形态与真实生活中运用这些语言的形态一致。

尽管学生非常喜爱游戏，但学生的喜爱不可能永远持续下去，因此不断调整是非常必要的。我们设计与选择小学英语的教学游戏时，要充分考虑到不断进行动态调整的需要，根据学生的真实兴趣、真实心理与生理特征以及真实的教学内容等，对游戏的设计与选择进行不断的调整。

④教学游戏的教学特性

如前所述，小学英语教学游戏具有游戏性、语言性、教学性等特性，这些特性在游戏中是综合的、不可分割的。因此，在游戏设计与选择中，我们应以教学性为基础、语言性为本质、游戏性为特色，有机地统一这些特性于小学英语教学游戏中。

（2）学生因素

①规模（即参与人数）

我们设计与选择小学英语教学游戏必须考虑到游戏的规模，也就是参与游戏的学生人数，因为游戏规模涉及教学的可行性。在大班教学中我们要设计与选择那些很多人能同时参与（包括分组同时参与）的游戏，在小班教学中我们则可以让学生循环性地参与小组活动。

②学生生理与心理特征

小学英语教学游戏是为小学生设计与选择的，我们当然要充分考虑小学生的学生主体特性，按照学生的真实兴趣、真实心理与生理特征来选择与设计游戏，甚至教师可同时展示很多游戏，让学生自己来选择开展哪一个游戏。

③学生英语语言水平

小学英语教学游戏的教学目的是培养学生运用英语的能力，那么教师设计与选择游戏时显然应该充分了解学生已有的英语语言水平，并按照I+1（I为学生已有英语水平，1为游戏教学中要求学生掌握的新的教学内容）的模式，合理地设计游戏的语言教学要求，使学生通过游戏真正获得新的语言能力，提高语言水平。

（3）教师因素

教学游戏是教师主导下开展的教学活动，因此游戏的设计与选择不可能不考虑教师的因素。

①教师的性格特征

教师具有自己的性格特征，这些性格特征肯定会影响自己教学活动的开展，包括教学游戏的开展。

有些游戏需要一定的运动技能，尽管我们可以通过录像材料、学生的演示等来展示游戏，但教师仍然需要理解和体验这些游戏所需的技能，否则无法真正了解这些游戏学习中可能存在的问题。显然这些游戏更适合那些具有这些运动技能的老师在教学中使用。

有些游戏是智慧性的，比如通过复杂的逻辑分析发现问题或得出结论、比较分析不同差异等，可能更适合那些性格比较成熟、充满智慧的老师在教学中开展。

也就是说，我们设计与选择小学英语教学游戏时，要充分考虑教师自身的性格特征是否有助于这些游戏的开展。

②教师的教学经验

教学是一种经验积累的过程，因此教学经验对教师的教学肯定有不同的影响，特别是在进行动态调整、处理突发情况时，经验往往是更重要的。同时，教学经验使我们对曾经开展过的教学游戏中经常出现的问题、学生可能出现的困难等，都有一定的积累，这是我们在设计与选择小学英语教学游戏时非常宝贵的财富。

小学英语游戏教学要求教师不断进行动态调整，而且游戏过程中可能会出现种种突发情况，因此我们设计与选择教学游戏时，要考虑到教师的教学经验。

同时教师应不断反思总结自己的游戏教学过程，发现存在的问题，并在教学观察中，注意观察其他老师组织游戏教学的过程，以进行借鉴。

（4）环境因素

①时间

设计与选择游戏要分析游戏适宜开展的时间、游戏持续的时间。

有些游戏有着自身的时令要求，如利用不同的花朵开展颜色游戏就应该在春天开展，而用水果皮等制作水果书则适合在秋天开展，雪人游戏当然适合在冬天开展。

有些游戏需要很长时间才能完成，有些游戏时间太短，比如猜谜，可能谜面刚一说出，谜底就被说出来了。适合在小学英语课堂教学中开展的游戏的时间最好不超过小学生注意力的一个时间段（大约 5～7 分钟），最好不少于注意力形成所需的时间（通常 1～2 分钟）。

②空间

游戏总是在一定的空间中展开，因此空间因素是游戏设计与选择的一个重要方面。

有些游戏可以在课桌上开展，有些游戏需要在小组内开展，有些游戏需要在教室前的小片空地上开展，但有些游戏可能需要较大片的空地，当然还有一些游戏只能在室外展开。

在中国目前普遍存在的小学英语的大班教学环境中，我们设计与选择游戏时要充分考虑空间因素，尽可能利用现有的空间条件开展游戏。我们还要注意，不要在课堂教学期间调整教室空间来满足游戏的空间需要，因为这会无谓地浪费课堂教学时间，是非常不值得的。我们在准备游戏时就应该安排好游戏需要的空间，并尽量减少在课堂教学过程中进行空间调整。

当我们开展的游戏需要较大空间，而游戏开展的场地不能满足这一空间需要时，我们可以适当调整游戏的规模，减少游戏的人数，降低游戏的空间要求。

③教育技术

伴随着当前电子技术的飞速发展，教育技术对教学的辅助作用越来越大，对于游戏教学尤其如此。

有些游戏我们可能无法利用自己的能力来展示，但我们可以通过教育技术的帮助来实现，比如颜色、形状等的变化，即使经过专业的魔术训练也很难完成得很好，但我们现在可以轻轻地一点鼠标，就能把一只汪汪叫的小黄狗瞬间变成一只龇牙咧嘴的大黑狗。

我们在给学生说明与演示游戏时，也可以播放游戏的 VCD 或者录像节目，用这种方法来呈现游戏，有助于学生更直观地理解与学习游戏。

现代教育技术为今天的游戏教学提供了丰富的可利用资源，我们在设计与选择游戏时，应该尽可能地利用我们能够利用的现代教育技术，帮助自己更好地开展小学英语游戏教学。

以上是我们设计与选择小学英语教学游戏时必须考虑到的各种因素，也是我们分析小学英语教学游戏的基本要素。

3. 游戏教学过程

我们在设计与选择恰当的小学英语教学游戏之后，当然要将游戏在教学中开展，以实现教学目的。

课堂游戏的教学过程通常由以下五个环节组成：

(1) 课前准备

课前准备首先是需要设计与选择恰当的游戏。因此，教师要依据前面阐述的要素来设计与选择游戏。

然后，教师应该准备游戏所需的材料，并自我演示游戏，以检查材料是否合适、游戏是否能按自己的设计顺利开展，否则就需要进行必要的调整。

（2）解释与演示

在游戏教学开始之时，教师首先应该给学生解释游戏的规则、过程、要求以及目的等。解释必须清楚、简明，游戏规则必须合理、公平，游戏过程必须符合教学要求、指向教学目的。

在解释清楚之后，应该给学生演示游戏的过程，使学生有感性的认识，并注意到需要注意的要素。演示要慢、要准确、要清晰，关键部分要提示学生特别关注。

在演示结束之后，应询问学生要点是否明确、过程与方法是否掌握了。必要时再次解释与演示。

教师当然也可以让学生来进行游戏的演示，或者在教师演示结束之后再请一个或一组学生演示。

让学生演示游戏时，教师可以在一旁提示学生应注意哪些环节、突出哪些语言等。

（3）开展游戏

在学生通过教师的解释与演示理解与掌握游戏的方法之后，教师就可进行游戏教学的关键部分——让学生开展游戏。

教师可以按照游戏的特性对学生进行分组来开展游戏，或让学生自由组成小组，小组的规模根据游戏的特性而定。

在游戏开展的过程中，教师要注意观察游戏的过程，必要时给予指导，并要经常给予鼓励。

（4）评价

从游戏的结果形成的特性看，游戏有竞争性、非竞争性之分。对于竞争性游戏，在游戏过程之中教师可以进行阶段性评价；在游戏结束之后，教师必须进行总体性评价，并明确宣布结果，然后按事先约定进行奖励，以保证获得成功的学生获得应有的成就感。对非竞争性游戏，游戏结束之后教师也应该给予一定的评价。

对学生开展的游戏进行评价的标准应该以语言教学目的为主，但也应涉及多元智能教学目的。

（5）语言强化

语言教学目的是小学英语教学游戏的核心。因此，在游戏中学生能否很好地运用语言，达到教学要求，是游戏教学的关键。

若学生在游戏过程中还不能很好地运用已经掌握的语言，就表明教学目的没有很好地得到实现，教师则需要在游戏结束后进行语言强化，纠正控制性错误，让学生及时获得正确的语言运用能力。

若学生在游戏过程中能够达到教学目的的要求，能够比较好地运用已经掌握的语言，教师仍然应该在游戏结束之后明确地以复习的形式进行语言强化。

在游戏过程中的不同环节，教师与学生的作用不同，行为也不相同，但在游戏过程中，师生的关系、同学的关系都是一种互动的形态。在游戏过程中，首先是游戏说明与演示阶段的师生互动，然后是生生互动，到语言强化时再开展师生互动。

在游戏过程中教师的角色首先是组织者、解释者、演示者（也可以选择学生为演示者，甚至是解释者），然后是指导者、旁观者，最后是评判者（也可以选择学生为评判者）、纠正者。

在整个游戏过程中，教师与学生都是参与者、合作者。教师切不可只是告诉学生怎么做游戏，然后就放任自流。自始至终，教师都是游戏这个教学活动的质量监控者、责任人。

4. 游戏教学技巧

游戏教学的过程并不复杂，但游戏过程中有些问题可能比较复杂，比如游戏中的纪律问题、游戏的难度问题等，这些问题的解决都需要一定的教学技巧。

（1）游戏过程的管理

游戏不同于常规教学活动，因此游戏中自然应该运用不同于常规教学活动的管理方法。

游戏是游玩嬉戏的活动。在游戏教学过程中，学生会自然地游玩嬉戏。因此对于教学游戏，我们不应该按照常规教学活动的纪律要求来控制游戏的进程。也就是说，在常规教学活动中，为了实现教学目标，老师适当控制课堂纪律，这是可以的；但在游戏开展过程中，我们应该采取不同的纪律标准，应该允许学生游玩嬉戏，否则就不是游戏了。

当然，游戏教学仍然是教学活动，所以适当的教学纪律还是需要的。我们应该清楚地告诉学生，游戏的最基本要求就是不影响他人的游戏活动，也不影响其他班级的教学活动。因此，对于游戏的活动和声音控制是必要的，也就是要求学生游戏的活动和声音不影响其他人。不过我们也不能过度控制，否则游戏就无法体现其游戏性了。

（2）游戏的变化调整

游戏实际上只是语言教学的载体，所以很多游戏可以用于不同语言内容的教学。也就是说，游戏是工具，这个工具可以用于很多不同的教学内容。因此，教学游戏可以有很多不同的变化形式，同时相同的教学内容也可以用不同的游戏进行教学。

我们先看用同一游戏形式进行不同教学内容的训练的变化。以 *Monkey show*（耍猴儿）游戏为例。

单纯的 *Monkey show* 就是让学生听指令学小猴儿的动作，语言学习的重点在于动词。老师先说明这个游戏就是 Listen and mime a monkey；然后老师或一个学生发指令，同学们一起模仿猴儿的相应动作。指令可以很简单，只是 jump，run，climb up the tree，walk，look up，fight，catch a banana，eat a banana 等。

这个游戏可以简化为简单的动作表演，这样指令就只是 run，jump，walk，hop，dance，sing 等。要增加趣味性时就可以很快发出指令，这样肯定有人出现错误。

这个游戏可以扩展为混合的 Animal show，也就是学不同的动物的相应动作，语言学习的重点是动物名称。过程同上，指令则是 run as a monkey，run as a rabbit，run as a tortoise，run as a cat 等，当然也可以更换动词。

这个游戏可以变成竞赛。若是小班，则每组轮流到教室前面，听指令模仿动作，看哪一组正确的动作多，就获胜。若是大班，则可以让每组派代表若干到教室前面，其他同上。可以让全班一起发指令。

这个游戏的指令可以变成模仿职业的典型动作，如 drive a car，fly a plane，cook a dish，be a policeman，be a farmer，be a teacher 等。

这个游戏还可以变成双簧表演。一人背对着表演者发指令，另一人背对指令者做动作。指令可以比较简单，如 This is a monkey. He can jump. And he can climb up a tree very fast. He likes banana. Oh，look，there are some bananas on the left. He runs to the bananas. Boom！ He falls down！ 指令也可以比较滑稽，如 I'm a girl（实际上表演者是男孩）. I'm two（实际上是小学生了）. I can cry，waaaaaa... I can laugh，hehehehehe... I can cry and laugh and laugh and cry，waaahehehe，hehehewaaa，waaahehehe，hehehewaaaa...

我们只要理解了游戏的本质特征（这个游戏的特征就是 Listen and mime），那么任何可以 mime 的教学内容，我们都可以用这一游戏形式来进行。

游戏变化的另一种形式是用不同的游戏形式进行同一教学内容的训练，这样可以使学生对游戏有足够的兴趣，或者根据不同的学生或不同的教学因素使用不同的游戏，比如不同难度的教学游戏。

以 What's this? 这一教学内容为例，我们可以开展以下不同难度的教学游戏：

最低难度：看图询问不认识的物品。

较低难度：看局部辨认物品。

中等难度：看拼图辨认物品。

较高难度：看特殊视角图像辨认日常物品。如以下图像就是从特殊视角看普通物品形成的图，认知难度就比较大：

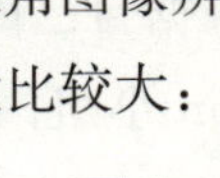

a pencil (birdview)

a bus (birdview)

我们要增加游戏的改变性，还可以用特殊的声调、声音、语速、动作等来开展游戏，如模仿不同人的声音、不同动物的声音、不同的动作、不同的体态语言等。

变化调整是为教学服务的，是为了更好地达到教学目标。所以我们应该为了教学需要而变化调整游戏，而不能为了变化调整游戏影响教学目标的实现。

反思探究（Reflecting）

基于以上的“案例分析”和“理论点拨”，我们可以进一步完善李老师的教学设计。

Step 1：热身与导入。上课之前，老师提前进入教室，让学生在享受课间自由的同时，感受播放着的背景音乐 *Ten Little Indian Boys*。上课开始，师生互致问候之后，老师问道：“What is the name of the English song?”（刚才大家听到的是哪一首英语歌曲啊?）学生回答：“Ten Little Indian Boys。”老师又说：“我们尝试改编一下这首歌的关键词，但是节奏不变，试试看！”然后用 PPT 呈现 *Ten Little Indian Boys* 的歌词，并用 rain drops 替代其中的 Indian boys。于是，就变成了 *Ten Little Rain Drops*——

One little，two little，three little rain drops，

Four little，five little，six little rain drops，

Seven little，eight little，nine little rain drops，

Ten little rain drops.

之后，老师和大家一起欢快地齐唱这首被改编的英语歌曲。接下来，老师问大家：“Do you know where the rain drops come from?”［此处可以让学生（用汉语）根据自己的所知尽情发挥，猜测也可以，旨在激活相关的知识或常识。无论学生的回答正确与否、科学与否，老师都可以进入下一个教学环节］“Great! Let’s see if you are right.”（Well，today we’re going to learn where the rain drops come from.）

Step 2：词汇呈现。老师采用简笔画的方式在黑板上画出云彩、太阳、雨、水蒸气等，再画上“问号”，引导学生复习 rain，cloud，sun，stream，come from 等词。然后，参考学生在第一个环节中的回答将 vapour，shine，become，little，drop 等词呈现在黑板上。接下来，采用讲故事的方式引导学生通过叙述和讲解达到掌握词汇的目的（有条件采用多媒体动画方式完成这一教学设计的话，效果会更加直观）。

Step 3：词汇练习。李老师要求学生（48 人）根据自己的喜好选择加入下面的小组：（1）rain drop 小组；（2）cloud 小组；（3）sun 小组；（4）vapour 小组；（5）stream 小组。必要的话，老师需要平衡一下各个小组之间的人数。接下来，开始练习活动：按照科学的顺序（即课文内容），各小组先后出场、互动、操练“雨滴”产生的过程，用英语复述课文中的故事，即每个小组抽一名成员组成新的小组，分别扮演 rain drop、cloud、sun、vapour、stream，练习掌握课文中的雨滴产生的过程，此间，老师一定要在各小组之间走动，提供帮助、监督秩序、发现问题、及时处理。

Step 4：巩固总结。一段时间的分角色练习之后，老师请各小组选派两名成员，分角色展示对课文内容的掌握情况。之后，及时对展示中暴露出来的问题加以处理。

接下来，老师领读课文，重点强调学生练习过程中的不足（如单词读音、句子节奏、语调等）。

Step 5：作业布置。学生自由选择一个对象（家长、同学、朋友、老师等），用英语将“雨滴”产生的过程以讲故事的方式描述给对方听，下一节课上将对方听后对自己讲故事技巧的反馈汇报给老师和同学们。

修炼建议（Developing）

作为一名小学英语教师，首先，要热爱游戏，因为这是小学生非常喜欢、甚至是最喜欢的学习方式。有的老师说他天生就不喜欢游戏。其实这不是真的，哲学家告诉我们，人天生就是游戏者，游戏是我们的生存形态之一。我们从小和伙伴们做游戏，我们喜欢看魔术，我们打扑克、麻将，我们唱卡拉 OK，我们旅游，我们猜谜语，我们打篮球、踢足球、打羽毛球，我们跳舞，等等，这些都是游戏。所以，如果您说现在您不喜欢游戏了，但作为小学英语教师，您应该重新激活您身上的游戏细胞，热爱游戏，只有这样，我们才可能做好游戏教学。

其次，我们应该掌握游戏。游戏形式很多，适合小学英语教学的也不少，鲁子问教授的《小学英语游戏教学理论与实践》《小学英语活动设计与教学》中都有大量总结，我们在这里不再赘述。我们应该根据学生的喜好和自己的优势或特长，掌握一些在教学中有效、便于开展的游戏。我们不要为游戏而游戏，也不要盲目跟风、模仿，而要真正掌握游戏，才能在教学中为了教学而游刃有余地开展游戏教学，为了教学需要而不断调整改变游戏。

最后，我们要在教学中经常开展游戏，这样就可以进一步准确把握游戏的学习有效性、教学有效性，形成游戏教学管理的能力和方法。比如，我们看到，在游戏开展过程中，为了结束游戏回归安静的状态，有的老师让学生拍手，有的老师让学生唱歌，有的老师让学生说歌谣，等等，这些都比老师高声大喊“Stop now! Let's stop here!”更加具有教学性，更有利于实现游戏教学的有效、甚至高效。

我们还要学会根据学生情况、教学内容等，不断调整游戏内容。任何一种游戏活动的有效性都取决于孩子们的真实英语水平、真实英语学习兴趣、真实英语学习困难和需求。例如，小学英语教师在选择“故事接龙”这种游戏活动形式时，应注意选择内容有趣、语言深浅适当、叙述部分不太长、对学生有帮助、自己能讲好学生也有话说而且能说的故事。

中国孩子较熟悉并较感兴趣的故事有《青蛙一家》《三个小猪》《狼来了》《城里老鼠和乡下老鼠》《乌鸦与狐狸》等。这样的故事不需要学生编情节，只需要他们用英语把已经知道的情节讲出来即可，是语言活动，而不是故事创作活动。

教师记故事大意时，可以用记关键词的方法来抓住要点，可以在脑海中重现整个故事，也可以从故事的人物着眼去抓住情节。讲的时候，要靠近学生或让学生围坐在自己的周围；准备好必要的图片、道具和音乐；吐字要清晰；当故事中出现不同的人物时要用不同的声调；要讲究抑扬顿挫；要注意脸部的表情和体态、手势等。当发现有学生不注意听时，教师首先应检查一下自己是否能以故事吸引学生，然后可以通过提问或走近不太专心的孩子等方法来集中他们的注意力，千万不要发怒或中断故事，以免影响大多数学生的情绪。

五、演唱——小学英语教师的激情素质

问题展示（Questioning）

下面这个五年级英语的课堂教学设计案例来自某省的小学英语教师培训研讨活动。

上课之前，田老师与学生短暂见面后，要让学生先“静息”，因为此次研讨活动的组织者要求授课教师先进行说课。田老师的“静息”设计是：老师发出口令：up，down，left，right，并带领学生做动作：抬头、趴下、面向左趴、面向右趴。当教师与学生快说快做两遍后，田老师又改口：Good morning！Good afternoon！Good evening！Good night！然后田老师与学生“道晚安”之后，自然地“溜出去”了。当观课教师们“傻眼”的时候，田老师又转身出来说课了，而此时学生们都还在“静息”着。

简单地介绍了自己的教学设计（说课）后，田老师“唤醒”学生，开始上课。

Step 1：在师生相互介绍之中寻找切入点。

师生互致问候之后。田老师说：“I'm your new English teacher today. I'm Mr. Tian. I'm from... and now I'm working in... What about you? Can you say something about yourself?”

学生自我介绍的时候，田老师一边听学生介绍，一边关注学生课桌上摆放的物品。等找到最佳时机后，田老师问：“What's this on the desk? Can I have a look?”那个男生说：“Sure. Here you are.”田老师打开小盒子，说：“Wow，it's very beautiful.”

Step 2：在游戏活动之中呈现并操练学习内容。这一环节包括两个部分：第一部分田老师采用简笔画引导学生；第二部分学生采用简笔画完成操练任务。

田老师和学生开始“猜单词”游戏：田老师在黑板上画了一条大鲨鱼，并在鲨鱼的嘴巴上方画上一个人，这个人离鲨鱼的嘴巴有一点距离，学生根据田老师的提示（单词中包含几个字母：There are xx letters in this word.）猜单词，猜对与否直接决定着那个人距离鲨鱼的远近（即能否被鲨鱼吃掉）。通过简笔画，田老师呈现并引导学生操练着相关学习内容：mountains，hills，river，boat，fisherman，birds，snowman。在此期间，教师要注意板书：What can you see? I can see... 组织学生朗读并运用所学语言。在学生兴高采烈的猜词游戏活动中，田老师已经在黑板上呈现出了一幅完整的画面（汉语古诗《江雪》的画面）。

接下来田老师安排学生画简笔画，并请一个同学上台展示。之后，田老师巧妙地

在学生的简笔画的基础上勾画几笔，就又增加了学生练习主要单词和句型的机会。

Step 3：巩固与拓展。

田老师引导学生欣赏国画《江雪》，以老人、小孩、唐老鸭等不同的声音以及高亢、低缓、快速等不同语调吟诵《江雪》的英文小诗，而且用两种广为流传的歌曲的曲调演唱这首小诗，并配合各种身段动作。

Some hills but no birds.
Some paths but no people.
An old man on the boat,
fishing in snow.

田老师要求学生以不同的节奏、语调、情感进行朗读表演。

Step 4：全班学生起立，面向听课的所有教师，饱含深情地用英语齐声朗读《江雪》，并深深鞠躬感谢老师们的鼓励和配合。结束。

案例分析（Demonstrating）

田老师这节课给观课老师留下了深刻印象，尤其是他的小诗教学。他的吟诵和演唱有板有眼：语调忽高忽低，语速或紧或缓。时而像孩子们熟悉和喜爱的"唐老鸭"那般"声嘶力竭"，时而犹如高山流水般的轻柔，或慢或快而又恰到好处。

他的教态寓意深刻：他总是以半蹲的姿势平视甚至"仰视"作为学生的孩子，传达着"平等、友好、尊重"的教育教学理念。

他的记忆力令人佩服：田老师能在学生刚刚介绍完自己的姓名之后马上重复出来，并能在上了半节课之后依然随口叫出学生的姓名，准确无误。

他的简笔画惟妙惟肖："以黑白演绎精彩"是观课老师们对这节课的评价。整节课田老师仅用了一支粉笔简单勾勒、几张黑白的幻灯片放映，留在学生心中的却是一幅幅多彩的画卷。

他的游戏活动设计巧妙：田老师在游戏活动中运用了自然、丰富的体态语言和清晰的语言表达，真可谓"聪明的教师激发了学生的灵感；创意的教师激活了学生的创意；教师的天真碰撞了学生的天真"。有的学生在得到奖励之后没有对田老师道谢，田老师就重复说"Say thank you to me"，学生立刻领悟了自己的过失，赶紧说 Thank you，Sir。田老师抓住每一个细节向学生渗透人文教育和情感教育：学生随手涂鸦的一所房子、一个雪人都构成了本节课不可或缺的部分；经过有趣而高效的英语句型操练后，田老师充分发挥了多媒体课件的辅助作用——将经典的中国古诗词融入小学英语课堂。他展示给学生一幅《江雪》山水画，并领着学生齐声朗诵《江雪》英文版的诗句，其意境与本节课的主题 A picture 紧密相连。朗读的过程中，田老师还有意识地将中国经典音乐与诗词绘画联系起来，学生在轻柔舒缓的高山流水的音乐中，欣赏着山水泼墨画，生动地演绎了中国特色浓厚的古诗及其独有的意境与含义，描述了一个又一个美轮美奂的情景，体现了汉语的精微与博大。田老师不失时机地说："若想学好英语，必须先学好汉语，汉语才是真正值得学习的语言。"自然真实地培养学生的文化意识和热爱祖国这一情感态度。

理论点拨（Illustrating）

演唱是孩子们最喜爱的活动之一。在英语启蒙阶段，教师带领孩子们学唱歌曲歌谣有利于降低语言学习的难度，培养孩子们掌握语言的信心，帮助孩子们增加语言的流利感，而且也是呈现新的语言的有效方式。诗歌和歌谣的韵律能帮助小学生从一开始就逐渐体会到英语语感，并提高学习信心。歌曲、歌谣是"听，唱"（listen and sing）的活动，是练习新的学习内容的有效方式，节奏和韵律能帮助学生提高语言的流利程度，并能帮助学生记忆所学的语言。歌曲和歌谣还可以用来教授新的语言结构，不过要注意：旋律要符合英语语句自身的节奏。我们不仅可以在课堂上教小学生学唱歌曲与歌谣，而且可以在适当时候举行教学歌曲的比赛。很多农村老师感到难以给学生布置口语作业，因为学生父母无法与学生进行口语活动。其实，我们可以给学生布置演唱作业，只要我们训练到位，学生回家可以自己演唱，这也是很好的训练活动。

我们不仅要教教材中的歌曲与歌谣，还可以选择更丰富的歌曲与歌谣，让学生选择学习自己喜欢的歌曲与歌谣，以便所有学生都能达到国家《课程标准》所要求的小学生要"能学唱简单的英语歌曲和歌谣30首左右"。严格意义上，唱歌谣和做游戏是不可分割的，因为歌谣可以看做大游戏概念中的一种游戏，属于非生活必需的游乐性、游玩性的活动。

演唱需要教师激发学生的情感，让学生激情参与。要教会学生演唱，教师也应充满激情，否则学生不会跟着教师学唱。"激情"是一种强烈的情感表现形式，往往发生在强烈刺激或突如其来的变化之后，具有迅猛、激烈、难以抑制等特点。人在激情的支配下，常能调动身心的巨大潜力。

在新课程改革实验不断推进的今天，英语教师绝不能没有激情，尤其是小学英语教师更是如此，不富有激情就不能成为一个优秀的英语教师。

1. 如何成为充满激情的教师

第一，教师要"热爱生活、热爱英语、热爱学生"。激情是英语学习中的理性动力。激情不是简单意义上的疯狂，而是一种学习者对英语深沉的爱，一种对英语学习的热爱。在平时的交流中，老师要在行为中清楚地表露出对学生的爱，包括对学生兴趣爱好的欣赏。

第二，教师要"拥有幽默、擅长幽默、创造幽默"。消极的情感不仅会影响英语学习的效果，而且会影响学生的长远发展。因此，在英语教学中教师应该自始至终关注学生的情感，努力营造宽松、民主、和谐的教学氛围。幽默既是一种语言艺术，又是一种行为特征。从心理学上讲，人们大都喜欢幽默的故事，欣赏富有幽默感的人。拥有幽默感的小学英语教师能更加有效地激发学生的情感，带给学生学习的喜悦和欢乐，使他们获得精神上的享受和快感，从而激发他们的学习兴趣和学习主动性。这样的教师能把抽象的、复杂的教学内容以生动有趣的形式表现出来，强烈地吸引学生的注意力，降低教学难度，进而达到良好的教学效果。

第三，教师要“善于‘激创’、善于‘启探’、善于‘交运’”。“激”即“激发学生对语言学习的情趣”，“创”即“创设语言学习和运用的情景”，“启”即“启发学生对学习的反思”，“探”即“探求学生对语言学习的真实需求”，“交运”即“运用语言开展尽可能真实的课堂和生活交际”。

学生在课堂教学中的心理状态只有两种——厌倦或者期待，而且这两种心理状态的产生在很大程度上取决于教师上课时是否有激情，是否能够用激情燃起学生求知的渴望，从而推动整个课堂教学的进程。一个充满激情和诗意的英语教师能够引领带着强烈期待的学生与知识拥抱、与生活对话、与精神交流，并由此让他们体验获取知识的快乐、生命的快乐、追求的快乐。充满激情、富有诗意，用全部心血和智慧去构筑文化底蕴厚重、又散发出令人无法抵御的人格魅力的精神家园，这是每一位有激情的英语教师的志向所在。

2. 教师课堂激情的表现形式

第一，通过肢体动作表现激情。在课堂教学中，教师适度地运用肢体动作既可以传递思想，又可以表达感情，还可以增加有声语言的说服力和感染力。如教 sing，dance，run，jump 等动词时，教师可以做出唱歌、跳舞、跑、跳等动作。教 yes 时，教师采用夸张式的点头；教 no 时，教师就使劲儿摇头。适度的肢体触碰能增强师生之间的情感交流，如夸奖表现好的学生可以采用“拥抱、摸摸头或小辫子”等方式。肢体动作在非语言手段中是动作变化最快、最多、最大的，具有很丰富的表达力。教师在课堂教学中应把肢体动作用得简练、适当、自然、协调、多样，充分展示激情。

第二，通过眼神传达激情。英语课堂教学中，眼神能帮助教师表情达意、组织教学，这一无声的语言具有神奇的魅力，能给学生留下深刻的印象，其“教育效果”比起言语表达更令学生难以忘怀。上课铃响，教师走上讲台，用亲切含笑的目光环视教室一周，这是上好一堂课的良好开端。课堂教学中，教师的眼睛要充满自信、活力、愉快，并随着教学内容的变化而变化，随着学生学习行为的变化而变化：时而赞美，时而暗示，时而期望，时而鼓励，时而制止，让每个学生都能感受到教师的关注与关爱。

反思探究（Reflecting）

田老师的教学案例也许会令很多小学英语教师“叹为观止”，各种客观因素的限制令不少老师只能远远地欣赏却苦于自己无法实现这样的教学效果。

演唱也好、幽默也好、游戏也好，老师们需要根据各自的风格来表达自己在教学中的激情，实现高效的教学效果。

例如，英文儿歌和小韵文朗朗上口，是小学生特别喜欢的活动之一，有利于培养学生的语感和节奏感，有助于激发学生的表演欲和参与欲，如果能辅以富有童趣的手势动作，更能激发学生的学习兴趣。为此，教师和学生可以一起编儿歌。

I am drawing the sky.
The sky is blue and high.
Now I'm drawing the sun.
The sun is red and bright.

学生在朗诵儿歌的同时，记住了单词等知识，还接受了美育。

教师在长期的课堂教学中难免会出现这样的疑问：如果只有有限的几首歌曲和歌谣可供我在课堂上应用，那我该怎么办呢？我们可以在课堂中反复使用那么有限的几首吗？事实上，教师没有必要花费大量的时间和精力去学很多歌曲歌谣，因为我们可以将一首歌曲或歌谣进行改造，将其灵活应用于不同的课堂教学，也可以鼓励学生进行创造。例如，我们可以把一首学生耳熟能详的歌曲 *Twinkle*，*twinkle*，*little star* 改成下面这样在教学中使用：

Dear friends，look at me.
I am drawing a little bee.
She's busy all the day.
At learning read and say.
Dear friends，look at me.
I have finished the little bee.

老师用一种全新的方式演绎一首学生熟悉的歌曲往往会激发起他们更浓厚的兴趣，并鼓励他们发挥自己的创造能力，而且能够帮助他们很好地掌握相关的语法项目。

但是，“韵律歌谣”教学只是一种教学方式而已，并不是“万能药”，其教学目的主要是为了加强对学生语音、语调的训练，培养他们良好的语感，提高他们的语言能力。一堂课中唱四五首歌谣，学生注意力就会分散，无心于新知识的学习，就会导致玩、游戏变成课堂教学的唯一目的，不能体现教学难点。一般一堂课上使用一到两首歌谣效果比较好。

教师的激情可以在教学过程中的任何一个环节得以展示。上课前的热身活动，师生一起为下面的教学有选择地说唱一些歌谣，这种说说、唱唱、表演的形式符合小学生的年龄特点，容易吸引学生的注意力，能够重新调动起学生的学习积极性，活跃课堂气氛，也加强了学生的口语练习。在课堂进行中，教师也可以设计、选择一些歌曲、歌谣来调节课堂节奏，消除学生的疲劳。经过紧张的新课学习后，学生最容易疲劳，这时要考虑放缓教学节奏，消除学生疲劳。另外，进入课堂结束阶段，为了检查学生的学习情况、反馈教学效果，教师可以选择设计一些歌曲、歌谣来对整个课堂教学进行回顾，在轻松欢快的气氛下结束本堂教学。

修炼建议（Developing）

《课程标准》对小学生的“语言技能”的要求中，包括“说唱”和“玩演”技能：“能根据录音模仿说话；能相互致以简单的问候；能相互交流简单的个人信息，如姓名、年龄等；能表达简单的情感和感觉，如喜欢和不喜欢；能根据表演猜测意思、说出词语；能学唱英语儿童歌曲和歌谣15首左右；能根据图、文说出单词或短句；能在教师的指导下用英语做游戏并在游戏中进行简单的交际；能做简单的角色表演。”

音乐是人类的第二语言。当学生舒舒服服地沉浸于音乐之中时，当学生聚精会神地聆听教师眉飞色舞、投入其中的课堂教学时，学生的生理和心理活动会更加丰富、活跃，其精神状态更加高亢，思维联想更加自由。这时候学生学到的知识会记忆得更加牢固、持久。

演唱只是教师激情的一种表现形式，或者说是小学生比较喜闻乐见的一种形式。教师还要从其他各个方面不断完善自己，点燃自己的生活和工作激情。

激情能点燃学生的热情，激发学生的情趣，增强学生学习的动力；激情可以弥补教师知识的不足，可以补偿教师自身的缺陷，可以产生创造力。没有激情的课堂，激发不起学生的兴趣，只能是死水一潭，毫无生机；没有激情的课堂，触动不了学生的思维，只能是白水一杯，无滋无味；没有激情的课堂，开发不了学生的潜能，只能是马达空转，毫无功效。

很多小学英语教师都喜欢根据教学内容自编一些歌谣，或者运用已有曲调自编歌词，这是非常好的活动。但我们一定要注意，自编歌曲歌谣一定要有语境，不要编那些在日常生活中根本不用的语句。小学生记住一些英语知识本来就不容易，既然要记忆，我们就让他们记忆一些在生活中能够经常、真实使用的语句。

首先我们不要编把汉语和英语夹杂在一起的歌曲歌谣，这不利于学生的英语学习。比如：

大自然，真美丽，
我们拿起小画笔；
画个天空是蓝色，
blue，blue是蓝色；
画个太阳红彤彤，
red，red是红色。

这样的歌谣不可能真正培养学生的英语运用能力，我们可以将其修改为：

I am drawing the sky.
The sky is blue and high.
Now I'm drawing the sun.

The sun is red and bright.

很多老师喜欢重复单词编歌谣，这样的歌谣也并不是最好的，如：

Tall，tall，tall！The giraffe is tall.

Short，short，short！The deer is short.

对此，我们应该改变语境，将其改为：

Look！Look！The giraffe is tall.

Look！Look！The deer is short.

这就是很真实的语言运用了。语境是我们很惊讶地看到长颈鹿和鹿的身高差异，然后说出“Look！Look！The giraffe is tall. Look！Look！The deer is short.”这样真实运用形态的英语。

我们还要注意，不要编一些不大符合新课程要求的歌曲歌谣。如：

Children，children，look this way.

Listen to what I will say.

Fold your hands and sit up straight.

Please be quiet as you wait.

Children，children，look this way.

Listen to what I will say.

这样的内容显然是老师说给学生听的，学生学唱这样的歌曲唱给谁听呢？而且总是要求学生坐直、安静，这本身也不符合小学生的现实，尤其不符合活跃的英语课堂的现实，我们不如将其改为：

Dear friends，look at me.

I am drawing a little bee.

She's busy all the day.

At learning read and say.

Dear friends，look at me.

I have finished the little bee.

这样的内容就成了学生和朋友之间的内容，可以说给朋友们听，可以和朋友们一边唱一边玩儿，内容也更符合新课程的理念。

总之，我们不仅要编写语义真实的歌曲歌谣，还一定要编写语境真实、语用真实的歌曲歌谣，也就是能够在真实生活中运用的语言的歌曲歌谣，这样学生在记住歌曲歌谣的同时，其语言运用能力也就同时得到了有效的培养。

六、写画——小学英语教师的灵气素质

问题展示（Questioning）

下面是关于“现在进行时”这一语法结构的教学过程片段，其目的是帮助学生经过操练和巩固掌握 What is doing? 这一句型。

老师展示一张学生开运动会跑步的照片，问学生：“What is he doing?”学生说：“He's running.”然后老师让学生两人一组进行操练，互相指着同伴带来的照片问答。

这样的操练活动的设计思路能占到小学英语课堂教学设计的 90%以上，其本身是无可厚非的，也能达到帮助学生理解并掌握 What are you doing? Are you/Is he/she/it v-ing? 这一语法结构的目的。但是，还有没有其他让小学生更加感兴趣的、学习效果更好的方法呢？

案例分析（Demonstrating）

运用照片开展现在进行时教学是一个不错的选择，这比让学生做动作老师问学生 What are you doing? 已经好了很多，因为看照片说照片上的人在做什么是 be doing 的真实用法之一，而看着某人在做某动作而问这人 What are you doing? 暗含着这人所做的动作有些怪异的意思。

不过，如果用简笔画，则是更好的选择。运用简笔画进行 What is he doing? 的教学，老师可以在画的过程中，不断询问学生：Guess. What's he doing? 这样可以增加猜测的趣味性，激发学生的兴趣。

我们说，简笔画是一个生成过程，比使用照片更强调过程，也比多媒体具有更多、更丰富的可能，因为教师可以在画简笔画的过程中改变内容，增加教学过程的生成性。

理论点拨（Illustrating）

诸多调查研究结果表明，在众多激发学生的兴趣、保证学生的活动参与率的方法中，“简笔画”是体现教师自身灵气、发挥教师内在专业素质的有效方法之一。

在教授“形状”（shapes）这一主题的内容时，无论是在呈现、操练环节，还是在巩固、运用的过程中，老师都能采用“简笔画”的方式实现教与学的目的。如用 oval 画小鸡的身体，用 circle 画头和眼睛，用 triangle 和 star 画嘴、尾巴和爪子，用 heart 画心，用 square 和 rectangle 画腿。还可以画人、树、房子、交通工具、食品水果等丰富的、日常生活化的东西。教师通过活动既提高了学生的英语记忆效果，又满足了师生共同感受美、体验美、欣赏美和创造美的需求，更重要的是培养了学生的观察、记忆、思维、想象能力和创新精神。

再如，在教授单词 sun 时，教师先画一个圆圈，问学生这是什么，学生有的说是 zero，有的说是 circle，还有的说是 ball。此时教师不做评价，而是将圆圈涂成红色，学生又开始说了，是 apple、orange，最后教师给红圆圈周围加上光芒，学生恍然大悟：原来是太阳！

这种引入新课的方法不但引领学生复习了大量的词汇，为学习新课做了铺垫，而且由于学生急于想知道教师画的究竟是什么，从而促进其动脑、动口。这种引入新课的方法比以往那种教师交代该节课的任务的做法要来得自然和轻松，而且更容易激起学生学英语的兴趣和求知欲。

“简笔画”在词汇教学中的作用如此，在语法教学中的作用也同样好。如讲授 there be 句型和常用介词 near、in front of、behind、between 等。

首先，老师依次画出下面的简笔画，并呈现相应的句子：

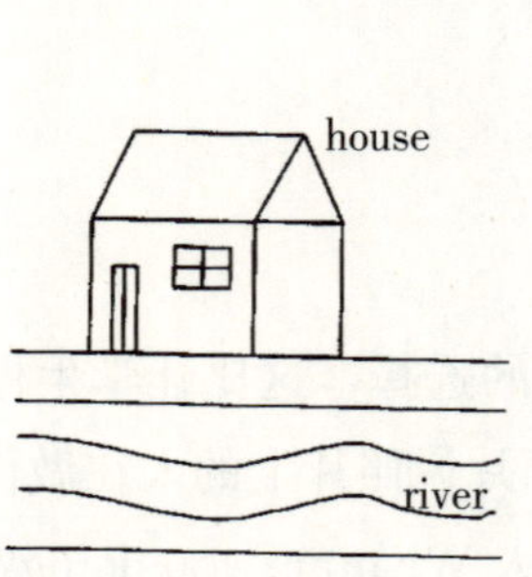

(图 1)

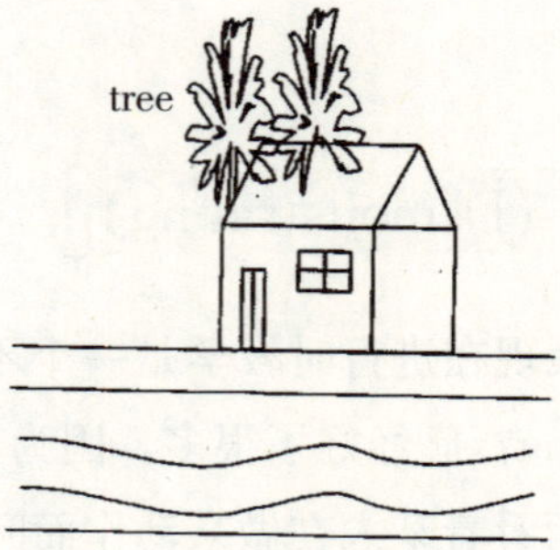

(图 2)

This is a house. These are two trees.

This is a river. The trees are behind the house.

The house is near the river.

(图 3)

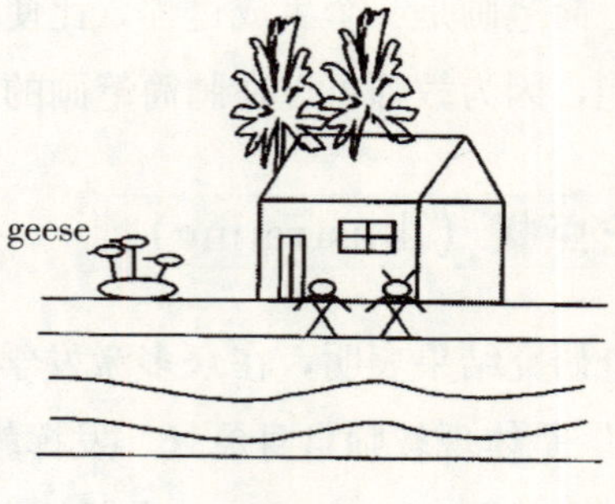

(图 4)

This is a boy. These are three geese.

This is a girl. They are near the house.

They are in front of the house.

然后，老师分别指着图 1－4，用英语大声朗读一遍，同时在黑板上依次归纳并写出所说的英文：

图 1：There is a house near the river.

图 2：There are two trees behind the house.

图 3：There are two children in front of the house. /There is a boy and a girl behind the house.

图 4：There are three geese near the house.

最后，老师用 What's...？How many...？Where...？等句型来复习 house，river，tree，boy，girl，geese 等，并启发学生观察 there is 和 there are 的区别，了解介词 behind，near，in front of 所表达的意义。

操练之后，学生就会自然地通过与真实情景相联系的句子结构领会 there is 和 there are 的区别以及几个介词的意义。

反思探究（Reflecting）

基于上面的“案例分析”和“理论点拨”，我们尝试采用“简笔画”的方式来实现本节课的“操练”环节的教学目的。

教师在黑板上画出简笔画，然后师生通过问一答的方式操练现在进行时。

T：What is she doing?

S：She's jumping.

T：Is she climbing?

S：No，she isn't. She's jumping.

图片有利于学生集中注意力，并为学生所说的内容提供一个非语言的刺激因素，学生所说的内容并不重要。不管怎样，这时教师通常都能确切地知道学生应该说什么。

再请看下面的图片：

教师出示一个妇女做跳跃动作的图片，但是用一张卡片把图片的大部分遮上。

T：What's she doing?

S：She is walking.

T：Is she walking?

S：She's running.

教师将卡片下移，学生看到整个图片。

T：Is she running?

S：No，she isn't. She is jumping!

这种方式有利于学生口语的发展，同时练习了新语言，更体现了教师的灵气。

修炼建议（Developing）[①]

小学英语教学离不开黑板，在黑板上写板书和画简笔画，是提升小学课堂教学效果的有效方法。

板书是非常重要的教学活动，尤其是对小学英语教学来说。黑板和粉笔是课堂教学中最常用、最普遍的一种教学媒体。无论什么课程的课堂教学，都可以、也应该非常充分地运用这一媒体。只要教师有良好的语言能力，就算只有一支粉笔、一块黑板也是有可能教好英语的。当然我们若拥有更先进的教育技术，就可以更好地开展英语教学。

在英语课堂教学中使用黑板和粉笔可以很好地实现很多教学目标，如使用黑板和粉笔可以直观、直接地呈现语言，如单词、语句结构等，这样的呈现可以起到示范作用，也可以帮助学生进行视觉拼读、整体拼读单词等，语法结构、构词法等还可以用不同颜色的粉笔来呈现。

教师在使用黑板时，可以把黑板分成不同的区域。一部分是固定内容区域，这部分内容是事先设计好的，教师在讲解的过程中根据教学内容呈现的次序写在黑板上，一般不随意擦掉，因为它体现着课堂教学的基本线索和主要内容，应以合乎逻辑的方法展示给学生。另一部分是动态生成区域，具有生成性，是教师用来板书辅助说明的内容，更是学生到黑板前进行板书演示或者展示自己的作业等的一个重要区域，还是进行形成性评价时可能用到的区域。黑板上的固定内容区域和动态生成区域的比例根据需要可以调整。

黑板具有生成性的特点，教师可以根据需要捕获教学中的任何有价值的生成，这是很多电子媒体不具备的。

板书的形式可根据教学内容而定，可以用提纲式、关键词语式，还可以用图表/表格式或混合式等形式呈现教学信息。最常用的一种板书形式是提纲式板书。提纲式板书概括性强、层次分明，便于操作和掌握。教师备课时将内容归纳总结，以教学内容的内在逻辑关系为主线，提炼出各层次内容的关键句，随讲授的次序逐步书写在黑板上。例如，在讲授媒体的发展与宏观的文化形态时，我们可以以提纲的形式将讲授的主要内容概括展示在黑板上。

关键词语式板书，顾名思义，由关键词语（key words）组成。它简洁易操作，而

① 此段文字使用了鲁子问教授主编的《英语教学论》（第二版）的部分材料，已经获得作者允许，特此致谢。

且可以帮助学生以点带面地掌握教学内容。备课时精选出代表性强、能准确反映讲授内容的关键性词语，于讲课时适时写在黑板上即可。这样的板书特别适合开展结构比较复杂的课文的教学，也非常适合词汇图的教学。我们在进行新课文词汇学习、写作前的头脑风暴、词汇复习巩固等的时候，都可以利用这一方法，在黑板上生成。

板书对于小学英语教学一个特别重要的作用是引导学生进行视觉拼读（visual spelling）。小学生记忆单词有很多困难，老师要坚持在黑板上写出语句，一边写板书，一边吸引学生看自己写单词，一边口头拼写单词，这种活动就是视觉拼读。大量的视觉拼读之后，学生就能逐步形成拼读，甚至拼写这些单词的能力，从而实现单词记忆。

需要注意的是，课堂上不宜使用太复杂的板书。因为黑板版面有限，传递信息的数量和形式都受限。如果教师用过多的时间在黑板上写和画，尤其是长时间背对着学生书写，势必会影响师生的视线交流（eye contact）和学生的兴趣。另外，占用过多的时间写板书也会影响教学进度，节奏的放慢易使学生产生松懈和厌烦情绪。

另外，黑板不仅仅是进行板书的区域，也可以用于画简笔画（这也可以看做板书的一种）、张贴各种图片类教具等。

简笔画简洁、形象、直观、易学、便用，使用范围广泛，既可用于词汇、语法等语言知识的教学，也可用于创设交际环境，开展语言运用活动，也能广泛运用于很多学科的教学，还能激发学生的学习兴趣，增加教学的艺术魅力，并且有助于开展多元智能活动，培养学生积极思维和丰富想象的能力。因此，简笔画也在英语教学中发挥着更为重要的作用，因为英语教学更需要创设语境，开展语言运用活动。

对于简笔画在中小学英语教学中的运用，目前已经形成了很多成果。这里从一些尚涉及不多的方面，介绍简笔画在中小学英语教学中的一些新的运用可能。

1. 模拟动画的简笔画

简笔画教学的最大不足就是画面单一、静态，不能像电脑动画一样表现动作。所以在有电脑动画的条件下，简笔画只能成为电脑动画的补充。但在目前，我国绝大多数教室还没有电脑。在这一现实下，我们可以采用连续性的简笔画模拟动画进行教学。

简笔画模拟动画就是画一组描述连贯动作的简笔画，如下图的1*a*、1b、1c、1d、1e小图，就是一组连贯的描述走路动作的简笔画，把这组图画在一张折叠纸上，连续折叠、再打开，可以呈现动态场景，就像动画一样，而实际上动画就是这么制作的。

1*a*　　1b　　1c　　1d　　1e

在没有电脑的条件下，我们可以用这一方法教行为动词、动词时态等。

2. 同题异态的简笔画

把英语作为外语的教学中，机械性的重复是不可避免的，而且是非常必要的，因为只有这样的强化才能使学生形成牢固的长时记忆。

但是，机械性重复肯定会使学生出现兴趣疲劳。比如，我们要教 She's dancing，我们可以呈现一幅跳舞的简笔画。但是，即使是一幅再精美的简笔画，若让学生看着这幅图说 10 遍 She's dancing，学生的兴趣也会越来越衰减。同时，由于这样的重复从第 2 遍起就不再有真实的语境，所以就成为了不指向运用能力的单纯的机械性重复。

其实，我们可以为同一主题画不同的简笔画，并不断呈现，让学生看着不同的图说同样的话，不仅可以使学生保持持续的学习兴趣，而且还可以为重复性的机械练习提供真实语境，培养学生的真实运用能力。如我们教 She's dancing 时就可以画以下不同的简笔画，让学生多次重复 She's dancing 这个语句。

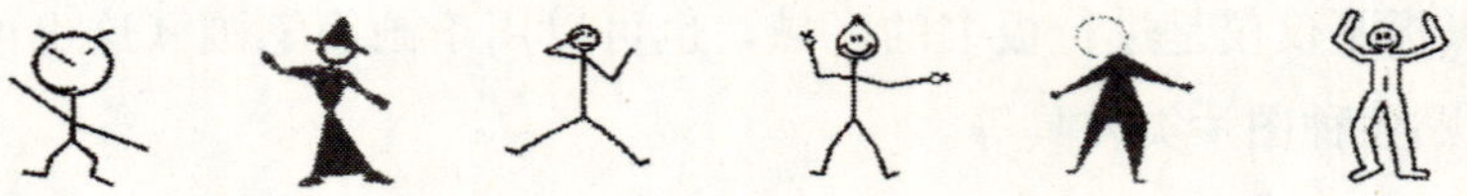

2*a*　2b　2c　2d　2e　2f

3. 夸张幽默的简笔画

人天然地具有对新颖的事物形成更大兴趣的大脑神经机制。也就是说，对于习以为常的事物，即使非常美丽，学生也可能会出现审美疲劳。因此，我们可以经常使用夸张幽默的简笔画，来激发学生的学习兴趣。比如，当学生对下图 3*a* 的兴趣衰减的时候，我们可以用 3b 这样的简笔画进行教学。

3*a*

3b

4. 尚待完成的简笔画

信息差活动是常用的进行真实交际的语言训练活动，但我们通常存在无法向学生提供不完全信息的困难，而我们使用简笔画时就可以一边画一边教学。比如，进行现在进行时的问答教学，我们若拿出完成的图给学生看，这时问答的真实性往往是存在困难的，因为学生一眼就能看出图上的人正在做什么。但如果我们运用简笔画进行教学，就可以画一部分，然后开始提问，再继续画，继续提问，最后完成简笔画，学生得出最后的答案。这样可以使整个问答教学非常真实。这既可以是教师画图提问、学生回答的信息差活动，也可以是学生之间学生 A 画图提问、学生 B 回答的信息差活动。如下图就可以用于 What's he doing? Guess! 的真实问答活动。

其实，这只是部分覆盖图画的活动在简笔画教学中的表现。

显然，对简笔画的以上教学方法的新探索对于激发学生学习英语的兴趣、培养学生运用英语的能力具有积极的作用。

简笔画虽然简便易学，但毕竟需要一个学习的过程。对于画简笔画还不熟练的老师，可以这样提高自己的简笔画技术：

一是可以用白纸画简笔画。在教学之前，我们先在白纸上用铅笔把要画的简笔画的轮廓细细地勾画出来，教学时，用彩色笔在白纸上就可以迅速完成简笔画。

二是可以用塑料膜画简笔画。在教学之前，我们先在纸上用浅色笔把要画的简笔画的轮廓勾画出来，教学时，把事先画好的纸垫在塑料膜下，然后用彩色笔在塑料膜上迅速完成简笔画。

三是可以用计算机技术画简笔画。在教学之前，我们可以在计算机辅助下完成简笔画，或者从网络上的图库中找到自己需要的简笔画，或者用画图软件画出简笔画。

我们可以根据教学需要，合理选择恰当的简笔画进行教学，提高教学成效。

七、文化——小学英语教师的风骨气质

问题展示（Questioning）

《课程标准》要求小学生“能学唱简单的英语歌曲和歌谣30首左右”。那么，小学英语教师应该如何通过课堂教学来完成这一基本要求呢？我们先来看一看某市实验小学马老师的教学案例。这份案例的内容来自该校的六年级校本教材中的“诗歌赏析：*The Flight of Time*”。

Step 1：导入：欣赏诗歌，激发情感。马老师和同学们互致问候后，通过PPT简单呈现了莎士比亚、奥斯丁和雪莱等著名作家和诗人。接着，播放一首配乐诗歌。

Step 2：呈现：学习诗歌，体会情感。马老师借助多媒体形象演示生词，如让学生听秒表的滴答声感受单词swift、fast、wing；go away、fly away；appear、disappear等。

Step 3：操练：朗读诗歌，领悟情感。马老师指导学生边读英文诗边感悟其意境，并启发学生找出本首诗歌的韵脚，感受诗歌的韵律。同时，引导学生在反复朗读中感悟时间的飞逝从而激发学生珍惜时间的情感。这首诗歌是：

Swift the time fly away.
First the hour, then the day.
Next the week, the month, the year.
Go away and disappear.
Time is always on the wing.
When I speak, or think, or sing.
When I work, or sleep, or play.
Time is flying fast away.

Step 4：限制性运用：感受韵律，体会美言。马老师提供另外一首以时间为主题的诗歌，启发学生根据它的押韵规律选用方框中的词把这首诗补充完整。

goodbye die last date

Time
Time to laugh,
Time to cry,
Time to live,
Time to ________（答案：die）.
Time to rush,
Time to wait,
Time for an appointment,
Time for a ________（答案：date）.
Time too slow,
Time too fast,
Time to go,
Time to ________（答案：last）.
Time to say hello,
Time to say ________（答案：goodbye）.
Time keeps marching right on by.

Step 5：自主性运用：品味创作，收获快乐。马老师给学生提供一首诗歌的题目：Time is like... 并给学生提供了许多可以参考的词汇，鼓励学生品味创作带来的快乐和自信。参考词汇有：river, car, wind, lightning, smoke, horse, angle, chocolate, life, dream, water, ocean, gold, fruit, a naughty boy, water fall...

Step 6：结束。在朱自清的散文《匆匆》的音频中，本课结束。

案例分析（Demonstrating）

马老师的这一节课教学目标明确，各教学环节浑然一体，过渡衔接自然流畅，给人以美的感受。任务型教学和小组合作探究、自主学习等方式为本节课的主要特色，培养了学生自主学习的能力和探究规律的能力，学生发现了不同诗歌的押韵规律，说出了自己对时间的独特理解。

第一个环节通过课前文学知识的介绍直接导入“诗歌”这一主题，学生沉浸在优美的诗歌朗诵、舒缓的轻音乐和赏心悦目的画面中，达到了“课伊始，趣已生，情已浓”的效果。

第二个环节中新语言知识的呈现方法不仅能方便学生的记忆和学习，更让学生体会到诗歌中用词的多样性特征。另外，启发学生根据发音规律尝试拼读新单词的做法有助于培养学生的自学能力。

第三个环节中学生通过小组合作学习发现这首诗歌的押韵规律、感受不同的韵律美，并同时获得了一种成功的体验。

结束时，教师选用的散文《匆匆》与本节课的主题非常吻合，升华了学生内心珍惜时间的情感，这种独特的结尾方式引发了学生很多思考，帮助学生体验中外文化差异的同时，使他们更加热爱中国文化，使本节课得到了有效的延伸。

理论点拨（Illustrating）

在对语言与文化的研究方面，有两种说法，即“语言与文化”和“文化中的语言”，这两种说法之间存在着明显的矛盾和差异。为了解决这个问题，有的语言学家提出将文化分为两个范畴——“大文化”和“小文化”，其中，语言与大文化是从属关系，与小文化是并列关系。如下所示：

文化
- 大文化
  - 语言
  - 其他文化现象
- 小文化（非语言文化现象）⇔语言

从小文化的角度来看，语言与文化是同步发生的，没有语言就没有文化。语言是文化形成和发展的前提，文化的发展也促进了语言的丰富和完善。一种语言的文化结构是使用该语言的人或民族的生活方式的总和，包括地理环境、民间传说、寓言神话、社会历史发展、风俗习惯、宗教信仰、价值观念、科学技术、文学艺术，等等。人类的语言现象有两个层次——语言能力和语言结构。语言能力是指人类共有的、区别于动物的习得语言的能力；语言结构是指建立在不同种族、不同文化之上的不同语言结构。

早在 20 世纪上半叶，一些人类语言学家就曾提出假说，认为不同语言的差异不仅是语音、语法、文字上的差异，而且是生活方式、思维方法、世界观的差异。“真实世界在很大程度上是不知不觉地建立在该民族的语言习惯之上的。没有任何两种语言能够完全一样地表述同一个社会现实。不同社会的人所生活的世界是多种多样的许多个世界，而不是具有不同标志的一个同样的世界。”这样的观点强调语言决定文化、语言决定世界观。虽然他们的研究过分夸大了语言对文化的影响，但却揭示了语言与文化的关系。

语言中受文化影响最大的是词汇。词汇或表达方法与文化的关系非常密切。语言变化中，语音和语法的变化相对较慢，词汇意义的变化最快。造成词义变化的原因很多，主要有语言学原因、历史原因、社会原因、心理原因、外国文化的影响、新事物的诞生等。

语言词汇是最明显的承载文化信息、反映人类社会文化生活的工具。各种语言中除一部分核心词汇外，许多词汇都常带有特定的文化信息，即所谓的“文化承载词”(culturally-loaded words)。词汇中还有一部分特殊的成员，如习语，包括成语、典故、谚语等，更是与该民族文化传统有着极为密切的关系。

概括来说，词语文化中最重要的内容可以包括：(1) 一个民族文化中特有的事物与概念在词汇及语义上的呈现；(2) 不同语言中指称意义或语面意义相同的词语在文化上可能有不同的内涵意义（如“农民”与 farmer)；(3) 词语在文化含义上的不等值性（如中国的“周末”与英语中的 weekend)；(4) 不同文化对相同的现象所作的观念划分的差别在词语及语义上的显示（如亲属称谓等)；(5) 体现一定文化内容的定型的习惯用语（如成语等)。

在进行文化教学的过程中，需要遵循以下几个文化导入的重要原则：

实用性原则。这一原则要求所导入的文化内容与学生所学的语言内容密切相关，与日常交际所涉及的主要方面密切相关，从而激发学生学习语言和文化的兴趣，产生良好的循环效应。

阶段性原则。这一原则要求文化内容的导入应遵循循序渐进的原则，根据学生的语言水平、接受和领悟能力来确定文化教学的内容，由浅入深、由简单到复杂、由现象到本质。

适合性原则。这一原则强调教师对有代表性的文化内容（主流文化、广泛性文化）应该详细讲解，反复操练，举一反三，以共时文化为主，适当引入一些历时文化内容。在教学方法上，这一原则要求教师要协调好讲解与学生自学的关系，鼓励学生进行大量的课外阅读和实践，以增加文化积累，而教师只是学生课外文化学习的组织者和指导者。

在文化教学的实践过程中，下面几种文化导入的具体方法颇受关注：

注解法。这是目前大多数教材中普遍采用的方法，即教材编写者将教学材料中容易引起学生理解困难的词语或表达法在课文后用专门的篇幅加以注解。这种方法灵活简便、阶段重点突出，但由于零散而缺乏系统性。

融合法。即将文化内容与语言材料结合在一起进行教学，如语法本身就是介绍目标语文化习俗、词语典故、历史事实等。这种方法容易引起学生的兴趣，具有潜移默化的功效，但材料的选择与编排有一定的难度。

实践法。即学生通过具体的语言实践学习和了解目标语的社团文化知识（如听说读写以及观察、看电影、听专题讲座等）。

比较法。这是一种极为重要的文化导入手段，因为通过比较就能发现母语与目标语在语言结构和文化之间的异同，从而获得跨文化交际的敏感性。

专门讲解法。在对比母语文化与目标语文化的基础上，教师选择目标语文化中较为突出的特征，尤其是容易引起交际上困难的文化特征，开设专题文化讲座或课程。

反思探究（Reflecting）

这节课的教学设计还有三个特点值得我们学习：

1. 挖掘语言内在的美感

对于外语学习者而言，教师的课堂语言极其重要，因为它既是学习的目的，又是学习的途径。在本节课中，授课教师在深刻领悟诗歌内涵、探究语言学习本质的基础上，向学生充分展示了英语语言的内在美。这种美感体现在两方面：（1）教师自身的课堂语言美。这节课中，教师的语言简洁、明了，对轻重缓急、抑扬顿挫把握得恰到好处。（2）语言学习材料美。这是一首韵律感很强的诗歌，用词简单，内涵深刻，意境悠远。教师在精心选择的音乐声中，配合幻灯片播放优美的画面，引领学生诵读，融情、入境，调动学生的视觉、听觉多种感官参与学习过程，妙不可言。

2. 培养学生跨文化交际的意识

语言即文化，可见对文化意识的渗透在语言学习过程中的重要性。小学生的认知特点和接受能力决定了对他们进行文化渗透不可生搬硬套，必须融无形的文化于有形的语言之中。这节课对文化意识的渗透处理得比较巧妙。上课伊始，教师即向学生介绍了莎士比亚、奥斯丁、雪莱三位英国乃至世界文学史上著名的文学家，用简单的语言概括了他们分别是戏剧、小说和诗歌界的代表人物，引出本节课教学内容的题材——诗歌。短短几句话，将这一文学常识和几位文学大家介绍给学生。此外，在课的结尾，教师独具匠心，引入中国著名散文家朱自清的散文《匆匆》的片段，让学生吟诵。于是，诗歌、散文、英语、汉语，形成一个鲜明对比，同时又都紧扣 Time（时间）这一主题。

3. 帮助学生形成学习策略

小学阶段英语课程的任务之一是帮助学生形成有效的学习策略。在这节课中，教师没有将目标停留在浅层次的仿说、背诵的层面，而是将着眼点放在培养学生探究语言的内在规律上。例如，在学生基本掌握了这首诗歌之后，教师提示学生找出诗歌的韵脚，并进行巩固操练，让学生在练习的过程中了解诗歌韵脚的规律。然后，教师又设计了若干不同韵脚的诗歌，让学生尝试着填充。整节课遵循了“讲一练一用”的原则，层层递进，扎实有效，教师在帮助学生形成自主学习策略方面做了有效的尝试。

这节课的教学设计本身需要进一步完善的方面不多，但是留给大家的思考却不少。

1. 校本教材的编写与选择。不少小学英语教师经常抱怨时间紧、内容多，很难完成教学任务。其实，教学内容的选择、重组、创设、开发等任务应该主要靠教师来完成，其主要依据是学生的真实英语水平、真实学习困难、真实学习需求等。如果教师能依据学情编写校本教材，那么，小学英语课堂教学将会改变现状，带给孩子们更多的欢乐和收获。

2. 英语教师自身的文化功底和创作功底。教学内容的取舍、编写、创设、开发、设计等，离不开优秀教师的坚实专业文化功底和创作功底。没有高素质的教师，就没有高效的课堂，也就没有学生的满意度和成就感。

3. 除了“诗歌”这种文化载体之外，教师还可以选用许多其他同样能被小学生的真实英语水平和真实语言能力所驾驭的形式，如英语散文、歌谣、歌曲、故事、广告、小小说、寓言、童话、传记等，其关键在于教师自身要具备良好的文化素养。

4. 如果没有多媒体设备，教师如何采用黑板和粉笔以及自身的资源上好类似的以文化创作和欣赏为特色的课？多媒体设备的优势很明显：图文并茂、信息量大、色彩丰富、动感性强。但是，用粉笔板书能帮助小学生对所学的知识进行与自身能力同步的捕捉、理解和运用，如果掌握利用得好，其产生的学习效果同样很高。只是，这要求教师自身必须具备扎实的教学基本功，包括能歌善舞、能说会写等。

修炼建议（Developing）

如何能够敏锐地捕捉并有效地挖掘文化知识、理解并尊重文化差异，从而进行得体的跨文化交际呢？

首先，作为英语教师，我们要强化自身的文化底蕴并提升自身的文化素养。在吸纳英语国家文化知识的同时，要激活和丰富自身已有的中国传统的、经典的文化。在尊重和理解文化差异的基础上，科学地借鉴并传播英语国家的文化，积极地传承并发扬光大中国文化。

其次，我们既要教学“大文化”（价值观、社会制度、宗教等），又要教学“小文化”（日常生活观念、方式等）。要充分利用《英语课程标准》（实验稿）中提供的话题和功能意念项目，分析其中蕴涵的中英不同文化，结合学生的真实生活和学习，设计有效的课堂教学活动，培养学生的综合语言运用能力。

在小学阶段的教学中，我们要注意学生的年龄特征与认知水平，他们对于过于抽象的文化没有能力去认知，所以我们要通过歌曲、歌谣、故事、游戏、短剧等，让学生感受、感知外国文化，同时强化他们对中国文化的感受和认知。

第三，我们要认识不同的文化产品，丰富课堂文化教学的形式。文化产品是文化教学最直接的内容。文化产品有四个要素：(1) 物质产品（货币、面具、服装、织物等）；(2) 居所（房屋、村落、城市等）；(3) 机制（政治、法律、经济、教育、宗教、家庭、亲属等）；(4) 艺术形态（音乐、舞蹈、绘画、雕塑、戏剧、电影、建筑、设计、装饰等）。但是，文化产品通常只是文化冰山的显露部分，教师本人要学会并引导学生认真分析和体验文化冰山的隐藏部分，特别是文化观念。

小学阶段这一方面的活动很多，尤其是教材中外国文化的很多物质产品，学生可能非常不熟悉，那么我们就应该在教学中，根据需要，选择性地对这些产品进行介绍、说明。对于一些可以在日常生活中感知的文化产品，还要引导学生感知。

第四，在实施课堂文化教学活动的过程中，教师要善于与学生真诚地交流分享对不同文化的理解，从而增加相互的情感沟通，帮助学生树立科学的人生观、价值观和世界观。尤其是对于外国著名故事的教学，我们要引导学生感知其文化内容。比如，*Goldilocks* 这个故事，看起来是一个小女孩和三只熊的故事，可是其文化内涵却是：只要有三个以上的选择，你总能选择到一个适合你的。所以，多样性、选择性是非常重要的。这样的文化内涵就是可以和学生一起感知和分享的。由此我们自己也会不断提升对外国文化的理解。

八、发展——小学英语教师的专业风范

问题展示（Questioning）

2010 年秋季，笔者对某省三所高校承担的“国培”工作进行了调查，其中主要包括小学英语教师的第一专业和学历以及小学英语“国培”课程的设置情况。此次“国培”的形式有两种：15 天的短期集训和 3 个月的置换式培训，覆盖全省 400 名小学英语教师。

调查结果发现，参与此次“国培”的 400 名小学英语教师中，第一专业是英语的只有 13%，在接受继续教育的过程中转为英语专业的占 56%，剩下的近 30%都是从其他岗位转为英语教师的。

大多数教师反映：“要想听懂专家的英语授课难度很大，更难真正理解其专题讲学的主旨思想”；“自己很想用英语授课，但就是表达不出来，所以基本上还是以母语为主要教学语言”；“自己已经意识到专业发展的紧迫性和重要性，但教学工作量太大，没有时间自学，更没有机会脱产进修”；等等。

对于“国培”的课程设置，老师们反映“理论过多、过高、过泛，没有和课堂教学实践联系起来”；“专家对小学英语教材教法了解的不多，无法真正满足我们的真实需求”；“我们需要更多的案例式培训，而不是通识培训内容”；等等。

调查还发现，参与此次“国培”的小学英语教师的专业素质差异较大、真实需求

层面繁多。有的要求从 26 个字母的正音开始，突出语音语调；有的要求从教材内容的整合入手，突出课堂教学设计。参与“国培”课程设置和实施的绝大多数高校人员并不从事基础英语教育研究，他们多是临时、被动地接受此项培训任务，因而对于接受培训的教师需求置若罔闻。

案例分析（Demonstrating）

“国培”计划是为贯彻落实《国家中长期教育改革和发展规划纲要（2010－2020年）》中关于进一步加强农村师资队伍建设的要求，根据《教育部、财政部关于实施“中小学教师国家级培训计划”的通知》而开展的教师培训。各省教育厅和财政厅根据教育部、财政部的有关文件精神及农村小学（和初中）的实际情况，充分发挥学校的资源优势，围绕提高农村小学（和初中）英语教师职业道德和专业素质的实际需要，以学科为基础，以问题为中心，以案例为载体，理论与实践相结合，优选教师和教学内容，通过专家理论讲授、一线名师对特色教学模式的现身示范、同行相互切磋与交流、研修学员的亲身体验（教育考察）、实践（“影子教师”）和自我反思等环节，努力优化研修过程，帮助教师解决教育教学中的实际问题，从而进一步提高研修学员的师德修养，提升他们的教育教学能力、专业化水平和科研能力及对青年教师的指导能力，使他们在实施素质教育、推进我国基础教育改革等方面发挥骨干、引领、示范作用，带动农村教师队伍整体素质的提升。

此次培训的课程设置主要包括教师专业发展和师德修养、教育教学理念和政策法规、知识与能力和有效教学、教育技术和科学研究及教育考察五大模块。

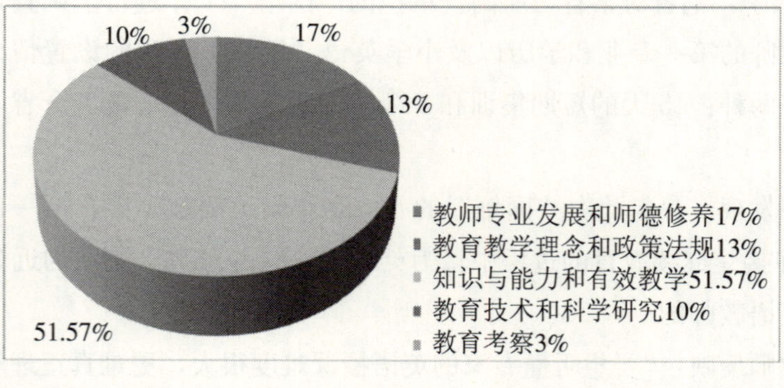

从上图可以看出，“知识与能力和有效教学”占 51.57％，但由于此内容的授课方式缺乏“案例式”的特点，所以其实际效果不能很好地满足学员要求，而造成这一局面的主要原因是培训专家缺乏对小学英语教材、教法和课堂教学问题的基本了解，而一线教师又缺乏理论提升、高屋建瓴、以点拓面的能力。

理论点拨（Illustrating）

“教师教育”概念在我国最早是在比较教育学界使用，20 世纪 90 年代在比较教育学界已经成为专有名词。但作为教育的专门用语首次出现在政府的文件上，则是在 2001 年 6 月政府发布的《国务院关于基础教育改革与发展的决定》上。2001 年 7 月 21 日，《中国教育报》发表了一篇题为《完善教师教育体系　推进教师教育发展》的文章，文中还以“‘教师教育’概念的首次出现”为题专门介绍了“教师教育”概念。用“教师教育”取代“师范教育”不仅仅是表述方式上的一种变化，而且是以实现教师的终身教育为目标的，包括职前、入职、职后三阶段的教育，而且追求三阶段教育的连续性。这种替代，其意义在于教师教育的重心由职前阶段转向了职后阶段，由阶段性的和终结性的教师培养转向了终身性的和持续性的教师教育。

1. 教师发展的核心内涵

教师发展的核心内涵有三个方面：

（1）价值观引领下的教育理念与专业精神的不断重构和塑造，这是对教师发展的定向。教师发展最根本的问题就是对教育工作的正确认识和判断，要在实践中不断探询和回答教育是为了什么，什么是好的、理想的教育，教育及教师工作的基本价值何在，在此基础上逐步形成符合教育规律和时代需要的教育理念及专业精神。

（2）基于广泛学习的专业和非专业知识的不断拓展，这是教师发展的根基。作为一个专业化的教师，专业知识和专业技能的达标是一个最基本的要求。在基本专业知识达标的情况下，教师以一个什么样的面目出现，以一种什么样的精神气质出现在教育现场，很大程度上取决于教师是否具有广博的学养。教师要增加教学的魅力，提高可持续发展的能力，就需要不断地拓宽知识视野。只要和教学、人生相关的，现代教师都要广泛学习、阅读，从而提高自身的科学素养和人文素养。

（3）反思学校日常生活基础上的教育智慧的不断提升，这是教师走向卓越和优异的催化剂。教育智慧是教师在长期的教育实践、感悟、反思过程中，在理论学习和教学工作的不断融合中逐步形成的对教育教学工作的规律性把握、创造性驾驭、深刻洞悉、敏锐反映和灵活应对的综合能力，是教师教学工作达到圆润贯通、自由和谐状态和境界的基本标志，是一个教师一生中应该不断追求的目标。

2. 教师发展的三个重要阶段

教师发展和教师培训密不可分。教师培训通常指的是在职教师的培训。多年来教师培训一直是国内外教师发展的主要手段和方法，积累了不少好的经验，也形成了一些较为固定的模式，对教师发展起到了一定的推动作用。

但是，教师培训不等于教师发展。教师教育大致经历了三个重要阶段：经验模仿阶段、封闭式定向培养阶段、开放式非定向培养阶段。“教师教育”这个词的含义在英语文献中也经历了三次变化：teacher training（重在技术、手艺上的培训）——teacher education（重在普通语言学、应用语言学、语言测试与评估、科研方法等）——teacher development（重在鼓励教师积极反思自己的教学、观察自己的教学行为、评估自己的教学效果、开展“行动研究”）。最后一种形式或阶段的中心是强化英语教师的专业发展，使他们逐渐获得终身学习能力。

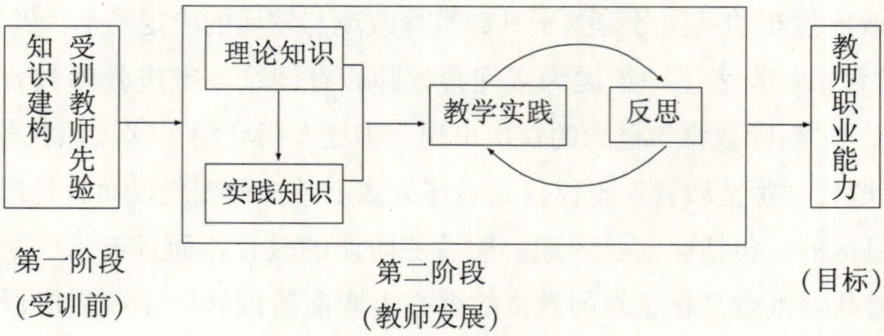

3. *教师发展的主要途径*

教师培训只是教师发展的一种手段，而不是教师发展的唯一出路。真正意义的教师发展应该是教师对自身教学活动进行自觉反思、发现问题，并积极探索、进行研究，找出解决问题的办法，从而使自己的教学水平跨上一个台阶。那么，教师发展的有效途径有哪些呢?

教师发展的途径可以笼统地分为两大类：个体发展的途径和合作发展的途径。

（1）个体发展的途径（Individual Development）

个体发展的途径是教师自我反思的具体体现，目前常用的一些方法有：

①教学日志（teaching journal）。教学日志给教师提供了回顾自己教学实践的机会和空间。借助教学日志，教师可以回顾、审视自己的旧学和新知。但是，教学日志不能流于简单的、表面的流水账，而必须要有明确的目的和重点，要深入反思自己教学和学习过程中的得失成败和提高改进的措施。

②教学档案（teaching portfolio）。教学档案与教学日志的思路基本相同，只是它所包含的内容更为广泛。教学档案是精选的、能代表教师在长期自我反思和自我评价过程中形成的教学理念、自我发展和所取得成就的文档材料。内容包括教学理念、课程安排、教学方法和步骤、职业进步、个人成就和个人反思六个方面。同时，教学档案是阶段性、总结性的，它反映了一定时期内教师的发展和变化。

③制作教学录像（video recording of lessons for self-observation or peer observation）。无论是教学日志还是教学档案，都给教师提供了思考的空间，但教学日志特别是教学档案有一定的滞后性，有可能出现信息遗漏和理解偏差，因此我们需要通过教学录像配合教学日志进行自我反思，从而对以上问题进行弥补。教学录像的优势是显而易见的，它能真实地再现课堂教学活动，能给教师反复观看和总结的机会。

（2）合作发展的途径（Collaborative Development）

教师的职业发展从本质上说是个人发展中的核心部分，自我意识的觉醒和增强是教师个人发展和职业发展的先决条件，而团队在适当的环境中能极大地促进个体自我意识的觉醒。研究发现，团队一旦形成，团队成员之间可以互相关心、互相鼓励，可以得到见解独到的反馈，可以激发灵感，同时团队的纪律还可以约束个人的随意性和惰性，有利于个人成长。

同伴听课（peer observation）是教师发展的关键。通过观摩示范课，听课教师可以了解到同一问题的各种不同处理方式，开阔自己的视野。同时，还可以向授课老师提供反馈信息，推动其反思自己的教学活动。由于观摩的往往是自己的同行，因此他们常常能发现授课教师自己发现不了的问题，并能提供切实可行的修改意见。但是，传统的被动的课堂观摩方式应该变革。在教师发展中，课堂观摩应该有一定规范，授课教师和听课教师应该有很好的沟通，应该有课前讨论、观摩和课后总结这三个环节，而且这三个环节同等重要。这样，课堂才能有所侧重，才能对教师发展起到积极的促进作用。

除此之外，同伴辅导（tutoring，coaching）和合作教学（team teaching）也是非常有效的合作发展的途径。其实，当我们将教学日志、教学档案、教学录像等呈现出来供大家一起分享时，个体发展的途径也就演变为合作发展的途径了。

随着网络技术的发展，一种新的教师发展形式应运而生，即远程教育。远程教育最大的优势在于，它使偏远地区的教师也有了自我发展的机会，教师们不仅可以在不离开教学岗位的情况下进行学习，还可以按照自己的实际情况安排学习的时间和进度。通过网络，教师可以实现资源共享，也可以共同探讨教学过程中的问题与困惑，更能够在交流的过程中，获得情感上和心理上的支撑。

反思探究（Reflecting）

分析“国培”中的问题产生的原因，我们认为主要有以下两个方面：

1. 承担“国培”的高校事先对学员的总体情况缺乏了解，特别是不了解培训学员实践教学中遇到的真实问题和参与培训的真实需求，加上不了解培训学员的真实学科水平，因此很难做到“因材施教”，最终导致培训效果有着某些遗憾。

2. 高校内部没有一支专门从事基础教育中教师教育研究的教学团队。因此，对基础教育各学段、各学科的教材教法以及课堂教学实践缺乏最基本的了解，无法实施“案例式”培训，结果造成实践性较强的“上课、说课、观课、议课”等培训内容的课时量不足，在一定程度上影响了培训的有效性。

要想保证类似于“国培”等项目的质量，相关部门必须增强交流与沟通，争取做到：

1. 在培训学员报到前，各级管理部门应为学科培训工作的承担单位提供学员的相关信息，以利于培训教师“因材施教”，从而保证培训的有效性。

2. 充分挖掘、利用高校自身的教师资源，在原有的“课程与教学论”科研队伍的基础上，尽快建立一支实力雄厚的“国培专家团队”，从而彰显基础教育中教师教育的特色、弘扬学校的教育和办学理念、发挥学校服务于社会基层教育的功能。

3. 赋予各学科增加“上课、说课、观课、议课”等培训内容的权利，并倡导在此基础上加大“教师行动研究”的力度，帮助学员获得反思意识和行动研究的能力。

修炼建议（Developing）

教师的发展，无论是通过个体的发展途径还是合作发展的途径，都首先取决于教师自身是选择了“我要发展”还是“要我发展”。一旦选择了“我要发展”，教师和指导者以及领导者之间就要相互监督、相互信赖。要相信教师发展是“双赢”策略，而不是任何一方的单向奉献或输出。最重要的是，教师发展的终极目标是提高教和学的效果、效率和效益。

当教师在教学过程中对自己的教学观念、教学方法及由此所产生的教学效果进行反思，并在反思中重新审视自己的教学观念，探讨、研究和改进教学方法，以进一步提高教学效果的时候，教师就已经开始了“行动研究”。

“行动研究”是教师自我反思的最高境界，它是在自我探索和协作发展的基础上，把自己的反思系统化并提高到理论的层次。

在职教师进行行动研究具有很多优势：(1) 行动研究的核心是在职教师关注的问题；(2) 在行动研究中，教师既是研究者也是参与者，从而消除了研究者和参与者之间的理解偏差；(3) 在研究过程中，教师通过观察、收集数据和分析，增强了对教学过程的敏感度；(4) 它使教师更深入地了解教和学的整个过程；(5) 它消除了理论和实践之间的矛盾。

任何教师都可以根据自己的教学实际进行行动研究。行动研究有以下几个主要的步骤：发现自己教学中的困惑或问题；提出假设，初步分析造成这种困惑或问题的原因；调查研究，判断自己的假设是否成立；重新确认问题；制订行动计划或措施；实施计划；在实施中根据实际情况调整计划；观察、收集数据；分析、反思与评价效果；撰写研究报告。

教学与研究是教师成长与发展的“两条腿”，只有两条腿同样的坚实、强壮时，教师才能挺直腰板、英姿飒爽地行走在天地间。如果教师主动选择了适合于自己成长与发展的途径和方式，并持之以恒，那么，他的专业风范就展示在学生面前了。

专题二 小学英语课程与教学目标

一、小学英语课程目标的教学表现

问题展示（Questioning）

请先看一看某市市直小学王老师的教学案例。这节课要求学生：（1）能听懂、会说单词 maybe、weekend、countryside；（2）能运用“Will you...？Yes，I will. /No，I won't.”表达将要发生的事情。上课前，王老师要求学生以小组为单位，商量确定周末想去的一个地方，明确自己想做的一两件事情，并用喜欢的方式记录下来。

Step 1：热身。王老师借用 PPT 呈现写有动词短语的画面，要求学生尽快大声读出来。

Step 2：导入话题。王老师展示 go to the park 的画面，说：“I will go to the park this weekend.”突出单词 weekend；然后问学生：“What will you do this weekend?”一个男生站起来答道：“I will play basketball.”王老师反问：“Will you play basketball with your friends?”一个女生站起来答道：“I will stay at home.”王老师反问：“Will you help your mother with the housework?”然后，王老师对全班说：“Today we are going to talk about weekend，and at the end of the class，we will make our weekend plans.”

Step 3：听力。王老师说：“Amy and Daming are talking about weekend，too. What will they do this weekend?”然后要求大家听课文录音，回答问题（Amy will go to the zoo，and Daming will go to the countryside. They will see some animals.）。再听，回答问题：What animals will they see?（Amy will see lions、tigers and pandas. Daming will see lots of pigs.）

Step 4：操练。王老师要求：(1)男生扮演 Daming，女生扮演 Amy，运用 Will you see...？Yes，I will. /No，I won't. 句型进行练习。(2) 带领学生再次听课文对话录音并跟读模仿。(3) 同桌角色扮演，朗读操练对话。

Step 5：巩固练习。王老师问大家：“Why are they laughing?”学生答道：“They are happy because they are talking about their weekend plans.”然后，教师引导大家口头复述 Daming 和 Amy 的周末活动。

Step 6：任务完成。王老师说：“还记得我们要以小组为单位，商量确定周末想去的一个地方，明确自己想做的一两件事情，并用喜欢的方式记录下来，对吧？下面请各小组用 What will you do this weekend? Will you...？Yes，I will. /No，I won't. 等完成这个任务，并展示给全班同学。"

Step 7：作业布置。王老师要求大家：（1）Copy the new words. （2）Read or retell Amy and Daming's weekend plans to your parents. （3）Share your weekend plan with your parents and try to make it true.

案例分析（Demonstrating）

《课程标准》的"二级课程目标"是："对继续学习英语有兴趣。能用简单的英语互致问候，交换有关个人、家庭和朋友的简单信息，并能就日常生活课题作简短叙述。能在图片的帮助下听懂、读懂并讲述简单的故事，能在教师的帮助下表演小故事或小短剧，演唱简单的英语歌曲和歌谣。能根据图片、词语或例句的提示，写出简短的描述。在学习中乐于参与、积极合作、主动请教，初步形成对英语的感知能力和良好的学习习惯。乐于了解外国文化、习俗。"

王老师的这节课整体设计很不错，采用了较为典型的 PWP 任务型教学模式，较好地体现了小学英语课程目标。

第一环节较为有效地激发了学生的学习兴趣和热情，活跃了课堂气氛，激活了学生的已有知识和经验，为教学重难点的突破和任务的完成搭建了"支架"。第三环节设计了不同形式的听、读输入，帮助学生从总体上理解和把握了语篇。第六环节突出了学习语言的目的，即为了用语言做事情。通过本课的学习，学生已经能使用一般将来时，并以小组为单位完成周末计划。这个任务的完成，可以让学生体会到用所学新语言进行交流的乐趣。同时，采用小组活动的方式，培养了学生合作、交流的能力。

不过，王老师可以将 Step1 和 Step2、Step4 和 Step5 有机整合到语言运用活动（如后面的调查活动）中，这样各个教学环节就会更加紧凑。同时，还可以让作业变得更加真实、有效，更好地体现课程目标。

理论点拨（Illustrating）

新课程所要求的培养学生的综合语言运用能力这一目标，在课堂上就应该表现为开展基于这一目标的教学活动，这才是新课程的教学表现。

我们知道，语言知识与语言能力是不可分离的统一体。语言知识是构筑语言能力的基石，是语言能力的有机组成部分，学习者对语言知识的掌握程度决定了他的英语语言能力的强弱。我们常说的语言知识包括语言结构知识和语言运用知识。语言结构知识是指语音、语法、词汇等构句知识以及体现承接关系、文体结构等的语篇结构知识。语用知识是指根据交际意图和环境因素来正确运用语言所具备的知识，它包括语言功能知识和社会语言学知识。

如果学习者没有掌握英语语言结构知识，他就无法正确地造句、谋篇，他的英语语言能力只能是空中楼阁。但仅仅拥有语言结构知识，而不具备一定的语用知识，学习者则往往会在交际中出现词不达意、误解等现象，有时甚至会引起争执。掌握语用知识可以帮助学习者得体地表达自己的观点，实现交际的目的。英语语言知识是发展语言能力的基础，提高英语语言运用能力离不开语言知识。关键的问题是，如何开展知识教学才是体现新课程目标要求，并指向运用知识的目标的教学。以语法教学为例，要开展符合新课程目标的教学，我们的语法教学就必须指向培养学生的运用能力。

《课程标准》中的语言知识包括“语音、词汇、语法、功能、话题”五个方面。教师在讲解任何一个语法项目时，都要紧密联系其对应的功能（语音、词汇亦是如此）。在语言运用的实践中，语法项目的结构（形式）与意义（功能）并非一一对应的关系，同一个结构（形式）可以根据其语境变化而产生不同的意义（功能）。

例如，Is there any more tea? 这一语法结构（形式）的不同意义（功能）有：

（1）A 到好朋友 B 的家中做客。由于天气炎热和行走匆忙，A 到达朋友家中时感到口渴难忍，于是她端起茶几上的水一饮而尽，接着说道：“Is there any more tea?”此时此刻，她要表达的意义是：再来一杯水！如果 B 按照常规课堂教学中教师的安排回答：Yes，there is. /No，there isn't. 都无法真正达到交际的目的。

（2）A 在家中列购物清单。她问自己的爱人：“Is there any more tea?”此时此刻，她要表达的意义是：家里还有茶叶没有啦（需要我买茶叶吗）？如果她的爱人按照常规课堂教学中学到的安排回答：Yes，there is. /No，there isn't. 也无法真正达到交际的目的。

（3）A 在超市购物。她要买两袋“信阳毛尖”，可是，她在茶叶货架上只找到了一袋。于是，她问附近的导购小姐：“Is there any more tea?”此时此刻，她要表达的意义是：请你帮我再找一袋（或者调来一袋）“信阳毛尖”好吗？如果那位导购小姐按照常规课堂教学中学到的安排回答：Yes，there is. /No，there isn't. 也就从根本上失去了真实交际的目的。

同样，同一个意义（功能）又可以根据其语境的需要而采用不同的结构（形式）来实现。例如，请打开门。当一位抱着一摞作业本且用下巴抵着作业本的老师想要从关着门的教室里面出来时，她对教室的一位学生说：“The door，please!”又如，一位双手提着行李箱的年轻旅客对站在车厢门口的中年陌生旅客说：“Would you mind opening the door for me?”如果他此时此刻说：“The door，please!”那位站在车厢门口的中年陌生旅客很可能不理不睬！若是换为一位年长的陌生旅客，也许那位年轻人还要进一步将语气委婉为：I wonder if you could open the door for me?

再比如“This is...”这一句型的教学。大多数教师只是认真地带领学生熟练地掌握其结构（包括该结构的否定结构和疑问结构），但就是不讲该结构在语言运用中的真实功能：呈现并介绍某人、某物。于是，课堂教学中就会出现毫无语言运用价值的活动，如教师要求学生问答课桌上的物品：

Sa：（拿起一支钢笔）What is this?

Sb：This is a pen.（接着，拿起英语课本，反问对方）What is this?

Sa：This is an English book.

这样的课堂活动只操练了语言结构（形式），而没有帮助学生认识并掌握语言运用的技能，是无效的课堂活动。因为任何正常人的真实生活中都不会进行如此无聊的语言交际活动。

如果我们将这一语言结构（形式）的练习情境设计为：班上来了一位新同学"大明"，大家积极地为他介绍班上的同学和校园环境：

Daming，this is our English teacher Ms Wang... This is the school playground，and we can do sports of all kinds here after class... This is the dining hall，and the food on the second floor is more delicious... This is the library of our school，and it is open around the week. We can do some reading whenever we have spare time...

这样的活动设计就将语言结构（形式）和该结构（形式）所要表达的意义（功能）有机地结合了起来，学生意识到该结构（形式）在真实生活和学习中的交际价值，就会更加积极主动地参与课堂活动，从而获得更强的语言运用能力。

语法教学如此，语音、词汇、语篇、文化的教学无不如此。只要我们真正把握语言知识的语言运用特性，我们就可以开展指向运用目标的课堂教学。

反思探究（Reflecting）

基于上面的"案例分析"和"理论点拨"，王老师的教学设计还可以进一步得以完善，从而更加突出课程目标在教学过程中的体现。

Step 1：热身与导入。老师与学生互致问候之后，说："What do you usually do at weekends?"（用 week ＋end 的构词法演示，帮助学生理解和掌握 weekend 这个生词，并给学生提供自由回答的机会）然后问学生："What will you do this weekend?"无论学生回答什么，老师都要强调"Will you...?"之后，老师对全班说："Today we are going to talk about weekend，and at the end of the class，we will make our weekend plans."

Step 2：呈现学习内容。老师说："在制订我们自己的周末计划之前，大家先来了解一下 Amy and Daming 本周末的计划吧！"

听第一遍：回答问题：What will they do this weekend?（Amy will go to the zoo，and Daming will go to the countryside. They will see some animals.）

听第二遍：回答问题：What animals will they see?（Amy will see lions、tigers and pandas. Daming will see lots of pigs.）

听第三遍：跟读模仿，男生跟读模仿 Daming，女生跟读模仿 Amy。

Step 3：练习运用。老师先请两组同学朗读 Daming 和 Amy 关于周末计划的对话。然后分小组活动：商定周末的计划，即各小组成员之间先用 What will you do this weekend? Will you...? Yes，I will. /No，I won't. 来了解他人的想法，再集中讨论商定小组的计划。(也可以不分小组，而改为“限时调查”，即在指定的时间内调查班内同学本周末的打算，之后汇报自己的调查结果，最好给足学生本活动需要的时间，并可借助下列表格完成此任务)

Name	What will you do this weekend?	Will you...?	Yes，I will.	No，I won't.
Group	We will... And we will...			

Step 4：作业布置。老师要求大家将课堂调查的数据结果（即上表）整理后，公布在教室后墙的报刊栏内，供同学们交流、自行组合、共度本周末（这样的作业将课上学习与课下学习有机地结合起来，能有效巩固学习效果，帮助学生提高语言运用能力）。

修炼建议 (Developing)

对于英语课程来说，运用能力是核心目标。所以，无论哪一维度的教学目标，都应围绕学生运用英语的能力这一核心目标。为此，我们必须把握语言的语用本质。

第一，我们必须理解英语语言的运用，尤其是语音、词汇、语法、语篇的语用特征。

第二，我们要认真观察并捕捉日常生活和学校生活中的细节，并将这些细节和课本内容有机地联系起来。当学生意识到自己要学的内容情境就是自己真实生活的再现，并且可以直接运用到真实的生活交际中时，他们的学习积极性和主动性就会更加强烈，从而提高学习效率。

第三，作为英语教师，我们要多阅读一些专门从交际功能视角讲解语言知识的专著或教材（如 *Form and Function*），进一步了解语言知识的语用特征。

第四，作为英语教师，我们必须认识到，语音、词汇、语法等都含有其语言运用的价值。我们要认真捕捉其真实的语用含义，并通过真实的课堂活动呈现给学生，帮助学生获得真正语言运用的交际能力，从而真正实现我们的英语课程目标。

二、演、唱、玩与语言运用的内在联系

问题展示（Questioning）

下面的教学案例来自某直辖市实验小学的田老师，这是一节三年级的复习巩固课。其能力目标是：（1）学生能够听、说、认、读身体各部位名称的单词，并准确运用重点句型“This is... /These are...”介绍身体各部位；成绩优秀的学生能够区分并确切地介绍身体的左右部位。（2）学生能够在真实的语境中根据身体状况正确使用“How are you? I'm fine. Thank you. /Not very well. /Not too bad.”等，并能拓展使用“Look at my... /I hurt my...”句型表达自己的真实伤情。（3）能够听懂老师的英语指令语并做出相应的反应。

Step 1：师生共唱 *Hello* 这首歌，互致问候。

Step 2：复习。田老师引导学生借用歌谣的节奏，复习有关身体各部位的词汇。

Step 3：玩中学。首先，田老师将学生分为两组——红队组和黄队组，然后两组相互下指令、听指令做动作。例如，“Touch your ears. Open your mouth. Wave your arms.”等等。之后，田老师强调“左、右”的概念，并引导学生强化这一概念，例如，“Put up your right hand. Close your left eye.”等等。

Step 4：玩中练。田老师首先带领学生操练句型：Ouch! Look at my... I hurt my... 然后，红黄两组展开游戏比赛：将纸板人摆放在教室前边，红黄两组的参赛队员站在各自的纸板人后面，假装身体的某个部位受伤了，喊道：“Ouch! Look at my... I hurt my...”于是，对方成员赶紧将创可贴贴在“受伤的部位”上。其他观众担任大众评委，选出获胜队。最后，大家一起唱歌“*Head*，*Shoulder*，*Knees and Toes*”，下课。

田老师的这节课是否将小学生的演、唱、玩与语言运用有机地联系在一起了呢？如果没有完全做到这一点，又该如何改进呢？

案例分析（Demonstrating）

《课程标准》对小学一年级的“说唱”要求中有一条是“能学唱英语儿童歌曲和歌谣15首左右”。对“玩演”的要求是：“（1）能在教师的指导下用英语做游戏并在游戏中进行简单的交际。（2）能做简单的角色表演。”

田老师这节课的整体设计基本体现了《课程标准》的精神。在复习有关身体各部位的单词时，田老师能够创设不少情景，使复习内容富有真实意义，基本体现了“玩中复习，玩中活用”的特点；训练学生在真实语境中准确使用句型“This is... /These are...”较好地培养了学生的听说能力和实际语言运用能力。

但是，“玩中练”这一环节与语言运用的真实性之间还有一定的距离，容易给人以“为了练而玩”的感觉。当然，“纸板人”的创意本身首先是值得肯定的。但是，如果采用“真人秀”，效果会不会更好呢？

理论点拨（Illustrating）

演、唱、玩是小学英语教师的“三大助手”，他们经常借助这“三大助手”来实现帮助学生获得语言运用能力的目的。

1. 演、唱、玩的教学意义

（1）有助于学生了解文化差异及背景知识

学习英语必须联系中英的文化差异。在中国有新年、清明等传统节日，西方国家也有中国所没有的节日，如圣诞节、复活节等。学习其语言就应学习其文化，可如果只是单讲，则内容多、气氛沉闷，学生没兴趣，这时如果选一些圣诞歌谣让学生听一听、唱一唱、演一演，创设一种西方文化气息，再向学生介绍圣诞节的知识，收到的效果就会好得多。

（2）有助于创设轻松愉快的教学气氛，激发学生学习兴趣

良好的课堂气氛是传递知识的无声媒介，能使学生的智力活动处于最佳状态。所以课堂初始阶段插入歌谣用以渲染课堂气氛、激发学生学习兴趣尤其重要。试想如果上课铃一响，音乐就徐徐飘起，吵吵嚷嚷的教室安静下来，学生跟着音乐唱歌，这样的情境既可稳定学生情绪，又能让其慢慢进入课堂。

（3）有助于减缓心理压力、强化新知

语言的输入一般来自语言环境，而语言环境主要依赖学生的感受，即他们内在的感受和态度。单一的知识传授令课堂显得烦琐，学生头脑发胀、记忆力减退，而美妙的音乐能刺激人们重温生命中的某个特殊时刻。使用英语歌曲、歌谣，可以帮助学生保留长久的记忆。随着伴奏音乐，倾听或齐唱外语歌曲，这些都是愉快的体验。而且在齐唱的过程中，学生能感受到集体的凝聚力，同时增强学习英语的自信心。

（4）有助于学生语言技能的培养

将英语歌曲、歌谣用于课堂，能够帮助学生发展听、说、读、写四个方面的技能。通常歌曲、歌谣的歌词以视觉和听觉两种形式出现，但经过精心设计的歌曲、歌谣活动能通过四种形式帮助学生学习。这四种形式是视觉上的、听觉上的、情感上的和综合的。

2. 演、唱、玩的设计与选择原则

（1）符合小学生的心理特点

演、唱、玩的内容和方式都应是儿童感兴趣的、积极向上的，语言浅显易懂、节奏适中流畅、语法基本正确。富于动感的语言能有效地唤起儿童的注意，增强他们对内容的理解。

(2) 有助于课堂教学发展

课堂教学的任何环节都可以设计演、唱、玩的活动。课堂初始、课中、临近下课时，教师都可以设计、选择一些简单明了、节奏明快、与学习内容有关的歌曲、歌谣，让学生唱一唱、演一演、玩一玩，尽快从疲劳中恢复过来，精神振奋地投入英语课堂教学当中。

(3) 有助于语音教学

语音学习对小学生来说（尤其是初始年级）是非常重要的语言知识内容。教师通常采用对几个含有相同元音音素的词的对比来归纳新音素的发音规律，如果设计一些歌曲、歌谣，把要学习的单词编入歌词中去，就可以在轻松的学习环境中加深对语音音素的理解和记忆。

(4) 有助于字母、词汇、句型教学

字母、词汇、句型学习是语音之外的英语基础知识的重要组成部分。在起始阶段学习中，小学生对字母的发音，单词的音、形、义之间的联系以及语型结构未能灵活把握运用。在教学中，根据儿歌押韵、易记的特点，设计一些歌曲、歌谣帮助学生理解、区分、记忆知识是非常有效的方法。

反思探究（Reflecting）

基于上面的"案例分析"和"理论点拨"，我们还可以对田老师的教学设计进一步加以完善。

在保持 Step 1 和 Step 2 基本不变的前提下，我们进入第三个环节。

Step 3：玩中学。首先，田老师将学生分为两组——红队组和黄队组，两组各出一名成员担任裁判。然后两组成员排成纵队，按照顺序相互下指令、听指令做动作，例如，Touch your ears. Open your mouth. Wave your arms. 等等。裁判发现指令不清、动作错误等现象时，将犯错误的组员"请"到一边去"观战"。最后"留守组员"较多的一方获胜。

Step 4：玩中用。田老师首先带领学生操练句型"Ouch! Look at my... I hurt my..."，然后，红黄两组继续恢复原状，展开另一轮的游戏较量。同样，两组各出一名成员担任裁判。一方组员假装身体的某个部位受伤了（要用动作"演"出来），对另一方的组员说："Ouch! Look at my... I hurt my..."另一方组员赶紧将创可贴(stickers) 贴在对方"受伤的部位"上。裁判发现表达不清、贴错部位等现象时，将犯错误的组员"请"到一边去"观战"。最后"留守组员"较多的一方获胜。

最后，双方组员手拉手一起唱歌"*Head, Shoulder, Knees and Toes*"，下课。

修炼建议（Developing）

对小学生来说，单一的朗诵方法会令他们感到厌烦，所以在运用演、唱、玩等手段来帮助他们获得语言运用能力时，最好创设一定的语言运用情境，配上学生熟悉而又优美的旋律，再加上一些动作和节拍，这样就会受到学生们的喜爱。

演、唱、玩等形式的学习活动是指学生用各种动作形式进行语言学习的一种有效行为过程。它们具有较强的综合性，集认识、情感和身体动作于一体，有利于教育目标的全面贯彻。

在小学英语教学中，演、唱、玩等形式的活动独具魅力，是教学获得成功的一条捷径。小学英语教材为此提供了大量的语言表演素材，使学生能孕育在肥沃的语言土壤里，也能驰骋在广阔的语言学习天地里。演、唱、玩等形式的活动既符合小学生身心特点，又符合语言学习规律，深受孩子们的喜爱。

在教学中，倘若教师能独具匠心地挖掘教材，灵活地处理所学语言材料，让学生用真挚的感情、生动的语言、形象的动作来感知、模仿、交流，并上台进行精彩的表演、成功的展示，就会为英语课堂注入活力。通过课堂这个小舞台，教师应鼓励学生尽情展示自己的各种本领和才能，为挑战今后人生的大舞台，练就一身基本功。

三、语言技能与语言运用能力的统一

问题展示（Questioning）

我们先来看某市第一小学张老师的一个教学案例。本节课的教学目标是帮助学生理解并会用 should 和 shouldn't 给身边的人提建议。

Step 1：热身。师生互致问候之后，张老师看着黑板上的“涂鸦”问道：“Is it right to do so? What do you want to say to him?”学生答道：“Don't draw on the blackboard.”老师肯定了学生的回答，并补充说：“Yes，we can also say‘You shouldn't draw on the blackboard’.”

Step 2：呈现。张老师出示单词卡片，通过手势和表情帮助学生感知、理解 should 和 shouldn't 的含义：You shouldn't draw on the blackboard. And you should clean the blackboard. 接下来，张老师描述一些行为，让学生判断是该用 should 还是 shouldn't，如“上课讲话”“帮妈妈干家务”等。

Step 3：操练。张老师展示课文中的关键词语：play CDs，take off the books from the shelves，make a mess 等；然后领读；加上 should 和 shouldn't 后，再次领读；同学相互读给对方听；张老师提问（汉英互译的方式）。

Step 4：运用。张老师让大家按照常规学习小组坐好，调查小组成员此时将自己最想给身边的人提的建议填入下面的表格。然后，每个小组将这些建议分类：给家长的、给老师的、给学校的、给同学的，等等。

Name	To whom	Suggestions
e. g. Lucy	Mother	She shouldn't watch TV when I am doing my homework.

Step 5：小组展示。张老师要求各小组将调查结果中"给老师的"和"给同学的"建议宣读出来。之后，张老师表示会将大家的建议转达给老师们。宣布下课。

案例分析（Demonstrating）

"能表达简单的情感和感觉，如喜欢和不喜欢"是《课程标准》对小学一级"说唱技能"的要求之一。

张老师通过这一教学过程帮助学生理解并掌握了"用 should 和 shouldn't 表达自己的喜欢和不喜欢，并向别人提建议"这一语言技能。这节课的整体设计特点鲜明、步骤清晰、目的明确、突出技能训练，并能较好地将语言学习和实际生活联系在一起，让学生进行"有意义的练习"，有效地帮助学生初步获得了语言交际能力。

这节课中的"运用"环节应该是"语言技能和语言运用能力统一"的关键环节。张老师对这一环节的设计有待进一步完善，因为小组活动的主题（"此时最想给自己身边的人提的建议"）显得有些宽泛，小学生一下子难以驾驭，可能导致课堂实效的不理想。

"语言技能和语言运用能力统一"的另一关键环节就是"完成作业"的过程。但是，本节课没有课下作业，所以，很难保证学生的"语言运用能力"的巩固和提高。

理论点拨（Illustrating）

《课程标准》明确指出，"英语课程提倡采用既强调语言学习过程又有利于提高学生学习成效的语言教学途径和方法，尽可能多地为学生创造在真实语境中运用语言的机会。鼓励学生在教师的指导下，通过体验、实践、参与、探究和合作等方式，发现语言规律，逐步掌握语言知识和技能，不断调整情感态度，形成有效的学习策略，发展自主学习能力。"在英语教学中，要关注学生的体验，创设和优化英语教学环境，使学生在互动中交流语言，在体验中生成知识，使语言学习转变成一种创造和运用语言的体验过程。

"听做、说唱、玩演、读写、视听"是小学初级阶段的主要语言技能，小学高级阶段的语言技能拓展为"听、说、读、写、玩演、视听"。在所有的语言技能中，（视）听与读是反映学生语言理解的技能，而说（唱）和写则是体现学生语言表达的技能，两者在语言学习和交际中相辅相成、相互促进。一般来说，如果学生能够成功地把握听说读写的整体能力，就说明学生具备了英语综合语言运用能力。然而，学生对这种能力的掌握通常要建立在对语言技能、语言知识、情感态度、学习策略和文化意识等掌握的基础之上。由于这五个因素之间具有相互联系、相互制约的关系，即语言技能和语言知识是综合语言运用能力的基础，情感态度是影响学生学习和发展的重要因素，学习策略是提高学习效率、发展自主学习能力的先决条件，文化意识则是得体运用语言的保障，因此学生只有经过一定量的听说读写专项训练的强化积累，才能逐渐获得综合语言运用能力，也只有这样，学生才能有效地提高语言交际能力。

关键的问题是，如何在每一节课的教学活动中既突出重要的语言技能，又保持该技能与其他语言技能的平衡度，以及听、说、读、写四种技能与语音、词汇、语法、功能、话题的有机融合，从而使语言技能和语言运用能力统一反映在教学过程中呢?

英语课堂教学中，能将语言技能与语言运用能力统一起来的合作学习方法主要有：

1. 两人活动

两个人就简单的生活话题（即课文内容）提供信息，表达各自简单的观点和意见，并有效地询问信息和请求帮助；然后两人根据话题进行（近似于真实生活的）情景对话，从而体味课堂语言知识升华为语言技能并最终转化为语言运用能力的过程。

活动设计可以是：口语对话（对话内容可以是课文对话原文，也可以是根据两人的真实生活情境改写的课文对话或自己编写的对话）；信息互补（“问一答”之后补充各自完整的信息表格）；角色扮演（前两种活动的后续性展示）；等等。

2. 小组活动

和两人活动相似的是，小组活动成员之间就大家熟悉的生活话题（即课文内容）提供信息，表达各自简单的观点和意见，并有效地询问新的信息和请求帮助；然后小组成员之间根据话题进行（近似于真实生活的）情景对话，从而体味课堂语言知识升华为语言技能并最终转化为语言运用能力的过程。

活动设计可以是：角色扮演（可以根据小组成员的意愿选择与课文中相同的角色，但情境有所变化；也可以是角色发生变化，但情境相似）；故事改编（口头或书面活动；参照课文内容及情境，小组成员共同创新，可以与原文故事保持相似的过程，但结局不同；或是故事结局相似，但过程发生变化）。小组活动中要确保每一位成员都有必须完成的任务，且每一位成员的任务之间必须环环相扣，形成有效的任务链条。

需要注意的是，无论采用哪一种活动形式来统一语言技能和语言运用能力，教师都要努力带领学生“超越文本”，深入生活。也就是说，不要仅仅绕着课本中的字、词、句进行操练或练习，而要借助真实的生活话题，结合学生的真实生活体验，紧扣交流该话题必需的语言功能。这样，学生可以在他们最认可的（学生认可后才能领悟语言学习的意义和价值，才会主动积极地参与行动）语言交际情境中完成对字、词、句的操练或练习，并因此获得语言运用能力。

反思探究（Reflecting）

基于以上的“案例分析”和“理论点拨”，我们可以进一步完善这节课的教学设计，从而更加有效地实现“语言技能和语言运用能力的统一”。

Step 1：热身。师生互致问候之后，老师走到一位趴在桌子上听课的同学面前，问道：“Is it right to do so? What do you want to say to him?”学生答道：“坐直了！”老师肯定了学生的回答：“Yes. Sit straight，please. Yes，we can also say‘You should sit straight’.”因为黑板上有“涂鸦”这种现象不真实，而“趴在桌子上听课的学生”比比皆是。

Step 2：呈现。老师出示单词卡片，通过手势和表情帮助学生感知、理解 should 和 shouldn't 的含义：You shouldn't draw on the blackboard. And you should clean the blackboard。接下来，张老师描述一些行为，让学生判断是该用 should 还是 shouldn't，如“上课讲话”“帮妈妈干家务”“微笑的老师”等。

Step 3：操练。老师展示课文中的关键词语：play CDs，take off the books from the shelves，make a mess 等；然后领读；加上 should 或 shouldn't 后，再次领读；同学相互读给对方听；张老师提问（汉英互译的方式）。

Step 4：课堂运用。老师让大家按照常规学习小组坐好，调查小组成员将自己平时观察到的、不是很满意的一些现象，填入下面的表格。然后，每个小组将这些建议分类：给家长的、给老师的、给学校的、给同学的等。最后，每个小组选一名代表宣读本组给同学们提的建议。

Name	To whom	Suggestions
Lucy	mother	She shouldn't watch TV when I am doing my homework.
Bob	teacher	Math teacher should speak louder.
Jack	classmates	They shouldn't play football in the classroom.

Step 5：作业布置。老师要求各小组将调查结果中“给老师的”“给学校的”和“给家长的”建议抄写出来，并配上汉语注解。其中：(1)“给家长的”建议将在本周的家校联谊会上反馈给家长；(2)“给老师的”和“给学校的”建议将被转给校广播站的“英语栏目组”，届时请大家注意收听，看看自己的建议是否被采纳并播出。宣布下课。

修炼建议（Developing）

英语课程改革的重点是改变英语课程过分强调语言运用能力的培养的倾向，强调课程从学生的学习爱好、生活经验和熟悉水平出发，使语言学习过程成为学生进行积极的情感体验、主动思维和大胆实践，形成自主学习能力的过程。学英语不仅要用脑子去思考，而且要用自己的眼睛去看英语情境，用自己的耳朵去听英语的语音、听对方讲的话，用自己的嘴去说英语，以姿势助说话，用英语跟别人交流，用英语做事情，用自己的心灵去亲自感悟英语、感悟文化、培养语感、培养用英语交际的能力。因此，在本节课的设计中，我们以任务型教学模式为指导，创设各种情境，让学生在体验中获得能力。

英语课程的最终目标是用英语去做事。学生只有将所学的语言知识应用于现实生活中，才能使语言知识得到巩固发展和深化，并逐渐养成良好的语言学习习惯。因此，教师的教学应向学生的生活领域拓展、延伸，让学生在日常生活的特定情景中探索，自主地运用所学语言知识、语言技能来独立解决自己遇到的各种实际问题。因此，在课后作业方面，我们要求学生在课后为一些患病的人提供建议，并进行结对活动，设计对话。这不仅使学生有效地复习了课堂中所学的新知，而且延伸了话题，为学生提供了更好的口语练习平台，使目的语交际不再局限于短短 45 分钟的课堂，体现了知识来源于生活，回归生活，并为生活服务的宗旨。

语言技能与语言运用能力的真正统一还有待于英语教师自身的进一步发展。

第一，英语教师本身的英语综合素质必须提高。我国很多地区英语教师的数量不足，质量还远远达不到要求。大部分教师本身就是“应试教育”培养出来的，不具备较好的综合语言运用能力，怎能培养出学生的综合语言运用能力呢？老师们都以今天教会了哪些与考试有关的知识、学生做了多少与考试有关的试题为衡量自己工作的依据。更何况，带着十足中国韵味的语音、语调让教师觉得还是讲自己的母语更顺溜。学生在这样的英语教师的熏陶下又怎能练就听、说能力，又怎能有利于学生英语语感的形成？在这种情景下，教师最好自觉参加英语专业的进修和新教学理念的学习，发扬活到老学到老的精神，在教学实践中与学生教学相长。

第二，英语教师要进一步完善自己的教学理念，提高课堂教学设计的能力。课堂上教师采用的教学方法往往直接影响着学生的学习情感、学习效果。为此，教师应精心设计教学过程的各个环节，围绕学生能力素质的发展进行教学，努力营造英语学习的氛围，尽量发挥多媒体等现代化教学手段的优势。

第三，英语教师要和学生一起创造性地丰富课外活动。语言技能是用语言知识去解决实际问题时所表现出来的一种能力，而这种技能是要在理论指导下，通过实践才能获得的。课外活动可以补充课堂教学的不足，可以引领学生做到学用结合、边学边用、学以致用。课外活动的形式要多样，如英语角、英语俱乐部、英语歌唱比赛、英语故事比赛、英语演讲比赛、英语专题广播、自编自演英语情景剧、英语小品、英语辩论会等。同时，及时为学生推荐适当的英语读物，提出具体要求，指导正确方法，引领学生积累知识、开阔视野。

四、良好英语学习习惯的内涵与教学

问题展示（Questioning）

下面是某市外国语小学张老师的教学案例。这节课的教学目标是帮助学生掌握can表示能力时的用法，以及cook the meals，do housework，wash dishes，play the piano，play football，play games等短语。

Step 1：师生互致问候。像往常一样，值日小组大胆向全班展示单词听写，一个学生说出本单元的10个单词，9名同组同学在黑板上写出单词。

Step 2：老师用PPT呈现一幅画面，让学生用汉语和英语说出场景中的情形，学生纷纷举手要求参与。

Step 3：老师将学生说出来的英语写在黑板上：cook the meals，do housework，wash dishes，play the piano，play football，play games。接下来说出“I can cook the meals. He can do housework. She can wash dishes. You can play the piano. They can play football. We can play games.”然后领读、操练（做动作、说英语）这些语句，学生分组竞赛，积极参与。

Step 4：老师问：“These phrases are different. Who can find the differences?”学生分组讨论，总结了用the、不用the、用复数等的区别。

Step 5：老师要求学生说出更多类似的短语，并记在书上或者笔记本上。

Step 6：作业布置。老师让学生课后用这些短语造句。

案例分析（Demonstrating）

张老师是一个很用心的教师，他很注意培养学生良好的学习习惯，学生也基本形成了一些很好的学习习惯，如积极参与、大胆发言、认真讨论等。

我们认为，教学开始的值日报告是不错的学习习惯活动，因为学生有机会展示自己的学习成果，对于培养学生大胆、积极参与学习活动是非常有效的。竞赛活动也是培养学生积极参与的很好的活动，讨论也是培养学生英语能力的很好的活动。

但是，张老师培养学生听写单词、说汉语和英语、造句等的活动，都不是科学、有效的英语学习活动，更不是运用活动。所以，学生的这些学习习惯和张老师这些培养学生学习习惯的活动还需要优化。

理论点拨（Illustrating）

1. 学习习惯的内涵

学习习惯是个体在学习过程中经过反复练习形成并发展成为一种个体需要的自动化学习的行为方式。良好的学习习惯有利于激发学生学习的积极性和主动性；有利于形成学习策略，提高学习效率；有利于培养学生自主学习的能力；有利于培养学生的创新精神和创造能力，使学生终身受益。

国内外教学研究统计资料表明，对于绝大多数学生来说，学习的好坏，20%与智力因素相关，80%与非智力因素相关。而在信心、意志、习惯、兴趣、性格等主要非智力因素中，习惯又占有重要地位。

美国新行为主义心理学的代表人物赫尔在1943年曾提出一个著名的关于学习习惯的公式：反应势能＝习惯强度×内驱力。其中，反应势能（反应潜能）是一种只起兴奋作用的势能，指反应激起的可能性；习惯强度（习惯力量）指个体感受器和效应器连接的强度，它的大小可用连接次数表示；内驱力是由有机体的需要状态所导致，其功能在于激起行为。但由于内驱力和习惯强度都有消极和避退的反应，因而反应势能既有加强发动的力量，也有抑制的作用。

赫尔的公式给我们的启示是：当个体学习的正向内驱力（渴望学习需要的力量＞0）一定时，学习习惯的强度愈大，学习习惯愈优，则个体良性的学习行为发生的势能就愈大。此时，如果教师能巧用心理学的强化相依原理，适时、适度强化，则会增强良性学习行为复现的潜能，进一步增大习惯强度，获得更佳的学习效果。如果个体没有良好的学习习惯，假设学习习惯强度＝0，在这种情况下，无论个体渴望学习的驱动力有多大，其良性学习行为不可能产生，预设学习反应就不可能获得。

对于小学英语而言，良好的学习习惯主要指的是：大胆、积极、主动地参与英语学习和运用的活动，认真、科学、有效地开展学习和运用活动，并有一定的克服学习困难的意志力。

2. 学习习惯的培养

在我国，英语这门学科的最大特征就是其工具性。由于受学习环境的影响，学生必须通过大量的听、说、读、写训练方能获得语言运用能力。因此，英语学习的过程也是习惯养成的过程。

小学生良好的英语学习习惯的养成要靠学生、教师、家长共同努力。学生要尝试从自己的实际情况出发，选择适合本人的学习习惯。教师要在课堂教学中加强对学生学习习惯的养成教育。由于英语学习环境的限制，加上小学生年龄较小、自控能力较弱，所以，家长的配合与督促是小学生良好学习习惯获得的必需。

小学阶段是学生学习英语的启蒙阶段。培养学生良好的英语学习习惯是小学英语教学的重要任务，也是为学生以后的继续学习提供保障。对小学生来说，良好学习习惯的养成和学习方法的获得，远远重要于掌握几个英语单词或句子。对于小学英语教师来说，在教学过程中激发并保持孩子们的学习兴趣、不断提高他们的学习能力、使他们能够主动去获取和运用英语知识，才是最重要的教学目的。

小学生的年龄特征和心理特征影响着他们的学习风格和学习类型。“学习兴趣的激活与保持”是师生、家长的首要任务。当带着浓厚兴趣，主动探寻英语知识时，小学生往往会根据学习内容的不同而灵活运用教师和家长传授给自己的方式方法。

让学生积极、大胆参与学习和运用英语的活动非常重要，我们可以通过“把学生已有兴趣英语化”来培养学生这些良好的学习习惯。小学生“学习兴趣的激活与保持”要求教师根据当地的文化特征和学校的教学条件以及家庭的客观情况加以引导和选用。小学生喜欢唱歌、说歌谣、做游戏、看动画片等，我们就可以把这些活动英语化，让学生演唱英语歌曲、说英语歌谣、做英语游戏、看英语动画片等，把这些当做有效的激活与保持学生兴趣的方式方法。教师对教材内容的选择、整合、重组等也在很大程度上影响着小学生的学习兴趣。

学生自己讨论总结、发现英语特性而不是依靠老师去讲解所谓语法规则等，是非常好的学习习惯。小学生也许不懂得“合成词”这一词汇学的术语，但是，他们的年龄特征和心理特征会帮助他们通过发现、分析、利用这一类词汇的特点去记忆 snowman，raincoat，homework，housework，schoolbag，backpack 等，即根据“词形”捕捉“词意”。

反思探究（Reflecting）

基于以上的“案例分析”和“理论点拨”，为了在课堂教学过程中培养学生良好的语言学习习惯，我们可以对问题案例的设计稍作调整。

Step 1：师生互致问候。老师先介绍自己或自己孩子的能力：I（若是介绍自己的孩子的能力，则是 He/She）can play the drum. I can play football. I can play games. 并把这三个语句写在黑板上。

Step 2：让值日小组中的每个成员用同样的语句说出自己的能力，并把说明自己能力的句子写在黑板上具有相同语句结构的句子下。

Step 3：老师告诉学生，今天的任务是展示各自的才能，评选本班的能力之星，然后将其推选到全校参加全校能力之星的评选。

Step 4：学习课文，让学生学习 cook the meals，do housework，wash dishes 等语句，然后让有这些能力的学生积极说出“I can cook the meals. I can do housework. I can wash dishes.”学生分组竞赛，积极参与。教师让各组代表写出这些语句。

Step 5：让学生总结对更多能力活动的表达，然后分组讨论老师黑板上的板书和学生写在黑板上的语句，分析其特点（用 the、不用 the 用单数、不用 the 用复数的情况），不做语法分析。

I can play the erhu.

I can play the violin.

I can play the drum.

I can play football.

I can play basketball.

I can play table tennis.

I can wash dishes.

I can play games.

I can speak English.

Step 6：老师要求学生把说明自己能力的语句记在书上或者笔记本上。

Step 7：老师鼓励每个学生积极说出自己与众不同的能力，参选本班能力之星。

这样的活动既有学习习惯活动，也有培养学习习惯的活动，科学、合理、有效，而且符合新课程的理念。

修炼建议（Developing）

“未来属于善于学习的人，而不仅仅属于努力工作的人”，其中“善于学习”四字看上去普通，却内涵深刻。

善于学习，就是学会学习。未来的文盲不是不识字的人，而是没有学会怎样学习的人。“学会”既包括向书本学习、向老师学习、向学生学习、向网络学习，也包括向社会学习、向实践学习、向生活学习。学而思之，学而用之，学而知之。

善于学习，让学习成为乐趣。孔子曰：“知之者不如好之者，好之者不如乐之者。”只有当学生从学习内容里挖掘出自己喜欢的东西、逐渐培养出自己的学习兴趣，有成就感了，兴趣变成乐趣了，学习本身才能成为一种享受。

善于学习，让学习成为习惯。叶圣陶说：“凡是好的态度和好的方法，都要使它化成习惯。只有熟练成了习惯，好的态度和方法才能随时随地表现。”养成良好的学习习惯是一个长期努力、坚持不懈的过程，也是磨炼意志、性格、品质的过程。“今天习惯不养成，明天处处来碰钉。”

我们要善于分析把握小学生的学习习惯，然后设计合理、有效、科学的学习习惯培养活动，采用隐性的与显性的培养活动，引导学生形成积极、有效、科学的学习习惯。

五、英语课程的情感态度与价值观

问题展示（Questioning）

先请看某直辖市第二实验小学刘老师的教学案例：《新标准英语》（一年级起点）第十二册第十模块的第一单元：*Are you going to go to middle school?*

Step 1：热身。师生互致问候。刘老师问："What date is it today?" 学生做出了回答，但一头雾水。刘老师接着问："What are you going to do in September?" 学生答道："Go to middle school." 刘老师又问："What do you feel about it? What do you want to know regarding middle school?"

Step 2：听力（1）。刘老师说："有一位叫 Emily 的女生要上中学了，但遇到了一些问题，请大家认真听并记录 Emily 的主要问题。"

Step 3：听力（2）。刘老师让学生将听到的问题呈现出来之后，又告诉学生："Sam、Lingling 和 Amy 也正在帮助 Emily 解决问题，请大家认真听课文录音，看他们是如何帮助 Emily 的。"

Step 4：朗读。刘老师要求学生朗读课文，进一步熟悉课文内容。之后，让学生复述课文内容。

Step 5：作业。刘老师要求学生：（1）背诵或复述课文；（2）给 Emily 写封信，提供一些你的建议。

刘老师这节课的教学设计是否体现了英语课程的情感态度和价值观呢？如果是，那么具体体现了英语课程的情感态度与价值观的哪些方面？如果不是，又该如何进行完善呢？

案例分析（Demonstrating）

《课程标准》明确指出："情感态度指兴趣、动机、自信、意志和合作精神等影响学生学习过程和学习效果的相关因素以及在学习过程中逐渐形成的祖国意识和国际视野。保持积极的学习态度是英语学习成功的关键。教师应在教学中不断激发并强化学生的学习兴趣，并引导他们逐渐将兴趣转化为稳定的学习动机，以使他们树立自信心，锻炼克服困难的意志，认识自己学习的优势与不足，乐于与他人合作，养成和谐和健康向上的品格。通过英语课程，使学生增强祖国意识，拓展国际视野。"

本节课的教学内容围绕"即将毕业，要去中学学习"展开，这一内容本身与学生息息相关，能较有效地激发学生的学习动机和兴趣，使他们主动捕捉学习内容，如中学的科目名称 history，science，geography，biology，chemistry，physics，politics 等，理解和领悟这些词语的基本含义。

但是，本节课的活动主题是"发现 Emily 面临的问题并提出自己的建议"，这就给即将升入中学的小学生们增添了焦虑感（本来家长给这些孩子们施加的压力已经够大了），从而相应地降低了学生参与活动的积极性、削弱了学生的学习动机。

为此，谨建议刘老师能够通过学习活动帮助并引导小学生们正视这些即将面临的问题，分析并努力通过合作的途径解决这些问题，从而有效地树立学生的自信心和合作精神，激发他们迎难而上的挑战精神，为他们将来的良性发展和成长奠定情感态度方面的基础。

理论点拨（Illustrating）

基础教育课程改革的一个重要方面是把培养学生的情感态度列入课程教学目标。新课程标准要求我们在英语教学中不但要重视学生语言知识的积累和语言技能的培养，更要关注学生情感态度的发展。国家基础教育课程改革之所以把情感态度列为英语课程的重要内容之一，是因为情感态度与语言学习和学生本身的发展有着密切联系。

学生的情感态度深受教师的情感态度的影响，甚至直接或间接地取决于教师自身的情感态度。教师的积极情感能使学生乐观、活泼、心情开朗地参与学习活动，顺利地克服学习中的困难，有利于学生潜能的正常发挥，改善其学习行为和学习效果。因此，教师积极的情感态度和健全的人格是培养学生良好的情感态度的前提和必备品质。

关注学生情感态度的发展已成为目前基础教育课程改革的一个重要内容。与其他学科相比，语言与情感的关系更为密切，因为情感需要通过语言来表达和传递。恰当、合理地使用语言有助于沟通情感、增进友谊、改善人际关系。在英语教学中实施情感教学是使学生克服消极情感，培养积极情感并促进学生健全人格发展的主要方式。

英语情感教学的核心内容是以人为本。教师在施教过程中要注重运用心理学的理论和方法，有意识地激发和调动有利于英语学习的学生的积极情感因素，从而实现教学中的师生共同参与以及和谐发展，提高英语教学效果。课堂教学中，师生的交流不外乎认知和情感这两个方面。认知是智力因素，是学生对课堂知识信息进行接纳的一种活动；情感是非智力因素，对学生接受知识信息的数量和质量起着重要作用，二者是相互依存的关系。这就要求教师高度重视课堂上的情感教学。如果教师只重视学生的认知过程而忽略学生的情感培养过程，是不利于学生学习知识的。

教师要善于从课文内容中挖掘与之密切相关的情感态度和价值观，引起学生的关注。教师可以通过“情感目标”的设计来引导学生自我反思、自我评价各自的情感态度和价值观及其变化和发展。例如，在“升入什么样的中学”这一类的话题中，引导学生设计各自的理想和人生规划，学生通过分析各自的学习能力和优势特征来选择最适合自己的学校类型，并为之努力奋斗。

教师可以通过对课堂活动的设计来强化学生间的合作，引导他们学会分担任务、分享收获。其中，两人活动、小组活动以及任务型教学方法等都是非常有效的选择。同时，尽量避免设计过多的课堂竞赛活动，防止由于教师的裁判不公而造成学生之间的仇视和相互诋毁。

教师在参考借鉴以上建议的同时，还需要根据各自所处的教学环境、学生的真实需求以及学生在英语学习中遇到的真实问题，结合具体的学习内容，发现更多的、更有效的培养学生情感态度和价值观的方法。

因此，教师在英语课堂教学中必须努力营造认知与情感和谐统一的氛围，使学生的情感因素得到积极培养，并使其在整个课堂教学过程中充满激情、充满活力，从而达到最佳的教学效果。

反思探究（Reflecting）

基于以上的“案例分析”和“理论点拨”，我们可以进一步完善刘老师的教学设计。

Step 1：激活与导入。师生互致问候。老师说：“You are going to go to middle school in September. You may want to know something about middle school，do you?”学生一下子就活跃了！纷纷提问：“Do we have to learn English?”“Can we play football after class?”……老师耐心地将这些问题写在黑板上，并顺着这些问题进入这节课的学习内容：“Ok！Let's find the answers in the text，shall we?”

Step 2：听力。老师请大家认真听课文录音，看看其中的 Emily 是否面临着相同的问题，并引导学生努力从中捕捉各自提出的问题的答案。两遍之后，老师让学生展示各自的答案，并加以总结补充。再听第三遍，这次要求学生跟读课文。

Step 3：巩固与拓展。老师引导学生小组活动。引导学生陈述 Sam，Lingling 和 Amy 提供给 Emily 的信息，并就此发表各自不同的意见或给予补充。

Step 4：展示讨论结果。老师先让自愿者积极发言，并要求每组选一名代表口头展示本组讨论的结果。

Step 5：作业。老师要求学生以小组为单位，将讨论的结果工整地写在纸上（不超过 80 字），并展示在教室后面的板报栏内，供大家阅读、交流。例如，We are going to have physics，chemistry，biology，history and geography in middle school. They must be interesting，but we will have to study much harder. We will have more teachers，and we will be much busier.

修炼建议（Developing）

尊重、关注是情感态度和价值观培养的前提与关键所在。怎样促进学生的情感积极发展和激发学生学习英语的兴趣呢？

建立和谐的师生关系，培养良好的师生感情。通常，学生往往由于喜欢某位老师，从而喜欢学他所教的那门学科，所以学生对老师的认可程度在很大程度上影响着学生对该科目的学习效果。真诚、热情、耐心、细致，关心爱护他们，一旦学生接受你，就容易产生学习的动力。

客观地定位学生。了解学生的差异，给学生一个展示自我的空间和舞台，培养其自信心、愉悦感与成功感。教育心理学的研究表明，每一个学生都有获得成功的需要和愿望，只有当一个人看到或想到他有可能成功时，才会去努力奋斗。成功是一个人学习兴趣形成的重要因素之一，教师应该首先在教学过程中全面深入地了解每一个学生，做到因材施教，让学生在一种愉悦的心境中学习，努力帮助学生在学习过程中获得成功感。

营造良好的课堂氛围。教师除了要有深厚的学科知识外，还要有较强的驾驭课堂的能力，用自己的人格魅力去感染学生，营造和谐、融洽的课堂氛围。课堂上，要对学生充满信心和热情，耐心引导，注重听说，培养语感；课后布置任务，上课让学生自己讲解。师生互相合作，共同学习和进步。

采取灵活多样的教学方法与教学手段，创设教学情境，激发并保持学生的学习兴趣。运用多媒体教学，给学生提供仿真情境，为其创造一个动态的教学环境，使其感觉如身临其境，从而充分感受教学文本所蕴涵的信息，激发学习兴趣。

挖掘教材的思想寓意，融学生情感态度的培养于日常教学之中，在一种潜移默化的教育环境中培养学生积极的情感态度才能取得预期的教育效果。

六、英语课程的文化意识

问题展示（Questioning）

下面是某市第二实验小学四年级马老师的英语教学案例，其内容来自《新标准英语》（一年级起点）第八册第八模块的第一单元：*New York is in the east*.

Step 1：热身。师生互致问候之后，齐唱歌曲“我们是一家人”。

Step 2：呈现。马老师呈现新单词 country，说：“China is a country. England is a country. America is a country.”边说边出示单词卡教读 country。屏幕出示中国地图，学生说出 China，马老师出示词卡 south，教读，并使其和 mouth 放在一起读，让学生感知 ou 的发音。马老师指着贵州省，说：“Guizhou is in the south of China.”教读短语 in the south of，然后带入句型练读，再举其他南部地名练习。马老师指着新疆，引出 west，出示词卡 west 和 in the west of 教读。以同样的方法呈现 north 和 east。全部短语教读完毕后，教师带领学生将短语带入句型：Look at the map. Where is Hainan/Qinghai/...？

通过让学生猜测 Simon 来自哪个国家，引出美国地图，马老师帮助学生对美国进行初步感知，为句型学习做准备。继续让学生猜：Simon 住在美国的哪个城市？引出 New York。再由奥运话题引出美国的另一著名城市 Los Angeles。通过提问让学生说出这两个城市在地图上的方位，并巩固句型。

Step 3：操练。听第一遍录音，圈出 New York、Los Angeles、east、west。让学生带着问题再听一遍，并跟读、回答问题。让学生分角色朗读课文。接下来是两人活动：两位同学分别扮演大明和 Simon，相互介绍中国和美国。

Step 4：作业。马老师要求学生回家后用英语给父母介绍中国和美国的著名城市及其方位。

案例分析（Demonstrating）

课文本身具有文化内涵，这是开展文化教学的最佳时机。文化教学的方法很多，其中，融入法（即把文化教学融入课文等教学内容的教学之中）是教师们的惯用手法，因为他们觉得结合富有文化内涵的课文进行文化教学是最佳的途径。文化教学还有一种方法是体验法，但是由于这种体验成本有些高，教师们不敢轻易尝试，如本课内容涉及中国和美国的著名省市及其方位，但教师们是无法带领学生到实地去体验的。

马老师这节课的教学目标是帮助学生理解并运用四个表示方位的词 north，south，west，east。在这节课中，马老师给学生设计了视、听、读、说等可理解的语言输入方式，并提供给他们足够的使用英语的机会。

马老师能充分结合教材内容，对学生进行异国文化的渗透。学生不熟悉美国的地图，所以教师先从学生熟悉的中国地理情况和经验导入 north、south、west、east 等生词，让学生熟练掌握了如何看地图并说方位后，再出示美国地图进行学习。这符合人们基本的认知规律——从学生熟悉的中国到不熟悉的美国，这样学生更容易进行语言的学习。

理论点拨（Illustrating）

《课程标准》明确提出："语言有丰富的文化内涵。在外语教学中，文化是指所学语言国家的历史地理、风土人情、传统习俗、生活方式、行为规范、文学艺术、价值观念等。在学习英语的过程中，接触和了解外国文化有益于对英语的理解和使用，有益于加深对中华民族优秀传统文化的认识与热爱，有益于接受属于全人类先进文化的熏陶，有益于培养国际意识。在教学中，教师应根据学生的年龄特点和认知能力，逐步扩展文化知识的内容和范围。在起始阶段应使学生对中外文化的异同有粗略的了解，教学中涉及的外国文化知识应与学生的学习和生活密切相关，并能激发学生学习英语的兴趣。在英语学习的较高阶段，要通过扩大学生接触外国文化的范围，帮助学生拓展视野，使他们提高对中外文化异同的敏感性和鉴别能力，进而提高跨文化交际能力。"同时，明确了小学生应该：（1）知道英语中最简单的称谓语、问候语和告别语；（2）对一般的赞扬、请求等做出适当的反应；（3）知道国际上最重要的文娱和体育活动；（4）知道英语国家中最常见的饮料和食品的名称；（5）知道主要英语国家的首都和国旗；（6）了解世界上主要国家的重要标志物，如英国的大本钟等；（7）了解英语国家中重要的节假日；（8）在学习和日常交际中，能初步注意到中外文化异同。

跨文化教育的目的是引导受教育者获得丰富的跨文化知识，养成尊重、宽容、平等、开放的跨文化心态和客观、无偏见的跨文化观念与世界意识，并形成有效的跨文化交往、理解、比较、参照、摄取、舍弃、合作、传播的能力，进而通过教育层面的努力，消解跨文化冲突，建构和谐的跨文化社会，促进整个人类社会的发展。

与外语教学相关的文化，可以泛指学校的课程规划、教学内容、认知模式、学习过程，也可以细指某一堂课的教学目标、教学设计或者学生课后的拓展活动。外语教学中的文化能力可以分为两方面：教师的文化教学能力和学生的文化学习能力。

外语教学中的文化能力与“文字”息息相关，因为语言学习的基础是词汇和文法；外语教学中的文化能力与“信息”息息相关，因为语言学习的功能是信息的沟通；外语教学中的文化能力与“世界”息息相关，因为语言学习的意义在于跨越文化，联通文化，走向世界；外语学习中的文化能力与“文明”息息相关，因为语言学习的终极目标是培养个体逻辑、自省、创新的思维习惯，帮助个体形成健全、美好、自由的人格，促进个体在尊重文明差异的同时形成融入社会的普世价值观。

外语教学已然将培养学生的跨文化交际能力纳入了主要目标。简要地说，学生的跨文化能力包含了跨文化认知能力（对本土文化和异文化的等同学习能力）、跨文化行为能力（包括文化之间的交往和传播能力）、跨文化意识（包括对跨文化概念本身的认识）等，即一个以汉语为母语的人如何与世界做到文化和信息的互通，并将自己的传统文化以外语文化所认可的形式传播给世界，或者将世界文明用汉语文化进行阐释从而让国人理解，并有选择地接受。

在传统的外语教学中，教学的重点是语言知识的传授。20 世纪 80 年代以来，对学生语言能力的培养开始成为教学的重点。进入 90 年代，英语教学中又增加了文化知识的内容，这更是一种飞跃。同时，国内的外语理论研究者和教学实践者也逐渐意识到，英语学习不能独立于英语文化知识学习之外，英语文化知识的学习也不能脱离英语语言学习。

2001 年，我国的基础教育课程改革开始，相关文件明确指出，“文化”实际上包括文化知识、文化理解、文化意识和跨文化交际能力等；接触和了解英语国家的文化有利于学习者对英语的理解和使用，有利于加深学习者对本民族文化的理解和认识，有利于培养学习者的世界意识，有利于帮助学习者获得跨文化的交际能力。

同时，课程改革对英语教师提出了具体的要求：在实际的教学设计中，教师应根据学生的年龄特点和认知能力，逐步扩展文化知识的内容和范围；教学中涉及的有关英语国家的文化知识应与学生的日常生活、知识结构和认知水平等密切相关，并能激发学生学习英语文化的兴趣；要扩大学生接触异国文化的范围，帮助学生拓展视野，使他们提高对中外文化异同的敏感性和鉴别能力，为发展他们的跨文化交际能力打下良好的基础。为此，英语教师必备以下功力：

1. 研究英语教材

教师的首要任务是研究学习者的真实兴趣、真实的英语学习困难和真实的英语学习需求。与此同时，教师要潜心研究教材内容及其编写思路和意图，充分挖掘其中的“隐性文化知识”和相关背景知识，引导学生理解文本折射出的社会问题和人文价值。在此基础上，根据学习者的真实特征，教师方能设计出科学统一的语言目标和文化目标。

2. 泛读文化书籍

许多英语教师反映，除了教材内容中的“显性文化知识”外，自己根本挖不出其他的“隐性文化内容”。归根到底，是因为教师自身的文化功底不够扎实、文化视野不够宽阔、阅读范围不够广大。英语教师的阅读范围不能局限于英语教材和教学参考书，而是要大量涉猎有关语言与文化的书籍，包括汉语的和英语的，从而夯实母语文化功底、拓展英语文化视野。

3. 感悟社会生活

许多教师抱怨自己的工作量太大，没有时间读书学习。如果真的如此，那么，教师就要更加关注自己和学生的日常学习和生活，关注其中的细节及其折射出的文化视点，从而自主反思并引导学生研讨这些文化视点，发表各自的观点，做到时时事事思文化差异、事事处处表个人观点。

4. 师生共同发展

语言是文化的载体，文化是语言的底座。师生要合理利用课外学习活动，共同学习文化知识，提高得体运用英语的能力。文化目标是课堂教学的众多目标之一，文化目标本身的功能是：(1) 引导学生去了解、拓展、记忆、反思中英两种文化或城乡两类文化的差异；(2) 帮助师生丰富课堂活动的话题资源，并充分利用这些资源适当降低语言练习的难度，从而更好地保证语言运用能力的获得。实际课堂教学中，大多数英语教师努力完成了功能 (1)，而功能 (2) 往往被教师有意无意地忽略，导致学生语言运用能力的目标无法实现。

反思探究（Reflecting）

基于上面的“案例分析”和“理论点拨”，我们可以对马老师的教学设计进行更进一步的完善。

Step 1：激活与导入。师生互致问候之后，教师问学生：“你们知道‘新闻’这个词在英语中的对应词为什么是 news 吗？”学生一番热烈的猜测之后，老师将 news 一词的四个字母的解读呈现出来：north，east，west，south。然后说：“今天我们就来了解一下我国和美国的‘东西南北’。”

Step 2：呈现。老师呈现中国地图，带领学生找出他们认为处在“东西南北”的省份及其省会城市，并用英语句型表达出来。

Heilongjiang/Harbin is in the north of China.

Taiwan is in the east of China.

Xinjiang is in the west of China.

Hainan is in the south of China.

接下来，呈现学校所在的省份地图，引导学生观察并描述位于本省“东西南北”

的城市。

Step 3：操练。教师引导学生借助地图开展两人活动，操练单词及句型。如：

Look at the map. Where is Hainan?

It's in the south of China.

这样的操练活动，能帮助学生更好地了解和把握祖国及家乡文化（地理知识）。

Step 4：拓展。老师说："美国和中国的面积相当，地形地貌特征也比较类似。大家想知道在美国的'东西南北'各有哪些省份和城市吗？大家知道曾经举办过奥运会的洛杉矶和亚特兰大在美国的什么方位吗？我们一起来找找看！"拓展练习的主题不变，但文化的差异会让学生的兴趣和注意力得以调整，令他们兴奋，从而保证学习的效率。同时，老师可以根据学生的需求将四个词升级为并列词，即 southeast，northeast，southwest，northwest，等等。

Step 5：巩固。听课文录音。第一遍：圈出 New York，Los Angeles，east，west；第二遍：跟读，并回答问题。

Step 6：作业。马老师要求大家课后继续关注中国和美国的著名城市及其方位，一周后全班将举行有关城市介绍的英语演讲。祝大家好运！

修炼建议（Developing）

除了采用"融入法"和"体验法"等文化教学的方法，教师还需要运用科学有效的途径帮助学生提高对文化的敏感性。

充分利用课文注释和背景材料。教师的教案用书不仅仅起到为教师提供思路的作用，更多的是让教师对教材中所涉及的具有文化特征、容易引起学生理解困难的内容加深了解。如初高中的教材内容都涉及圣诞节，但向初高中学生介绍文化背景知识的深度却是不同的。

积极营造真实的课堂氛围，给学生提供亲身体验的机会。亲身体验能够让学生更真实地"触摸"到外国文化，由此比较本国文化与外国文化的异同之处。教师可以让学生通过观看与本单元主题相关的视频、电影等来加深他们对文化的理解，也可以组织课堂活动来强化他们的文化意识。如学习本单元的餐桌礼仪时，教师用视频的方式介绍餐桌礼仪是否比图片更为直观，教师又是否可以让学生在 Role play 中亲自体验一下餐桌礼仪呢？这样的课堂是不是更生动呢？

开设文化知识的专题讲座。如果能请到中外有关专家或访问过英语国家的人士做这方面的专题报告当然好。除此以外，教师也可以发动学生收集一些有关英语国家文化方面的资料，如广告、画报、报纸、杂志等。教师和学生通过网络和视频等去了解不同的文化、风俗习惯、审美标准，从而可以较直观地了解外国艺术、建筑风格和风土人情。我们希望学生在对比中提高跨文化交际的敏感度，加深对外国文化特别是对本国文化本质特征的理解。

七、教学目标设计的合理参照

问题展示（Questioning）

先请看一下某省会实验小学宗老师的教学案例：*My Friends*（B：Let’s talk）。

宗老师对这一节课的教学目标的设计是：

（1）学生能够熟练运用“He/She is... He/She has... He/She likes...”等句型简单介绍自己的朋友及其特征；

（2）学生能够听、说、读、写与主题内容相关的短文和对话，并重点区分 he，she；her，his。

下面是这一节课的“词库”以及学生依赖的课文内容（教学过程略去）：

Word bank

体格：strong，thin，short，tall

外貌：long/short hair，big/small eyes，a big/small mouth，a big/small nose

性格：quiet，active（外向的），funny（有趣的），kind（友善的）

爱好：music，sports，science，painting，English，computer games

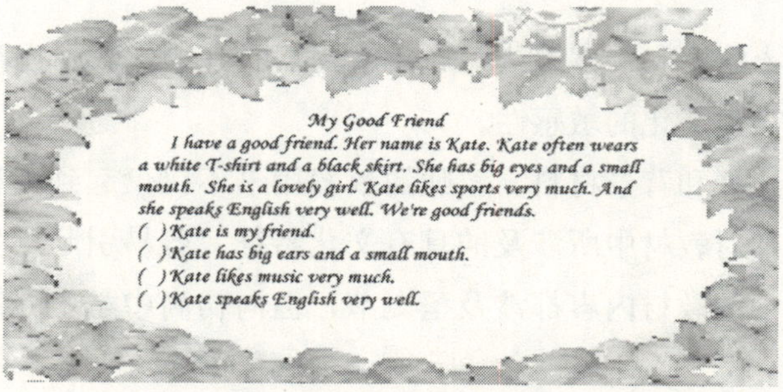
My Good Friend

I have a good friend. Her name is Kate. Kate often wears a white T-shirt and a black skirt. She has big eyes and a small mouth. She is a lovely girl. Kate likes sports very much. And she speaks English very well. We're good friends.

( )Kate is my friend.

( )Kate has big ears and a small mouth.

( )Kate likes music very much.

( )Kate speaks English very well.

案例分析（Demonstrating）

宗老师的授课对象是小学四年级的学生。在上课过程中，宗老师运用自编的 chant 来热身，符合学生的年龄特点，也与教学内容相符，有效地激发了学生学习的积极性，同时也有效地激活了学生原有的与教学内容相关的背景知识，为后面的教学奠定了良好的基础。课堂中的对话也符合小学生的学习规律，有理解（带着问题听对话）、模仿（跟录音读）、记忆（对子活动）、表演（自编对话），教学过程的推进一步一个台阶，由浅入深，层次清晰。宗老师表现出了扎实的专业基本功：口语表达清楚、流畅、标准，指令明确，教态亲切大方，与学生关系融洽，课堂调控能力强。

不足的是，宗老师教学过程中的 Teacher Talk 占用的时间过多，同时，其教学步骤过于依赖教师预先设计的程序，动态性稍差，在一定程度上限制了学生的思维，控制性活动偏多些。

不过，这一节课的最大问题是“教学目标设计的参照不够合理”。

教学目标（1）的本质要求还是对词汇的掌握，“He/She is... He/She has... He/She likes...”等句型只是“支架”而已；“词库”中的大多数词汇已经是四年级学生的“已知”，不具备挑战性。

教学目标（2）要求学生“能够听、说、读、写与主题内容相关的短文和对话，并重点区分 he，she；her，his”，这显然超出了四年级学生的能力范围。《课程标准》对小学毕业生的语言技能要求是：

听：（1）能在图片、图像、手势的帮助下，听懂简单的话语或录音材料；（2）能听懂简单的配图小故事；（3）能听懂课堂活动中简单的提问；（4）能听懂常用指令和要求并做出适当反应。

说：（1）能在口头表达中做到发音清楚、语调达意；（2）能就所熟悉的个人和家庭情况进行简短对话；（3）能运用一些最常用的日常套语（如问候、告别、致谢、致歉等）；（4）能在教师的帮助下讲述简单的小故事。

读：（1）能认读所学词语；（2）能根据拼读的规律，读出简单的单词；（3）能读懂教材中简短的要求或指令；（4）能看懂贺卡等所表达的简单信息；（5）能借助图片读懂简单的故事或小短文，并养成按意群阅读的习惯；（6）能正确朗读所学故事或短文。

写：（1）能模仿范例写句子；（2）能写出简单的问候语；（3）能根据要求为图片、实物等写出简短的标题或描述；（4）能基本正确地使用大小写字母和标点符号。

理论点拨（Illustrating）

教学目标就是预期学习者在规定时间之内达到的学习效果。教学目标的功能主要表现在：（1）定向功能：它在一定程度上制约教学设计的方向，对教学过程起着指引的作用，从而避免教学的盲目性；（2）激励功能：在课前教师提前展示教学目标，能激发学生对学习新知识的兴趣和达到学习目标的期望；（3）测度功能：教学效果的检测和评价都是以教学活动的既定目标为依据进行的；（4）聚合功能：教材、教法、教具等都是为了教学目标服务，正是因为教学目标的存在，才使教学活动的各要素有机地聚合在一起，构成教学系统并能够有效运行。

在中小学英语教学中，要科学、合理地设置课堂教学目标，必须参照以下几个关键因素：

1.《课程标准》是教学目标设计的首要参照

小学英语课程目标包含语言技能、语言知识、情感态度、学习策略和文化意识五个方面，明确规定了学生在不同阶段要达到的具体的、最低的要求。在设计教学目标时，教师首先应认真解读《课程标准》，准确把握课程目标的本质特征，将具体的教学内容融入其中，渗透在五个方面的细节里。

2. “学习需求分析”是教学目标设计的重要参照

“学习需求分析”包括两个部分：学习内容分析和学习者分析。学习需求是指学习者“目前的真实学习状况与课标要求的最低标准之间的差距”，这些差距明示或暗示着教学中的实际问题，指出学习者在知识、技能、能力、文化、策略、情感等方面的不足。教师需要分析学习者的兴趣爱好、学习动机和实际需求等，并认真思考：学习者能达到哪一层面的教学目标要求？教学活动如何安排才能满足学习者的真实需求？学习内容的难易程度如何把握才能与学习者的真实水平相吻合？学习者起点能力的分析是否准确？等等。

对学习内容的分析主要是分析学习内容的类型、结构、范围和深度、前后的衔接与过渡，确定教师是否需要根据学生的真实需求而对教学内容进行创设与开发、调整与重组、补充、删减、替代等，从而设定师生在课堂互动过程中的主题、顺序、层面等。

对学习者的分析主要是了解学生的年龄特点、兴趣爱好、真实的英语学习水平和需求、真实的学习风格、心理发展等，从而预设师生课堂互动的方式和类型、问题探讨的深度与广度、学习效果的多层面多视角等。这些实际上都是为教学目标的设计所做的准备工作。

3. “教学策略、教学技术、教学过程”是教学目标设计的互动性参照

教师对相关教学策略的了解与运用、对相关教学技术的掌握与操作、对相关教学过程的设计与实施等在一定程度上都直接影响着对教学目标的设计，而所有这些方面都对教师本身的专业素养提出了较大的挑战。在教学目标设计的过程中，教师不仅要认真进行学习者分析，同时也要做好充分的自我分析，把握自身的教学风格，认真反思自身在教学策略和教学技术等方面的优势与不足，扬长补短，从而保证教学目标的顺利实现。

4. “评价类型与结果”是教学目标设计的反馈性参照

“评价类型”主要指形成性评价和总结性评价两种，其目的、手段和针对性等均有明显差异。每一次阶段性的“评价结果”都会为后续性的教学目标设计提供客观的质的或量的反馈性参照，有助于对教学目标的后续性设计更加科学、客观、全面，从而促进学生的良性发展。

5. “三级课程管理”和“三维目标”是教学目标设计的指导性参照

新课程改革实行国家、地方、校本三级课程管理，同时倡导“知识与技能、过程与方法、情感态度与价值观”的三维课程目标。教学目标的设计一定要参照这些高层面的全局性、指导性意见，在具体的教学目标设计中体现其本质性精神，确保总体课程目标的顺利实现。

教学目标的设计是课堂教学的出发点，它支配、调节、指导着整个教学过程中的每一个步骤和环节。在课堂教学中，为保证教学目标功能的有效发挥，教师在设计教学目标的过程中应注意以下一些问题：

1. 不能以课程内容标准代替教学目标

课程内容标准是课程目标的具体化，但并不是详细的教学目标。教学目标是以课标和课程内容标准为依据，结合教学内容、学生、学校实际情况以及教师个人教学风格进行设计的，是具有独创性的。

2. 教学目标的设计必须符合学生的实际水平和学习规律

在设计教学目标时，要对学习者需求和学习内容进行分析，在此基础上考虑学生的起点水平，注意起点与目标之间的距离，让学生经过努力可以达到预期的目标。对于一些目标难度较大的章节，应将其进一步分解、细化，然后适当延长课时，以保证学生的学习效果。

3. 避免教学目标的陈述过于笼统、模糊、缺乏可操作性

首先，教师应明确教学目标中学生的主体作用，即通过教学活动学生能够掌握什么、达到什么样的要求。其次，为使编制的教学目标能够直接指导教学，不至于产生歧义，且便于检测评估，教师就必须对教学目标作确切的表述，尽可能将随意模糊的无法测评的动词转换为可直接观察的明确的容易检测的动词，以清晰地表述学生预期结果的外显变化，如能做出、模仿、比较、记住、说出、复述、接受、配合、参与、设计、撰写、掌握、解决、练习等。

反思探究（Reflecting）

基于以上的“案例分析”和“理论点拨”，我们可以更加科学、合理地完善宗老师的教学目标设计。如将“语言技能目标”设计为：

1. 能够运用学过的形容词简单介绍自己的朋友及其特征（例如，She has big eyes. She has a small mouth.），并能根据对方的描述，做出恰当的评价（例如，She is lovely.）。

2. 能根据常识和日常生活中的观察去轻松、愉快地理解、区别并掌握重点词汇。如著名的女歌手组合 SHE（she），她们总喜欢“呵呵呵”地笑（her，her，her）！

3. 能通过跟读和模仿课文录音达到独立朗读课文内容的要求。

4. 能模仿课文内容书面描述自己的朋友。（例如，I have a good friend. Her name is Lingling. She often wears a yellow T-shirt and blue pants. She has dancing eyes and a small mouth. She is a lovely girl. She likes English very much，and she is good at computer. We're good friends.）

修炼建议（Developing）

教学目标设计是教学设计中的一个重要环节。英语教学目标是指教学活动预期达到的结果，是预期的学生学习行为的变化。它与教学目的有着本质区别：教学目的的主体是教师，是学校或者国家为实现教育目的，在教学领域给教师提出的概括性的、总体性的要求。而教学目标的主体是学生，只有对目标具体化、细化到课堂教学层面上，目标才具有可操作性。

在实际的教学中，教学目标的设计存在诸多问题，例如，教学目标过于笼统、空泛、模糊、不确切、没有针对性；只有知识和能力目标，缺少情感态度与价值观的目标；课堂教学目标与教学过程不匹配，目标的设计流于形式，不具有实际意义；等等。有的老师简单地把单词作为知识目标，把句型作为能力目标。把单词作为知识目标可以，但一定要说明这些单词应掌握到什么程度，也就是目标应达到什么层次（级别），是要求学生能认读就可以，还是要求学生会读会写还会应用？

除了“理论点拨”中提到的重点参照之外，教学目标的设计还应具有下面三个特点：

（1）教学目标的设计要具有全面性，即要包括不同学习领域全面发展的三维目标。

（2）教学目标的设计要具有分解性，即一个课时的课堂教学只需要完成一个课时的教学目标，无需将整个小学阶段的、整个学年的、整个学期的、整个单元的目标设计进去。

（3）教学目标的设计要具有选择性，即每一位学生都可以根据自己的实际情况选择适合自己的教学目标，教师将学生个体差异的发展与基础教育目标的实现融为一体。

下篇

教学能力

提高教师的教学能力不仅有利于提高教师的教学效果，还有利于提高教师素质，增进教师的专业化水平。本篇从教学设计、教学过程、课堂管理、教学评价等多个方面进行阐述，以期提高小学英语教师的教学能力。

专题一 教学设计

一、准确把握学生

问题展示（Questioning）

我们先来看一看某师范大学附属小学的一节英语教学案例，金老师是这节课的设计者和实施者。

Step 1：热身与导入。师生合唱英语歌曲*Who is wearing yellow today*？金老师跟随歌词出示有关颜色的单词的图片，贴在黑板上。歌曲结束，金老师根据这首歌曲和学生谈话，从而引出本课话题 Colours。例如，"Hello，boys and girls. Let's review these colours."（手指黑板上的颜色图片，领读单词）"Good！Look at my coat. What colour is it？What colour is your shirt？What colour are these chalks？"

Step 2：呈现与操练。（1）金老师用红色粉笔在黑板上画一个圆圈，问学生："这是什么？"启发他们自由想象后揭示答案："It's the sun."在简笔画旁边板书单词 sun，领读短语 the sun，注意纠正 the 的发音，并直接领读本课重点句子："Look at the sun. It's red."（2）金老师又用绿色粉笔快速画出一大片草地，请学生说："It's grass. It's green."再用橙色粉笔在天空中又画一个圆圈，自问自答："Is it a ball？No. It's a balloon."教师板书 balloon，领读并操练该单词，注意学生的发音。（3）教师又说："The balloon can fly. It is in the sky. What can fly in the sky，yet？"引导学生自由表达，抓住时机画出 kite（绿色），带领学生操练词句。注意强调 kite 和 cat 发音的区别，帮助学生辨音。（4）教师顺水推舟，由 cat 引出 sheep："The cat is an animal. What animal can you see on the grassland？"画出 sheep（白色）。"Cats and sheep are animals on the land."（5）教师问："What animals are in water？"启发学生说出 fish（黄色），金老师在黑板上画出黄色的鱼。（6）接下来，金老师又画出一只小船："It can swim in water. But it's not an animal. What is it？"引出 boat，用蓝色粉笔画出 boat，操练词句。（7）金老师出示福娃组合，请学生分别描述色彩各异的贝贝、晶晶、欢欢、迎迎、妮妮。

Step 3：巩固与应用。金老师出示 6 张图片（black dog，green kite，white cloud，red balloon，blue boat，yellow flower），和学生共同做韵律游戏：*What can you see*？如下：金老师手指图片示范着：Black dog，black dog，what can you see？I see a green kite looking at me. Green kite, green kite, what can you see? I see white cloud looking at me. 全班集体朗诵韵律歌谣。请几名学生上前手拿韵律图片接力。

Step 4：技能拓展。金老师借助电脑播放故事 *Crocodile smiles*，先请学生观看、理解，然后用自己的话讲述一遍。接下来，发给每个学生一张故事卡片 *Tiger Smiles*，请学生仿照教师的故事，画一画、说一说，创编新故事。

Step 5：总结、作业。金老师总结本课重点词句，要求学生完成兴趣作业，即创作各自的小故事，并讲给家人听。

这节课的板书设计如下：

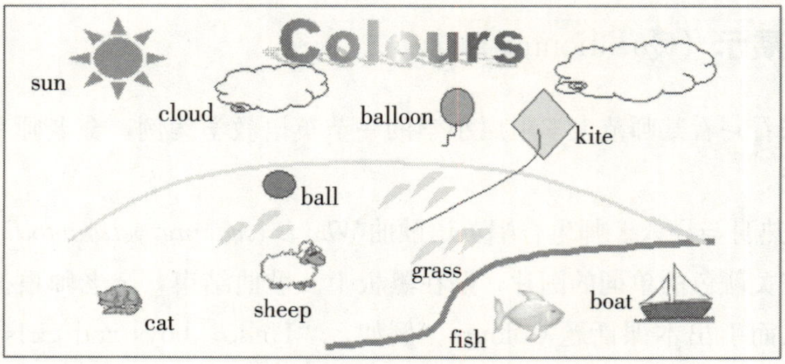

PPT 演示文稿

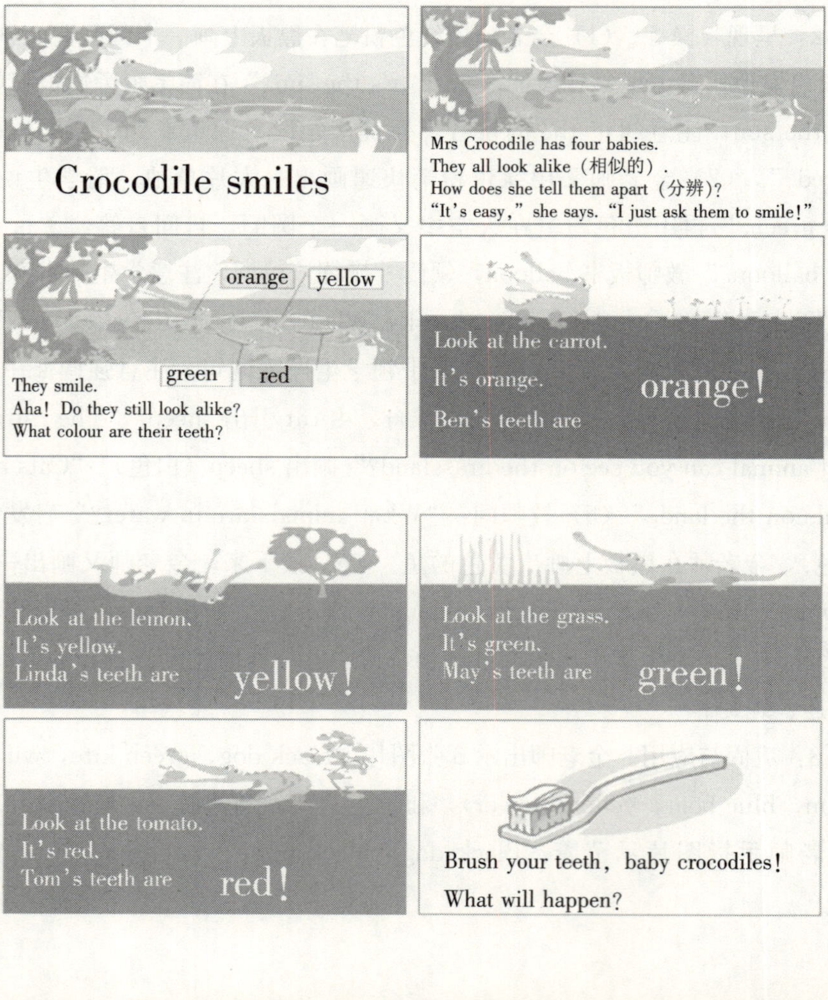

Tiger Smiles

案例分析（Demonstrating）

金老师这节课的教学设计整体感觉非常好！

首先，她合理开发教学资源，创设生动的语言情境，为学生提供了学习语言的氛围和运用语言的机会。教学过程中，金老师充分发挥教学简笔画这一传统教学手段的魅力，在黑板上边画边讲、边讲边练、边练边引、边引边画，把三维目标较好地结合在了一起。

其次，金老师的知识传授准确、科学，对教材的处理比较合理、巧妙。三年级学生对英语学习持有较大的兴趣和热情，具备一定的英语听说能力和初步的认读能力，模仿能力强，对韵律歌谣的感受较强烈，所以，金老师采用韵律歌谣的方式操练词句，活跃了学生的思维，融洽了师生互动。

第三，金老师专业基本功比较扎实，基本做到了全程英语讲授，语音语调准确流利，疾徐得当，抑扬顿挫；语言简洁，指令明确。

然而，教学是不完美的艺术。本节课设计的最大不足就是较大程度上超越了学生的真实英语水平和真实英语运用能力。这节课是《牛津英语（上海版）》三年级（上）第三模块第三单元的第一课时，话题是“颜色”，语法是祈使句“Look at the balloon.”和简单句“It’s red/green.”本课不涉及人称、时态的用法。

金老师在“呈现与操练”环节一口气完成了七个步骤，这会给至少一半的学生带来反应、理解、接受、消化等方面的压力；在“巩固与应用”环节连出六张图片进行韵律游戏，又会给这些学生“雪上加霜”；到了“技能拓展”环节，这些学生已经几乎处于“自我放弃”状态，因为“创编故事”对大多数三年级学生来说要求偏高，仅适合部分优秀学生。

理论点拨（Illustrating）

教师缺乏对学生准确把握的原因可能是教师自身缺乏“以学生为中心”的教育理念，也可能是教师没有及时更新对学生真实性信息的把握。

课堂教学就是教材、教师、学生、环境四因素的合理整合，教师与学生一起在教和学的活动过程中形成“学习共同体”。许多老师想当然地认为备好课就能教好学，只对要讲的课本内容有足够的了解，将一切都建立在自己的主观经验上，却忽视了教学设计中一个非常重要的环节：学习者分析。

学习者分析是教学设计中极其重要的环节。学习者分析是教学设计的前提，教师要对学生的认知特点、学习风格、学习方式进行分析，同时还要了解学生的未知、已知、想知、应知。教学活动的设计必须建立在学生的认知发展水平和已有知识经验的基础之上，学生学习的过程是在教师的指导下自我建构、自我生成的过程。

分析学习者特征，就是要准确把握学生的真实学习目的、真实学习动机，已有的知识技能、认知机制、学习心理顺序、学习逻辑顺序、英语学习机制等。通过对学习者特征进行分析，教师可以掌握学习者已经具备的内部条件，如起点能力、认知结构、认知风格、学习动机等，从而为教学设计提供重要依据。

学习者特征既有共同性又有差异性。其中，共性特征为集体教学提供指导，如同年龄段的学习者心理特征、认知水平、思维特征有一定的共同性；同样的家庭或社会背景的学习者，心理和认知都有一定的共同倾向性。但是，同年龄段的学习者在认知结构、学习风格、学习方式、学习动机等方面也会存在差别。不同的生活环境也会造成个性特征的差异，智力水平相当的学习者在某方面可能稍显不同。

在分析学习者的真实水平和真实需求时，教师需要把握两组概念：

1. 客观需求（felt needs）和主观需求（perceived needs）

前者是学习者的真实需求，后者是教师主观猜测的学生需求，这两者之间往往会存在一定的“差距”。如果教师不能及时、准确地把握学生的真实需求，就会产生高估或低估学生需求的现象。高估学生的需求会直接导致学生“望而却步、敬而远之”，低估学生的需求会直接导致学生参与欲望的消失、放弃与教师和同伴的互动。这两种现象都会造成课堂教学效率的低下。

2. 目标需求（target needs）和真实学习需求（learning needs）

前者是教育教学目标要求学生掌握的学习内容及其原因，后者是学生真实的学习动机及其所期望的学习方式。目前，学习内容和学习方式基本上都由教师“掌控”着，这就给教师提出了更高的要求，即教师一定要在分析学习者的基础上设计课堂学习活动，并尽可能按照学习者的需求调整或重组学习内容，将学生的真实需求和教师的教学设计之间的吻合度保持在最佳状态，从而确保学生乐意采用教师提供的方式并积极主动地投入教师设计的学习活动中去。

反思探究（Reflecting）

基于以上的“案例分析”和“理论点拨”，我们可以进一步完善金老师的教学设计。

Step 1：热身与导入。师生合唱英语歌曲 *Who is wearing yellow today*，金老师跟随歌词出示表示颜色的单词的图片，贴在黑板上。歌曲结束，老师根据这首歌曲和学生谈话，从而引出本课话题 Colours。如“Hello，boys and girls. Let's review these colours.（手指黑板上的颜色图片，领读单词）Good！Look at my coat. What colour is it？Look at your shirt. What colour is it？Look at this chalk. What colour is it？”

Step 2：呈现与操练。教师呈现事先设计好的板书（也可以是类似的一幅现成的画，更可以是教师现场画出的画），请学生描述其中自己最喜欢的一个内容（这样能较真实地适应不同层面的学生的真实能力）。Look at the sun. It's red... 教师将学生说出来的句子写在黑板上（供后续的活动使用），并适当纠正学生的发音。

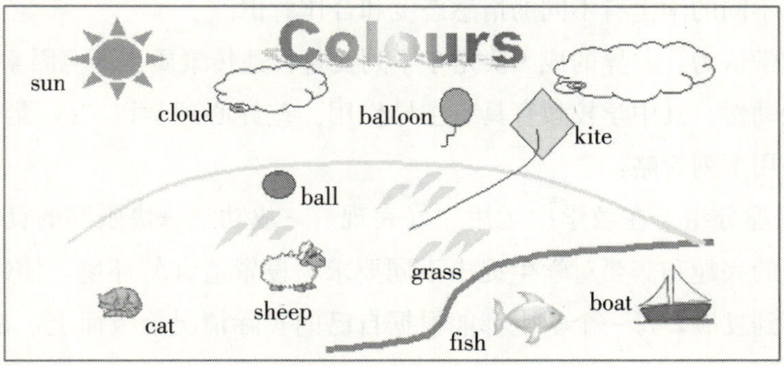

Step 3：游戏与巩固。老师要求大家分小组活动（小组人数尽量均衡），每个小组成员扮演画面中的一份子（如鱼、云彩、太阳、猫咪等）。老师请两位学生（英语较好的学生，一位扮演“鱼”，另一位扮演“风筝”）合作示范如何做韵律游戏。老师对“鱼”说：“Yellow fish，yellow fish，what can you see?”“鱼”仰望着天空说：“I see a green kite looking at me.”然后，“鱼”又对“风筝”说：“Green kite，green kite，what can you see?”“风筝”说：“I see a white dog looking at me...”当确认大家都明白如何游戏后，老师宣布“游戏开始”。（这样的巩固活动充满了游戏的乐趣，学生可以自由选择和分配角色，能满足不同层面的需要，而且能培养小组成员之间的合作、包容、互让等精神）之后，老师请各小组学生到教室前边展示创作出来的韵律。展示时，老师建议学生用稍微夸张的语音语调，以达到“童话故事”的效果！

Step 4：集中朗读韵律“童话”，结束。老师带领大家借助“呈现与操练”中使用的画面，跟随“导演（老师本人或一名同学）的指示”，一起朗读韵律“童话”。宣布下课。

Step 5：作业。(1) 自选作业：老师发给每个学生一张故事卡片 *Tiger Smiles*，请大家仿照教师的故事，画一画、说一说，创编新故事（这个自选作业是为英语水平和能力优秀的学生或是愿意挑战自己的英语水平和能力的同学准备的，旨在技能拓展）。(2) 义务作业：和家人或同学一起创作新的韵律“童话”，下次课上连图带“话”一起展示。

修炼建议 (Developing)

《课程标准》在“基本理念”中要求“关注语言学习者的不同特点和个体差异”：“义务教育阶段的英语课程应面向全体学生，体现以学生为主体的思想，在教学目标、教学内容、教学过程、教学评价和教学资源的利用与开发等方面都应考虑全体学生的发展需求。英语课程应成为学生在教师的指导下构建知识、发展技能、拓展视野、活跃思维、展现个性的过程。”

教育的起点不是教材里的内容，而是学生的真实学习现状。我们的教学基本上都是以班级为最小单位进行，其中学生的现有知识、能力、素质等差异客观存在，如不同的学生有不同的语言知识、话题知识、社会文化知识以及相关背景知识；不同的学生具备不同的字面阅读能力、文本解读能力、信息识别能力、逻辑推理和解决问题的能力。另外，不同的学生有不同的情感态度和合作意识。

差异心理学认为，差异的成因决定于下列变量：遗传素质、环境因素、学校教育、学生的主观能动性。其中学校教育具有主导作用。差异心理学以“人尽其才”为最高原则，一般采用下列策略：

1. 实行兴趣分组。在教学中运用“好表现——成功——快乐”的良性循环机制，根据学生不同的兴趣和需要对学生提出不同要求，设置适宜的环境，使每一个学生的兴趣和个性得到发展，每一个学生都能根据自己的实际情况拾级而上，都能享受到成功的快乐。

2. 将同一种学习材料分若干组，将不同材料按照难易程度及其分量分为若干组，这样由学生量力而行，自行调整学习进度，以防内容过多过杂而导致学生的“没意思”感，挫伤其学习的积极性。

3. 在团体作业中，教师应深入了解研究学生，让各种能力不同的学生有各尽其能的机会以及发展特长和爱好的机会。

二、准确把握教材

问题展示 (Questioning)

下面是某市实验小学刘老师的教学案例，其教学内容来自《新标准英语》（一年级起始）第六册模块九第一单元 *Tomorrow is Friday*. Sam 和 Amy 得知一家人要在周六外出郊游之后，谈论计划携带的物品。本课的语言功能是谈论将来的行为，语言结构是 Will you take...？和 Will you take... to...？以及回答 No，I won't.

Step 1：热身。刘老师和值日生对话，落实今天的出勤率。然后说："In this class，if you get three stars，you will get a sticker. Try hard!"

Step 2：呈现。刘老师主要通过与学生进行英语对话的方式呈现本节课的重要词汇和句型，并将句型写在黑板上（斜体部分）。如：

I will visit my friend tomorrow. Will you visit your friend tomorrow?

What will you do tomorrow? I will go to school，too. I will take my bag，I will take my pen.

I will take my books. I will take... What will you take?

Will you take apples/peaches/oranges/bananas... to school? Why not?

We won't take these fruit to school. But we can take them to the picnic.

Do you like picnics? What about Sam and Amy?

Look! How happy they are! Why are they so happy? What are they going to do?

Step 3：视听说。刘老师请大家观看录像，并回答刚才提出的问题，即 They are going to have a picnic on Saturday。再看第二遍，回答问题：What will Amy take? Will Amy take the kite to the picnic tomorrow? Will Amy take the ball tomorrow? 刘老师带领大家朗读黑板上的重要句型，强调词汇的发音。

Step 4：操练。刘老师第三次播放录像，要求学生跟读、模仿对话（首先齐读，然后分角色跟读：男生读 Sam 的话，女生读 Amy 的话）。然后，刘老师呈现一段不完整的对话，要求学生完成填空练习，再次巩固词汇和句型。

Step 5：游戏与练习。刘老师问学生："还记得我明天要去干什么吗？对，我要去看望朋友。我应该带些什么去看望她呢？What will I take to her tomorrow? 请大家猜猜看?!"

S：Will you take... tomorrow?

T：Yes，I will. /No，I won't.（That's a good idea）I will take flowers，CDs and strawberries to my friend tomorrow.

接下来，刘老师和大家开展游戏："Let's play a game! Look! There are seven balloons. There are seven numbers on the balloons. Let's read the numbers together. (13，14，15，16，17，18，19)

Each number has 2 pictures. For example，if you choose 13，you will see a T－shirt and a picture of Hainan. Then you will say 'Will you take the T－shirt to Hainan?' Clear? Now choose a number and say a sentence."

No. 13—T-shirt，Hainan；No. 14—dog，classroom

No. 15—fireworks，train；No. 16—kite，cinema

No. 17—apples，park；No. 18—water，EXPO

No. 19—biscuit，zoo.

Step 6：巩固强化。刘老师说："Summer holiday is coming. I have a holiday plan. Look at my holiday plan：I will go to Shanghai. I will take a camera，a cap，a bag，sunglasses... I will visit EXPO. I will buy some presents. I will eat some Shanghai food. I will see many people. I will be very happy."然后让学生分小组活动，设计各自的暑期计划。

Step 7：作业。(1) Listen and read the dialogue. Remember the main sentences. (2) Try to make a plan for the summer holiday.

案例分析（Demonstrating）

刘老师这节课的整体设计比较科学合理，突出体现了小学英语课堂教学的特点。所有步骤围绕语言功能主题而展开，Will you take...？和 Will you take... to...？的句型，学生基本得以理解和掌握。

第五个环节的"游戏与练习"前后呼应了教学步骤，给学生提供更多的语言表达机会，培养学生的语用能力。另外，气球上的数字是学生们刚刚学过，但是掌握得并不是很好的数字（13～19），学生在选择数字时，可以不断地对这些单词的读音进行操练。第六环节的"巩固强化"将语言结构和语言运用进行了升华，将课堂学习和课外活动有机地结合了起来。

然而，这节课的内容过多，估计一半儿的孩子都会"被撑着"的！造成这种结果的最主要原因在于教师对教材的把握不是很准确。

目前比较普遍地存在教师设计的课堂教学目标及活动与教材的要求不一致的问题，具体表现在：(1) 教师过于照本宣科、固守教材，不考虑学生的真实水平和需求，误读了教材的编写意图；(2) 教师大胆地改写或重组教材，刻意突出个人的教学风格，忽视了学生的真实水平和需求，削弱了教学实效；(3) 对优秀教材的本质特征缺乏真正的了解和诠释，结果造成教学内容与教学目标不统一，课堂教学比例失调、头重脚轻，过分关注知识目标、忽视语用能力的培养，课堂练习缺乏针对性和可操作性等现象。

理论点拨（Illustrating）

现代课程观认为，教材应该突出三大功能：(1) 信息功能，即选择、传递对学习者有价值的真实的信息、知识（真实性、思想性）；(2) 结构化功能，即有助于学习者建构自己的知识（系统化）；(3) 教育指导功能，即使学习者学会合理的学习方式（指导性）。

同时，教材应该注重文化创造，强调学习者问题意识的形成，关注主体学习态度及能力以及对话、表达等社会态度及能力的形成。因此，教材还具有引发学生的兴趣、唤起问题意识、提示问题解决等功能。

如果教师能够结合学生的真实学习风格、学习需求、学习兴趣等，对教材内容进行创造性的调整和重组，帮助学生学会有针对性地、科学地、高效地建构自己的知识体系，形成有针对性的、科学的、高效的学习方式，教学效率就会更高。

教育部《基础教育课程改革纲要（试行）》中阐述道："教材是课程标准最主要的载体；教材内容的设计呈现方式要有利于改善学生的学习方式；允许全国各地在考虑本地区教育发展水平、学生身心发展水平及特殊需要、充分利用本地区具有特色的丰富课程资源的前提下开发出既符合课程标准又能体现当地实际、各具特色、丰富多样的教材。"

在教育教学中，教师不应该只是简单地教授教育部门统一指定的教材，而应该选择适合的教材并有效地整合多种课程资源实施教学，促进学生的发展。新课程改革实施以来，我国所有学段的各门学科都相继出现了许多版本的教材。这些教材各具特色，需要教师整体理解、诠释、把握、重组，最终在课堂上呈现给学生的应该是具有教师本人教学风格和特色的教学材料和内容。

教师与教材的关系不外乎三种：

教教材。认为教材就是学科内容，教师的作用在于指导学生习得教材所提供的系统化的知识。

用教材教。教师依据自身的实践与研究，自主地探讨学科课程与教材，以课程、内容的自主创造为前提，把教材作为教学资源之一加以利用。教师的作用不仅在于钻研教学方法，还包括对教材以外的其他材料的开发与学科课程与教材的创造。

不用教材教。实际上是以教师或教师群体教材开发、课程与学科自主编制为前提的。

随着课程观念的转变与发展，教师与教材的关系正向着积极的方向变化，即"教活书，活教书，教书活"。

教师在备课过程中"备教材"的主要目的是为学生提供更有效的学习方式和方法，帮助学生更快速有效地获得语言运用能力。任何脱离了"学生中心"和"语言运用能力中心"的教材重组都可能是无效的、徒劳的、多余的。"备教材"不仅是指教师要理解教材中的每个知识点，更要求教师做到对教材体系的整体把握。

为此，《课程标准》明确指出："在教学中，教师要善于根据教学的需要，对教材加以适当的取舍和调整。"同时，给出了具体的操作建议：

1. 对教材内容进行适当的补充和删减

教师需要明确的是，任何对教材内容补充和删减的出发点和最终目的，都是为了使教材内容更加符合学生的真实需要和更贴近学生的实际生活。如果有可能，教师要尽量和学生一起协商补充和删除哪些内容。

2. 替换教学内容和活动

鉴于我国地域辽阔、区域差别甚大，为了更好地将国家、地方和校本三级课程管理有机地融合，教师可以根据实际教学需要，对教材中不太适合的内容和活动进行替换，尤其是涉及民族文化差异的问题时。

3. 扩展教学内容或活动步骤

任何教材，无论多么优秀或拥有多少优势，都不可能完全符合所有学生的真实英语水平和真实需求。因此，当教学活动的难度过高或过低时，教师就要根据当地文化特征、真实教育条件、学生的真实需求等，适当地扩展教学内容，或者降低活动难度，从而保证学生参与课堂学习活动的积极性和有效性，以及教学目标的有效实现。

4. 调整教学顺序

任何教材中教学内容的顺序安排都不是一成不变的。现实生活中发生的重要事件如果与教材中某一话题的内容密切相关，在认真考虑学生的真实英语水平和能力、在不影响学生语言运用能力获得的前提下，教师完全可以及时调整教学顺序，从而提高教学效果。

5. 调整教学方法

任何语言教学方法的产生和发展都是为了服务于社会生活中的真实语言交际和运用。选择与调整教学方法的重要依据就是客观教学条件的差异、学生的真实英语水平差异以及具体教学实际情况的差异，正所谓“教无定法，教必有法”。

反思探究（Reflecting）

基于以上的“案例分析”和“理论点拨”，我们可以这样来进一步完善这节课的设计：

1. 教材分析

本单元是以 Tomorrow is Friday 为题的对话，具体内容是：Sam 和 Amy 得知一家人要在周六外出郊游之后，Sam 询问 Amy 打算携带什么物品去。

本单元的语言结构学习内容是复习“Will you...？/Will you take...？和 Will you take... to...？”以及回答“Yes，I will. /No，I won't.”以巩固其运用能力。

Will 结构是本册在上半学期重点学习的内容之一，在模块 2、3、4、5 已经重点和系统学习过。按照目标要求，学生理应已经掌握。但随着在模块 6、7、8 中对于一般过去时的学习，学生可能出现了对于 will 用法的遗忘，所以在本学期临近结束时，对于本学期的重点结构进行一次强化巩固。期望通过本次巩固，实现以下目标：全体学生能准确理解和基本运用 will。所以本课时的重点是：在理解对话内容、学习本课重点语句的同时，帮助困难学生全面复习巩固 will 结构。

本单元的词语学习目标是复习 Friday，Saturday，Sunday 等星期名词，为 Unit 2 学习更多有关星期的名词做准备，并学习 take 一词、复习物品名词。有关星期的名词集中学习显得太多，所以本教材采用了分散与集中结合的办法，Friday，Saturday，Sunday已经在第四册与第五册中学过，本模块学习另外四个，都在第二单元。本单元可以复习已学有关星期的词汇，也要求全体学生能够理解和口头运用。

本单元的教学功能是询问自己对将要发生事情的预测是否准确。

本功能的语用目的是询问计划，以便自己制订相应计划（Sam问Amy去picnic要带什么，这样自己可以不带重复的东西）。

从以上分析可知，本单元教材设计的教学目标和教学重点、难点是：

（1）教学目标

知识目标：复习强化对功能句 Will you take your kite to the picnic tomorrow？Will you take your ball tomorrow？No，I won't. 的理解与运用，新授单词 take，tomorrow，why（not），复习强化 Friday，Saturday，Sunday。

技能目标：能够听懂、会说本模块的句型，能灵活运用功能句谈论将来的行为。

情感目标：培养学生学习英语的兴趣，使他们在积极参与教学活动中体会到学习的快乐。

运用目标：运用所复习的 Will you...？结构，询问小组同学，问问即将回国的外教带什么东西。

（2）教学重、难点

灵活运用重点句 Will you take...？和 Will you take...to...？以及回答 Yes，I will./No，I won't. 帮助在模块2、3、4、5中没有完全掌握will结构的学生理解和口头运用这一结构。

2. 学情分析

经过近三年的英语学习，学生们具备了一定的听说读写技能，有较好的模仿能力，在老师的引导下，能运用所学基本句型进行语言操练，在课堂教学中能积极参与、互动交流。因为在2、3、4、5模块的学习中，学生已学过用will来问答将来发生的事情，主要包括对对方要去的地点提问、对对方将来要做的职业提问、对团体要做的事情提问等。内容包括 Will you go to...？What will you be？Will we...？所以，本课运用will对对方将来要做的事情提问，对于大多数学生来说比较容易掌握。但是，要灵活自如地运用重点句型进行语言交流、制订计划，还需要大量的操练。

3. 教学策略

运用学生已有的知识经验，在自由交流中自然导入。创设合理的情境，进行语言操练，在完成任务的同时，提高学生的语用能力。在预设的基础上，把握生成、利用生成，师生在和谐氛围中形成良好的多维互动。

4. 课堂教学目标

基于以上分析，我们可以把在青岛四方实验小学进行的本课时教学的课堂教学目标设计为：

语句学习目标：能通过完成学习活动，使100%的学生运用“Will you take your kite to the picnic tomorrow？Will you take your ball tomorrow? No，I won't.”的能力得到强化，其中80%的学生能自如运用这一结构。

语词学习目标：100%的学生能全面参与学习 take，tomorrow，why/why not 等本单元新学语词的活动，其中60%的学生能达到自如运用；100%的学生能通过复习强化运用 Friday，Saturday，Sunday 的能力，其中80%的学生能自如运用这些词。

技能学习目标：100%的学生能听懂本模块句型，其中80%的学生能灵活运用所学结构询问将来的行为并进行回答。

情感培养目标：100%的学生能在活动中进一步深化相互了解、进行协作的情感。

语言运用目标：100%的学生能运用所复习的 Will you...？语句结构，询问小组同学：明天去参加外教的生日聚会准备带什么礼物。20%～30%的学生能够在老师的示范和帮助下写生日卡片或者短信送给外教。

5. 教具

课件、CD、卡片、头饰、练习纸、活动用书等。

6. 教学过程

Step 1：Warming up

(1) Greetings

T：In this class，if you get three stars，you will get a happy face (sticker). Try hard!

(2) Lead-in

T：What day is today?

Ss：Today is Friday.

T：What day is tomorrow?

Ss：Tomorrow is Saturday.

(Read the word “tomorrow”)

T：Tomorrow，I will visit my friend，your foreign teacher Ryan（出示 Ryan 的照片）. Tomorrow is Ryan's birthday. This is his first birthday in China. There will be a birthday party. Will you go with me tomorrow?

Ss：Yes，I will. /No，I won't.

T：Who will visit Ryan with me tomorrow？(Some students，hands up)

T：Who won't visit Ryan tomorrow? (Some students，hands up) What will you do tomorrow? (Several students say one by one)

T：What will Sam and Amy do?

设计意图：师生自由交谈中，既复习了“Will you...?”“will”“won't”，还学习了新授词“tomorrow”，为新授课做好了准备。教师提出的话题也为新授课之后的任务操练做好了铺垫。

Step 2：Presentation

（1） Show a picture of Sam and Amy. （Sam 和 Amy 非常高兴的样子）

T：Look！ How happy they are！ Why are they so happy? What are they going to do? Please watch and listen.

Ss：They are going to have a picnic.

T：When are they going to have a picnic?

Ss：On Saturday.

（2） Watch the video again and learn the main sentences.

Pre-watching questions：

①Will Amy take the kite to the picnic tomorrow?

②Will Amy take the ball tomorrow?

Ss：No，she won't.

T：How does Sam ask Amy?

Ss：Will you take your kite to the picnic tomorrow?

（Will you take your ball tomorrow?）

T：How do you spell “take”? （PPT）

T：How to remember “take” easily and quickly?

（take—cake、lake、make）

Group 1 and group 2 ask and answer the main sentences.

T： Amy won't take her kite tomorrow. She won't take her ball tomorrow. Why not?

启发、帮助学生回答：Tomorrow is Friday. It's not Saturday. But Sam thinks tomorrow is Saturday.

设计意图：本环节主要是帮助学生理解对话大意，呈现重点知识。学生带着不同问题两次观看 CD—ROM，问题难度不断递增，学生对课文的理解逐渐加深。学生寻找答案的过程就是理解课文和呈现重点的过程。

Step 3：Drills

（1） Listen and repeat，try to imitate. （Watch the video and repeat）

（2） Books open，and read in roles：T—dad，Boys—Sam，Girls—Amy.

（3） Complete the texts with the missing words. 学生看大屏幕统一做。

设计意图：充分的操练帮助学生熟悉文本，使新授语言材料更容易上口。填空练习可以进一步帮助学生巩固对话，把握重点单词。

Step 4：Game.

T：Let's play a game！ Look！ There are seven balloons. There are seven words on the balloons. Each balloon has 2 pictures. Let's read the words together. （Sunday，

Monday，Tuesday，Wednesday，Thursday 中，Friday，Saturday)

(Guided Practice)

T：Let's play together first.

Sunday—

T：Will you take your T-shirt to Hainan?

Ss：Yes，I will.

T：Why?

Ss：Hainan is very hot.

Monday—

T：Will you take your dog to the classroom?

Ss：No，I won't.

T：Why not?

Ss：...

然后放手让学生问答。

(S1 choose，Ss ask him/her)

Ss：Will you take... to...?

S1：Yes，I will. /No，I won't.

Ss：Why? /Why not?

设计意图：此游戏是在教师引导下的学生之间的互动，这种互动是点与面的互动。目的是操练重点知识 will take... to...？教师在此环节可以较好地把握生成，使学生获取更多的语言表达机会，培养学生的语用能力。另外，气球上的七个单词是有关星期的名词，在游戏的同时，学生可以不断地复习巩固这几个单词。这一游戏具有语言性、学习性、趣味性。

Step 5：Practice

T：Do you remember what I will do tomorrow? Yes，Some students and I will visit Ryan，the foreign teacher. Because tomorrow is Ryan's birthday.

I will take a present for him. Will you take something? Now，let's talk what we will take for him. I know some of you won't go with me tomorrow，I hope you give us some suggestions. (Some choices will be given to the students in order to let them choose from these things，such as flowers，fruits，food，drinks，books，CDs.) Now，let's discuss in groups.

(T gives a demo first with two top students)

T to S1：Will you take some apples tomorrow?

S1：Yes，I will. /No，I won't.

S1：S2，Will you take a card?

S2：No，I won't. I will...

T：Can you guess what I will take for him?

S1 and S2 guess：Will you take...？

T：I will take a CD and some green tea for Ryan. He likes Chinese music and Chinese tea very much.

T：Now，discuss in groups.

（Several minutes later，let one or two groups say their presents for Ryan：We will take...）

T：If you won't visit Ryan tomorrow，please write some words on a card. We will give him instead of you. Look！This is a card from Bobby to Ryan.

Dear Ryan，

Tomorrow is your birthday. Happy birthday to you！I will visit my grandparents with my mum and dad. What will you do and what will you eat tomorrow？Will you have a birthday party？Will you eat a birthday cake？Good luck！

Your friend

Bobby

T：Do you want to say something to him like Bobby?

（Let some students say some words）

T：Ryan will be very happy.

设计意图：前后呼应，创设情境，布置任务，设置信息差，在任务驱动之下，师生之间、生生之间展开对话，既操练了 Will you take...？等重点句型，又提高了学生的语用能力。而且，学生在猜测、讨论的过程中会用到大量的物品，这也是对所学名词的回顾和运用。

Step 6：Summary

Look at the Bb' s card and summarize.

T：How many happy faces will you get?

Ss：I will get a happy face. /I will get 2 happy faces.

T：Congratulations.

Step 7：Homework

Listen to the dialogue and read it. Remember the main sentences.

Write a card to Ryan.

新的教学活动设计，对学生有了更准确的把握，不仅学习内容、学习目标更加符合学生的特征，在任务活动上也更加符合学生的生活。在不同班的教学实践显示，这一方案的教学成效非常高。

修炼建议（Developing）

如果说“准确把握学生”是教师设计教学目标和课堂教学活动的第一步，那么，“准确把握教材”就是紧随其后的第二步。

首先，教师必须明确把握优秀教材的基本特征：

(1) 优秀的教材往往从学生生活经验出发，能激发学生学习的积极性。建构主义教学论则认为，复杂的学习领域应该针对学习者先前的经验和学习者的兴趣，只有这样，才能激发学习者的学习积极性，学生的学习才可能是主动的。

(2) 优秀的教材往往让学生通过自己的经验来建构认识。建构主义教学论认为：“人的认识不是被动的接受的，而是通过自己的经验主动地建构的。”因此，教师要在课堂教学活动中给学生提供和创造更多的主动性的学习机会。

(3) 优秀的教材往往把知识学习、能力培养与情感体验有机地结合起来。因此，教师在教学设计中要制订相应的知识目标、能力目标、情感目标、文化目标、策略目标等，从而实现“三维目标”。

(4) 优秀的教材编写往往留有较大的余地，即留有较大的允许改变和补充的空间，有利于师生从不同角度去探讨客观世界，更能提供使教师将个人对于教学内容构想的经验知识投入教学中去的机会。

其次，教师同时还需要明确的是：

(1) 并非任何时候都要对教材进行重组和整合。

(2) 重组和整合教材的方式和途径要依据自己客观的教学条件、学生的学习需求等。

(3) 任何方式和途径的“教材重组和整合”都旨在培养学生的语言运用能力和终身学习的愿望和能力。

同时，教师需要从整体上了解和把握教材体系的基本特征、优秀教材的主要特征以及教师与教材、教学内容与实际生活、学校与社会等之间的辩证关系，从而更加科学、全面、客观地把握教材，实现教学目标。

三、准确把握英语学习活动

问题展示（Questioning）

下面是某市红旗区实验小学杨老师的教学案例。教学内容是外研版《新标准英语》(一年级起始）第六册第三模块 Unit2：*Will you phone me*？“一般将来时及其简略回答”是本节课的教学重点。

Step 1：热身与呈现。杨老师与学生问候之后，播放歌曲 *London Eye*，引出

"London is a beautiful city. Will you go to London？ Will you phone me?"并运用实物教授新词 phone，引导学生用 Yes，I will. /No，I won't. 来回答问题。

Step 2：操练。杨老师首先带领学生齐读课文，然后听一遍课文录音，学生跟读。

Step 3：练习。杨老师要求学生分小组讨论：你要去下列的哪个城市（上海、桂林、香港、北京）？学生用描述性的语言"I like... /I will go to... /I won't go to..."展开小组讨论。杨老师参与学生的讨论，即时纠错以及评价学生的表现。

Step 4：展示。杨老师请两个小组的代表到教室前边展示他们的讨论结果。（其他学生只是听，没有任务）

Step 5：作业。杨老师要求学生把 phone 这个词教给父母，并让他们把今天小组讨论的过程和结果描述给父母（用"I like... /I will go to... /I won't go to..."）。

案例分析（Demonstrating）

杨老师的教学过程有没有体现英语学习活动的特点？英语学习活动的特点又是什么呢？

杨老师这节课的教学设计具有传统课堂教学的特点，遵循了"呈现一操练一练习一展示"等基本的教学步骤。

课初的热身运用了歌曲 *London Eye* 来导入对 phone 的学习，以及对本模块的重点句型"Will you...？ Yes，I will. /No，I won't."的学习。在之后的操练中，教师提供各城市图片，引导学生在组内尽量运用"一般将来时"进行讨论，激发了学生参与的兴趣。

然而，整节课都是杨老师在"牵着学生的鼻子走"，学生跟着老师的指示一步一步地完成学习任务，没有太多属于自己的学习机会和空间。即使在选择各自想去的城市这一环节中，学生也只能在老师提供的几个城市中加以选择，而这几个城市未必就是学生本人真正想去的地方。

太多的课堂教学过程中，教师只是将相关的语法知识一股脑地"奉献"给学生，不说明"为什么、在什么情境下、与什么人、以什么方式"运用这些知识。也就是说，学生只是被动地、盲目地接受了许多知识，但很少理解"我为什么要学习这些知识？我何时、何地、与何人、为何目的选用何种知识？"结果只能是学生掌握了一大堆没用的知识，只达到了"学会"的层面，却距离"会学"很远、很远。

教学改革倡导体验性学习，只有学生都参与、体验了所学知识的实际运用，并且能做到得体地使用，才算是真正地"会学"了。所以，教师在重视课堂知识教授的时候也应该把握学习规律，让学生不但达到认识的层面，更要达到会运用所学知识解决真实问题的高度。

理论点拨（Illustrating）

在不同的教育领域，人们越来越重视和强调"以学习者为中心"的教学理念。人们意识到，对学习的最终结果起决定作用的还是学习者本人，任何成功的教育都必须充分考虑到学习主体的个性特点。同时，人们越来越意识到学习者之间存在着各种差异，他们具有各自独特的性格、学习动机和学习风格，所有这些特征都会影响学习者在课堂上的表现和最终的学习成效。

对外语学习主体的研究，即对学习者是如何学习外语的研究主要包括：（1）对学习者个人差异的研究；（2）对学习过程的研究。

1. 对学习者个人差异的研究

对学习者个人差异研究的主要内容有：年龄、语言潜能、动机、认知风格、性格等。在这几个因素中，教师感觉最难把握的莫过于"语言潜能、认知风格、性格"等。而教师能够认真把握并充分利用的就是"年龄和动机"因素。

无论学生开始学习外语的最佳年龄是多大，教师在设计教学过程时，都要首先考虑所教学生的真实年龄特征及其相应的心理特征、真实兴趣、真实英语水平、真实学习需求和真实学习困难，因为这些方面都会直接影响课堂教学的效果、效率、效益。为此，教师需要经常调查、分析、把握并利用这些学习者的真实信息及其变化，设计与之吻合的课堂教学过程中的活动，以期学生在更大程度上的主动参与。

2. 对学习过程的研究

对学习过程的研究主要侧重于学生的原有知识和学习策略两个方面。

学生的原有知识一般包括三个方面：母语知识、对于语言的一般知识、世界知识。

中国的外语教师与学生使用同一种母语，所以首先要提高自身的母语水平，并认真研究如何利用母语知识促进学生外语学习中的正迁移，减少负迁移，从而提高学生外语学习的效果。

人类学习任何知识，都试图在所接触的事物中发现秩序、寻找规律。寻求秩序是人类的一种天性。人的大脑在吸收了新的信息后，原有的知识系统必然发生重组。学习外语与学习任何其他知识一样，整个过程就是一个寻求规律、发现规律，并对原有规则进行重组的过程。词义、句法规则和语用知识的重组，无一不影响着学习者整个外语知识系统的发展和完善。重组过程中，某种知识发展成为一种技巧，又逐渐成为一种常规。学生通过实践，使技巧和常规形成了一种自动的过程，就成为一种能力(proficiency)。

世界知识，对于学生来说，往往被具体化为课本上学来的知识以及日常生活中的体验和经历。教师需要在将课本知识和生活知识进行有机融合的同时，尽量使学生通过阅读深化对世界的了解，丰富多元文化知识，拓展视野。

《课程标准》明确指出："义务教育阶段的英语课程具有工具性和人文性双重性质。

就工具性而言，英语课程承担着培养学生基本英语素养和发展学生思维能力的任务，即学生通过英语课程掌握基本的英语语言知识，发展基本的英语听、说、读、写技能，初步形成用英语与他人交流的能力，进一步促进思维能力的发展，为今后继续学习英语和用英语学习其他相关科学文化知识奠定基础。就人文性而言，英语课程承担着提高学生综合人文素养的任务，即学生通过英语课程能够开阔视野，丰富生活经历，形成跨文化意识，增强爱国主义精神，发展创新能力，形成良好的品格和正确的人生观与价值观。”这就意味着，外语课堂教学具备四种功能：

（1）培养学生的兴趣。成功的课堂教学的第一个标志就是学生注意力集中，学习的兴趣盎然。这就要求教师做到：①在充分了解学生的兴趣、需求和愿望的基础上，结合阶段性教学目标来计划和安排课堂教学活动；②尽量优化自己的性格和教学风格，因为热情、幽默、宽容、关心他人的教师往往容易获得学生的好感和喜欢，学生的这种好感和喜欢会很自然地转化为对教师所教学科的喜爱；③根据学生的实际情况，结合教材内容，选择和安排不同的教学话题来组织课堂讨论；④在课堂上尽量多地给学生提供展示各自学习成果和进步的机会，建立全面合理的评价机制，对学生的进步给予及时反馈。

（2）提供真实的语言素材和语言交际活动。由于外语教学的特点，课堂往往是学生接触目标语语言素材、观察和参与目标语交际活动、学习有关目标语及其文化知识的最为重要的场所。为此，教师在安排教学材料、设计教学活动时要把语言材料和活动的交际性、认知性作为重要的原则，要在课堂教学中创造一种用外语进行有意义交流的环境。无论是课堂教学的组织、语言素材的处理，还是语言技能的训练，教师与学生的交流都应该尽量使用目标语。

（3）重点操练某些重要的语言形式。外语课堂上，无论是语言材料的讲解，还是用目标语开展的交际活动，其重要目的之一就是引起学生对某些重要的目标语语言形式的注意，使其自然而然地学会使用这些语言形式。这就要求教师了解学生的学习需求和学习困难，选择某些重点语言形式，通过适当的交际活动和形式操练活动，让学生学会使用这些重要的语言形式。

（4）指导学习方法。研究表明，外语学习者的成功除了其他的因素外，其运用有效的外语学习策略的能力也是其成功的一个重要原因。对于初学者来说，学习方法上的调整或者突破往往会带来学习上质的飞跃。因此，教师在知识传播的同时，更要教会学生制订学习计划、写学习日记、做课堂笔记等，也可以通过一系列精心策划和安排的外语学习和交际活动，帮助学生潜移默化地养成符合自己特点的学习策略和习惯。

反思探究（Reflecting）

基于以上的“案例分析”和“理论点拨”，我们可以进一步完善这节课的教学设计，更加突出“以学生为中心”的英语学习活动特点。

Step 1：导入与呈现。老师与学生相互问候之后，直接让学生打开课本，让学生跟着录音读课文中的对话。之后，引导学生从课文中寻找"Will you..."及其简略回答的表达方式。

Step 2：操练。老师将学生找到的句型及其简略回答写在黑板上，然后填入学生学过的词或短语进行操练。如"Will you go to school this Saturday? No, I won't. Will you go to play basketball this saturday? Yes, I will."接下来，播放课文录音，学生跟读。

Step 3：运用。老师请学生分小组讨论：你今年暑假最想做的事情是什么？如果是去旅游的话，你最想去哪里旅游？要求大家用"I like.../I will go to.../I won't go to..."来表达各自的想法。老师建议各小组采用表格的方式记录讨论的结果。如：

What will you do in summer holiday?	Where will you go?	How will you go there?
I will go traveling.	I will go to Shanghai.	I will go by train.
I will learn to swim.		

Step 4：展示。老师请各小组的代表到教室前边展示他们的讨论结果，要求其他学生要认真听，并寻找各自暑假活动的伙伴。

Step 5：作业。老师建议假期计划相同的"志同道合"的同学下课后找时间继续讨论，进一步完善暑假的活动计划。

修炼建议（Developing）

在日常英语教学过程中，英语教师要设计出符合指定学段学生的认知特点的学习活动和任务，就必须遵循一般的语言认知规律，"从易到难，从简到繁""先听后说，先读后写，先积累后运用""从错误到正确"。

同时，英语教师必须学习和把握"对比分析、错误分析、中介语"等理论知识，从而科学地分析对待学生英语学习过程中的种种现象，正确引导学生掌握最适合于自己的学习策略，最终提高英语学习的效率。

另外，英语教师要想科学地把握英语教学，还必须做到以下几个方面：

要具备一定的教育学和心理学基础，把握好知识的发展规律、学生的认知规律、英语学科的自身规律。这样才不至于使设计出来的课堂教学步骤生硬或者混乱，学生学习时思维活动才不会因不能自然生成而产生厌烦心理。

要注意对所学知识的实际运用。如果所学内容距离学生生活较远，平时没机会使用，那么老师就应该尽力在课堂上设计出情景，让学生参与进来，使学生将所输入的内容及时内化后输出，还可加以纠正改进。

教师要在课后反思所教内容、学生的学习效果，找出薄弱环节并及时修改，这样才能不断提高把握学生英语学习状况的准确度。

在把握学生英语学习规律的同时，教师一定要注意方法的适当运用，让学生多积累语言材料，多重复、多模仿，并不断地想方设法激发学生使用目标语言的兴趣。

四、准确把握英语游戏活动

问题展示（Questioning）

下面是某师范大学附属小学林老师的一个教学案例——Unit4 *Parts of the Body*，其教材是《义务教育课程标准实验教科书·英语》（闽教版）第二册（三年级）。本节课要求学生能听、说、认读五官及颈部的单词 head，eye，ear，nose，face，mouth，neck；能听懂、会说句子“Touch your...（五官及颈部）”；学唱一首歌：*Head*，*Shoulders*，*Knees and Toes*。

Step 1：热身。林老师和学生相互问候之后，借助 PPT 呈现 *Head*，*Shoulder*，*Knees and Toes* 这首歌曲及其歌词，让学生边听边跟着老师做动作。

Step 2：呈现。林老师把自己当模特，向学生介绍自己的五官以及颈部：“Now，look at me. This is my head.” head ↗ head ↘，出示教学卡片，配合肢体语言，通过升降调，让学生跟读单词。用同样的方式教授单词 nose，face，mouth，neck。之后，林老师示范：“This is my eye. They're my eyes. This is my ear. They're my ears.”给下面要教授的“Touch your eye.”和“Touch your eyes.”以及“Touch your ear.”和“Touch your ears.”做铺垫。

Step 3：操练。林老师先让学生各自介绍一下自己的五官及颈部。然后请两位学生走上讲台，教师触摸学生的面部，并提醒学生注意动词，边做边说：“Now，I touch his/her face.”

林老师有意将“Touch his/her eye.”和“Touch his/her eyes.”以及“Touch his/her ear.”和“Touch his/her ears.”引入，让学生区分其中的单复数。播放课文录音，让学生跟读并加上动作。

播放 PPT，让学生听 chant 并做出相应动作（要求速度）。

Step 4：练习。林老师播放 PPT，出示图片：美景、美食、美妙的音乐，让学生们说一说：We can see with our ________. We can eat with our ________. We can listen with our ________. We can smell with our ________.

然后，学唱英语歌 *Head*，*Shoulders*，*Knees and Toes*。

Step 5：作业。林老师要求学生：（1）听读课文，抄写单词（每个单词三遍）；（2）课间继续游戏活动：朋友和同学之间相互发指令、做动作 Touch your...（五官及颈部）。

案例分析（Demonstrating）

本课教材是以任务型教学法来编写的，教材的内容贴近学生的生活并配有精美的插图，教材中还设计了大量的 TPR 活动及动听的英语歌曲，教材的呈现顺序符合学生的认知过程，科学性、趣味性及灵活性等特点明显。

林老师的这节课用了大量的 TPR 活动操练单词和句型，基本上实现了“在做中学”的目的。在这节 40 分钟的课堂上，前 20 分钟重在新内容的呈现，后 20 分钟重在巩固和拓展。林老师还将教材中的游戏部分调整为学生课后的活动，之后还对教材进行适当的拓展，通过 PPT 呈现美丽的风光、悦耳的音乐、可口的食品等，让学生说出“I can see with my eyes. I can listen with my ears. I can eat with my mouth and I can smell with my nose.”等句子。

然而，“游戏”活动在这节课中的作用并没有得以充分的发挥。

理论点拨（Illustrating）

鲁子问教授主编的《小学英语活动设计与教学》（高等教育出版社，2008 年版）的第四章第三节详细论述了游戏及其特点和功能。他认为，游戏本身的主要特点是：（1）游戏是儿童主动、自愿的活动，能激发内部动机；（2）游戏是通过假想的情境反映周围生活；（3）游戏本身没有外在目标，重过程而不重结果；（4）游戏能够使学生产生愉悦的情绪。

而教学游戏的特征更加明显：（1）教学游戏是教师根据教学目标和教学内容设计的，游戏的过程是一个有序的控制过程；（2）教学游戏以其本身的趣味性激发儿童的内在动机；（3）教学游戏通常以教学内容为素材假想情境。

在小学英语教学中，游戏更是得到广泛的运用。在小学英语教学中，游戏活动应该具有以下不可或缺的基本特性：

1. 游戏性

作为教学游戏，其首要特性自然是其游戏性，而游戏性又可分为游玩性和嬉戏性。其应该表现为：不同于学生日常生活中的游戏，但又无日常教学中行为拘束、对立或超越常规的教学原则。比如，在正式上课时，学生不能随便离开自己的座位、大声喧哗、做小动作等，但在游戏教学中，则没有这样的约束。另外，在正式教学中，我们经常要求学生服从教师安排；而在游戏教学中，学生则可以主观能动地安排自己的活动。

2. 教学性

教学游戏不同于生活游戏之处在于教学游戏具有明确的教学目的，这就是教学游戏的教学性。也就是说，通过游戏掌握目标知识、获得目标技能与能力等教学目标要素。因此，教学性是教学游戏的本质。

教学游戏必须符合教学规律，同时也符合游戏规则。当教学与游戏冲突时，教学应该是主导的，游戏应该是从属的。比如，在教学“My new room”一课时，如果采用捉迷藏的游戏，虽然同学们很感兴趣，但这一活动很难与本课教学目标（介绍房间）联系在一起，我们就说这种游戏活动违反了它的教学性。

3. 语言性

所谓小学英语教学游戏的语言性，就是说小学英语游戏必须体现小学英语的语言学习，为小学英语语言学习而游戏。

语言性是语言教学游戏的中心，否则我们就难以区分体育游戏、数学游戏、科学游戏和小学英语教学游戏了。

英语教学要注意结合学生的心理、生理的特点，激发学生学习的动机，培养他们的学习兴趣。现代教学中的游戏正是基于这一点而成为一种教学形式进入课堂的。教师们可以将游戏教学引入课堂，用游戏引路，充分调动学生的求知欲、好奇心，使学生不知不觉地在乐中习得英语。

游戏教学有助于激发学生的学习兴趣和动机。大部分小学生都喜欢游戏，因为游戏能够给他们带来快乐，而快乐可以制造多样的需求。游戏可以满足自觉的需求、归属需求、被认可需求以及自我实现的需求，因此可以最大限度地激发学生学习的兴趣和动机。

游戏有利于帮助学生掌握知识、培养能力。游戏不仅能帮助学生提高学习积极性、激发兴趣，还能更好地帮助学生掌握知识、培养能力。在教学中，我们除了充分利用课本上的游戏外，还可以紧扣课文的重点、难点，设计一些简单易行的游戏让学生做，达到使学生在乐中求知的目的。

游戏教学有利于学生身心的发展。游戏教学符合小学生的生理特点。它可以缓和课堂上的紧张气氛，有助于消除学生的疲劳。在游戏中，学生们亲身体验了与他人合作的乐趣，在不知不觉中，培养了与人合作的精神。教学游戏通常具有比赛的性质，参与游戏的人都希望获胜，这就促使他们积极参与、认真思考，并有助于克服腼腆、害羞的心理障碍。这些都有利于学生的身心发展。

反思探究（Reflecting）

基于以上的“案例分析”和“理论点拨”，我们可以进一步完善教学设计，从而更好地把握游戏活动在英语学习中的作用。

Step 1. 热身。老师和学生问候之后，告诉学生：“为了更高效地学习新内容，先活动活动手脚。”老师播放 *Head*，*Shoulder*，*Knees and Toes* 这首歌曲及其歌词，让学生边听边看老师做动作，然后跟着老师做动作。老师带学生学唱这首歌曲，重点是让学生了解身体部位名词。

Step 2. 呈现。老师告诉学生，今天学习动物拼图。让学生看完整的老虎图，然后打散拼版，一边拼图，一边说“This is his head. This is his body. They're his eyes. They're his ears.”等等。同时让学生跟着老师说“This is his head.”等语句，并重复说 head，body，eye，ear 等词汇。然后进行熊猫拼图，让全班学生说内容，一个学生完成拼图，完成熊猫拼图。

Step 3. 操练。再进行二人一组练习，一人说语句，一人拼图，让学生根据自己的兴趣，选择猫、狗、猴子、大象等动物完成拼图。然后全班进行 Touch 游戏。全班针对老师在黑板上完成的老虎拼图，进行游戏。每组选出一名代表，到黑板前面。全班看老师出示的单词卡片，说指令 Touch it's face. 每组代表抢着摸老虎的脸。顺序开展更多触摸身体各部位的活动。再针对熊猫拼图进行相同的活动。

Step 4. 练习。播放歌曲，全班再次演唱歌曲，做动作。

Step 5. 作业。要求学生：（1）演唱歌曲给家里人听；（2）根据兴趣，和同学玩 touch 游戏、拼图游戏。

修炼建议（Developing）

设计与选择小学英语教学游戏时，下列因素必须认真考虑：

1. 教学因素：英语教学目的、多元智能教学目的、英语教学途径与方法、教学游戏的教学特性等。

2. 学生因素：参与人数、学生生理与心理特征、学生英语语言水平等。

3. 教师因素：教师性格特征、教师教学经验等。

4. 环境因素：时间、空间、教育技术等。

教学游戏的种类和组织形式多种多样。作为一名英语教师，一定要积极动脑、大胆想象，创造一些适合教学实际情况的游戏，特别是在中国这种大班教学的环境下，我们应该安排更多的小组活动为学生提供更多的机会，训练他们的语言，提高他们的能力。

五、教学目标与教学过程整合设计

问题展示（Questioning）

先请看某市中心小学蔡老师在五年级（3）班的一个教学案例：*Let's make a plan*！上课之前，蔡老师将全班学生分为五组，同时将学生按两人对话小组分好。

Step 1：热身。蔡老师通过让学生猜自己的英文名字，引出对 weekday 的复习；各小组通过对话选择各自喜欢的一星期中的一天作为名字，为下面的教学内容做铺垫。

Step 2：游戏。为了让学生明白自己组的名字并进一步复习词汇，蔡老师让学生做一个简单的游戏，活跃课堂气氛。这个游戏就是 Simon says。如“Saturday，stand up.” Simon says：“Thursday rides a bike.”

Step 3：复习。蔡老师呈现话题：一位老师生宝宝了，大家要去探望，需要制作一个计划。Let’s make a plan!

第一，我们应该带些什么礼物呢？What will we take？Game：让每组的同学通过触摸猜出食物并拼写出单词达到巩固的目的。

第二，我们应该星期几去看望她呢？When will we meet her？重点复习表示星期的词汇。Game：老师拼错单词，各组人员纠正老师的拼读错误。

第三，我们应该去哪里看望她呢？Where will we meet her？课件出示一些地点词汇，学生朗读。

第四，我们应该怎样去？How will we go there？复习一些交通方式词汇和短语。

第五，谁能代表大家去看望她呢？Who will go together？学生都争先举手，积极踊跃，课堂气氛达到了一个小高潮。

Step 4：总结。蔡老师让学生按照刚才复习的内容自由结合，制作一个计划。

Step 5：作业。蔡老师让学生将设计好的计划张贴在教室后墙的报刊栏内，供大家相互交流。

案例分析（Demonstrating）

蔡老师这节课的教学目标是什么呢？其教学目标是否与教学过程有效地整合设计了呢？

很明显，蔡老师这一教学案例是典型的复习课，而复习课的教学目标就是帮助学生进一步巩固已经学过的知识和技能。蔡老师将五个已经学过的知识点总结为 plan 这一新型的主题，体现了新课程改革的独到之处，符合新课程标准的要求。

蔡老师依据“英语教学要重视对学生实际语言运用能力的培养，课程要从学生的学习兴趣、生活经验和认知水平出发”这一要求，注重教学资源的拓展，对教材内容进行了整合，设计了去看望生了宝宝的老师这一情景线索，展开复习课的教学，让语言学习过程成为学生形成积极情感、主动思维、大胆实践和乐于与他人合作的良好习惯的过程，使“Let’s make a plan!”这一教学目标得以落实，体现了“在学中用，在用中学，学以致用”的教学理念。

美中不足的是，实际生活中，学生通常不会去看望生了宝宝的老师，而且小学生不会了解最适合“产妇”的礼物是什么，这就导致了最初设计的“任务”不真实，因而复习过程中的词汇内容与要完成的任务之间出现了较大的差距，使整个任务显得有点儿“滑稽”。

理论点拨（Illustrating）

教学过程是以课程为中介的师生互动交往的过程，富有生命力、动态性和变化性。由于教师和学生的自主性、独立性和创造性特点，教学活动也因此总是充满各种变动因素，不可能完全按照预先安排好的计划去进行，教学目标也因此必须具有生成性，需要教师在预先设想和安排的基础上根据具体点发生的情况进行调整。

教学目标是人们对教学结果的主观愿望，是对学生学习结果的具体描述，是教学设计的重要环节，对教学过程具有导向、评价、激励和调节作用。可以说，没有目标的教学是盲目的教学，目标不科学的教学是野蛮的教学，目标不具体的教学是糊涂的教学。

在制订教学目标时，教师不仅要考虑到教学目标的统一性，还必须考虑到学生的差异性以及学习过程的生成性。也就是说，教学目标既要有预设的成分，又要体现过程特征。教学目标还要体现一定的发展性，注重对学生生存与发展的终身学习能力的培养，使学生学会认知、学会做事、学会共处、学会生存，重视培养学生的创新精神和实践能力。

教学目标不是一成不变的。教师在教学过程中，应根据实际教学情况和学生掌握的程度灵活调整教学目标。但是，如果教师能够在备课时，准确地把握学生、把握教材，就能制订较为合理的、科学的教学目标。这样，教师在教学过程中就只需要根据课堂教学中的“生成性事件”，即时调整教学步骤或教学活动，从而保证教学目标的顺利实现。因此，从某种程度上来说，教学目标是否合理、教学目标能否在教学过程中得到合理的落实决定了有效教学的成败。

教学过程就是教学的实施把握，是教学目标达成的根本性因素。教学过程在实现教学目标中所起到的作用就是教学过程的功能，包括知识传授功能、能力培养功能和素养发展功能。和所有学科的教学过程一样，英语学科的教学过程也具有这三个功能。

（1）英语语言知识、文化知识的传授使英语教学过程具有知识传授的功能。

（2）对英语运用能力的培养以及通过培养学生的英语运用能力，而使学生的认识能力、思维能力、观察能力、分析问题和解决问题的能力都得到培养，这使得英语教学过程具有能力培养功能。

（3）英语教学过程中的跨文化教育以及相应的精神面貌、道德品质、价值取向、情感意志、行为举止等教育，使英语教学过程具有素养发展功能。

教学过程一般分为两类：PWP 教学过程和任务型教学过程。PWP 教学过程指的是将整个学习过程分为学习前（pre-learning）、学习中（while-learning）和学习后（post-learning）三个阶段。任务型教学过程指的是引导学习者以所学语言完成某些任务为基础而展开语言教学的教学过程形态。

在平时的教学过程中，我们可以根据不同的教学内容和教学目标来选择不同的教学过程，哪种过程能更好地达到教学目标就选用哪种教学过程，绝不能不加思考地随便使用。

反思探究（Reflecting）

基于以上的“案例分析”和“理论点拨”，我们可以对蔡老师的教学设计加以进一步的完善，从而使“任务”显得更加真实，教学目标与教学过程的整合设计更加融为一体。

Step 1：复习与导入。老师与学生相互问候之后，自然地问到：“Today is Tuesday，isn't it? Do you have English classes everyday? When do you have English classes? How about Chinese classes?”在与学生的问一答过程中，较为真实自然地复习了表示星期几的词汇。

Step 2：任务呈现。复习过表示星期几的词汇后，老师接着说：“为促进大家学习英语的积极性，你们的班主任和我最近正在酝酿和红旗区实验小学五年级（3）班进行一次联欢，而且这次联欢的工作语言是英语。今天这节课就请大家帮助我们出出主意。Let's make a plan!”

Step 3：任务完成。老师首先问大家：“我们应该主要考虑哪些方面呢？对！我们要确定时间、地点、内容、交通、主持人等。请大家按照学习小组活动，分别从这五个方面计划我们的联欢！”接下来就是小组活动，分别讨论：

When will we have the party? Where will we have the party，in our school or in their school? What will we do at the party? How will we go there if we have the party in their school?（How will they come here if we have the party in our school?）Who will be the host?

Step 4：任务展示。老师让每一小组选代表展示各自讨论制订的计划，提醒大家展示时的语音语调、举止仪态，因为今天表现出色的同学有可能成为联欢会的候选主持人！

Step 5：作业。老师让每一小组将讨论制订好的计划用英语工整地写出来，交给班委会，等待与红旗区实验小学五年级（3）班的班委会进一步商定。

修炼建议（Developing）

新课程下的教学目标包括知识与技能、过程与方法、情感态度与价值观三个相互联系、相互渗透的维度；教学过程是师生交往互动、共同发展的过程。教学目标是课程目标的具体化和情境化，既应体现课程的总体特征，又应适应教材的具体特点和学生的具体学情，并融合教师的教育个性，它对教学过程有直接的导向和调节作用。然而许多老师在设计教学目标时，确实明确提到三维目标，但在实际的教学过程中却没能很好地把教学目标融入教学过程中，出现了教学过程与教学目标不相符或者是教学目标与教学过程相违背的现象，从而导致教学的整体失败。

在整合设计教学目标和教学过程时，教师首先要设计合理的、针对学生真实需求和个体差异的教学目标。然后，根据设定的教学目标去设计教学过程及其步骤。在教学过程的具体实施中，教师需要牢记“教学目标”，并引导学生始终朝着这一目标努力，一旦发现任何背离教学目标的学习活动，教师都要及时将学生的活动引导到预计的安排上来。

要想将教学目标融合到教学过程中，使教学目标与教学过程得到合理的整合，就要做到：

首先，教师在制订教学目标时，不能一味重视知识教学目标，要关注学生的全面发展。在教学过程中，或以“知识与技能”为主线，或以“过程与方法”为主题，将情感态度与价值观渗透在教学过程的每一个步骤中。

其次，在教学过程中，教师应创设有效的问题情境，将优秀教材的特征充分显现出来，即让学生的真实社会生活需要与教材内容互动，激发学生主动学习与探究的欲望，以期高效地完成教学目标。

最后，教师在教学过程中要给学生提供适当的、多样化的学习方式，帮助学生选用最适合自己的。通常最适合自己的就是最有效的。

六、教学资源的选择运用

问题展示（Questioning）

下面是某市静安小学张老师的一个教学案例：*How Do You Like This One*？本节课的重点内容是：学习如何描述衣服的款式；询问对方的意见及应答。

Step 1：复习导入。张老师运用 PPT 课件出示学校艺术节的照片，和学生一起复习颜色以及服装的单词。

Step 2：呈现词汇。张老师采用教具呈现 long sleeves/short sleeves，button，with 和 without 等词汇。然后，创设在服装点购物的情境，呈现句子：

How do you like this one? { I like it a little. / I like it very much/a lot. / I don't like it.

接下来，呈现单词 size，并扩展相关知识（S，ML，XL）。

Step 3：课文学习。首先，学生听录音，回答问题：What color does Billy want? Does he want short sleeves? How does he like the shirt with buttons? 然后，跟读课文。最后，归纳整理购物用语。

Step 4：巩固练习。张老师要求学生通过阅读，完成写给 Betty 的信。

Dear Betty：

How are you? Long time no see. I miss you very much.

Your birthday is coming. And I'm going to join in（参加）your birthday party. Are you happy? I know you love cheongsams（旗袍）very much. So I want to buy a cheongsam for you. But I don't know your size. Now please tell me ____________ size? What color ____________ ? Here is a picture. How ____________ ?

Good Luck!

Write back soon.

Love from：Karen

Step 5：作业。张老师要求学生仿照课文，编写购物对话。

案例分析（Demonstrating）

张老师本节课的教学内容与购物有关，这是日常生活中经常谈论的话题，只不过本课的侧重点在于描述服装款式和询问对方对服饰的喜好程度。

张老师这节课的最大亮点就是她对教学资源的选择与运用。

张老师在教学过程中，没有完全按照书中的内容进行教授，而是把更生活化的情境引入课堂。考虑到五年级学生的特点，张老师教授新知时，不单单拘泥于教材中的内容，而是加入了相关的拓展知识。如在学习表达对服饰的喜爱程度时，书中只有“I don't like it.”一种说法。而生活中我们往往有不同的表达，因此她又拓展了句子“I like it very much/a lot 和 I like it a little.”句子的拓展大大地丰富了学生的语言，很好地激发了他们用英语表达的愿望。

本节课张老师运用了多种教学媒体辅助教学，有不同款式服装的卡片、服装实物、磁带以及课件等。这些教学媒体都在这节课上发挥了很大的作用。

张老师还自编了和课文知识相关的阅读材料，请学生完成给外国朋友 Betty 的信，询问她所穿衣服的尺码以及其他问题，内容比较贴近教学目标，情节编写恰当。阅读材料增加了学生语言的输入量，与此同时丰富了学生学习的内容，并对学生进行了必要的阅读训练，培养了学生的读写能力。

理论点拨（Illustrating）

《课程标准》明确指出：“英语课程资源包括英语教材以及有利于发展学生综合语言运用能力的其他教学材料、支持系统和教学环境等，如音像资料、直观教具和实物、多媒体软件、广播影视节目、网络资源、报纸杂志以及图书馆、班级学校教学设施和教学环境创设等。此外，课程资源还包括人的资源，如学生资源、教师资源和家长资源。”

新课改提出教师是课程资源的开发者。教师要注意对众多的教学资源进行合理选择和有效整合。教学资源的整合就是把教学资源与教学过程融为一个整体，最大限度地优化教学过程，促进学习者有效学习的发生，进而促进教师和学生的发展。教学资源整合的核心是教学资源与教学过程各因素的“融合”，其中，既包括各种不同教学资源之间的“交融”，又包括教学资源与教师和学生的“共融”。关键是，无论怎样整合教学资源，都要有助于教学目标的顺利、高效完成。

按照课程资源空间分布的不同，课程资源分为校内课程资源和校外课程资源。凡是学校范围之内的课程资源，就是校内课程资源，包括教材、教参、教学设计与教案、教室中的多媒体、学校图书馆、图书期刊等。超出学校范围的课程资源就是校外课程资源，包括校外图书馆、科技馆、博物馆、网络资源以及乡村资源。

从媒体呈现方式上，教学资源一般可分为印刷教材、视听教材和多媒体教材。印刷教材又称文字教材，是一种应用广泛、成本低廉、便携易用的传统教材。视听教材包括广播、电视，录音、录像，CD、DVD，MP3、MP4，等等。多媒体教材常指基于计算机的学习软件，也称计算机教学课件，有单机版和网络版之分，综合应用多种媒体的表现优势并具有交互功能是其最大特点。

在上述众多形式的资源中，多媒体教学手段正在快速进入课堂。它以其形象、直观、生动的特点，极大激发了学生学习英语的兴趣，使学生在声、光、电的氛围中能够轻轻松松学习，使课堂教学效率得到了极大的提高。多媒体教学不应该仅仅成为一种新的教学手段，而应该真正地成为课堂教学中的一种资源，一种用以激发学生兴趣、调动学生情感、鼓励学生思索的资源。

实际上，日常生活中教学资源到处都有，就看我们能否识别出这些资源以及如何加以利用了。“生活是最丰富的资源”，人们与生俱来的“五官”应该对周围的生活加以“扫描、分类、筛选、吸收、运用、创造”，这样，生活中每一个人都是资源的创造者、捕捉者、利用者、分享者。

“兴趣是最好的老师。”当人们通过交流、分享、创造等形式对各自周围的资源加以拓展、拓宽、丰富时，大家的兴趣会汇集、壮大、多元化、多样化、多层面、多视角。于是，“生活”这一“资源库”就会变得越来越丰富、丰满、有魅力。学生也会因此而变得更加热爱生活、热爱学习、热爱交流、热爱分享。

在教学中教师应尽力开发教学资源，但是教学资源的丰富与否并不能完全代表教学效果的优劣，关键还得看其使用是否合理。

首先，教师要有“选择性”地使用教学资源。在新课程理念下，课程标准是教学的准绳，教学资源是实现课程目标的途径和手段。教师应该和学生一起开发教学资源（包括教师自身、学生、教材、学校生活等），设计探究性的课内外活动。

其次，教师要“彻底性”地使用教学资源。许多老师在设计一节课时精心选择了大量教学资源，并将这些资源一股脑儿搬进课堂，没有经过筛选和剔除，结果令学生眼花缭乱、应接不暇。

再次，教师要“传递性”地运用教学资源。师生之间相互传递的信息要能让对方解读得开、解读得透，并能激发和保持学习兴趣和动机，以期收到良好的学习效果。

最后，无论是城市还是乡村的中学，都要认真关注并积极挖掘、利用“乡土资源”。几乎所有的学校和教师都在充分利用着图书馆、科技馆、博物馆、网络资源等校外资源，但几乎都忽略了“乡土资源”在课内外教学和学习中的作用。“乡土资源”主要是指学校所在社区的自然生态和文化生态方面的资源，包括乡土地理、民风习俗、传统文化、生产和生活经验等。由于这些资源与教师和学生的真实生活和学习密切相关，能产生极大的共鸣，所以，“乡土资源”的价值和意义更容易被师生认可和接受。一旦师生认可了学习活动的意义和价值，他们就会更加积极地参与、互动、运用，从而获得更丰富的人文知识，更为有效地获得综合语言运用的能力。

反思探究（Reflecting）

基于以上的“案例分析”和“理论点拨”，张老师的教学设计还可以变得更加完善。

Step 1：激活与导入。师生相互问候之后，老师拽着自己的衣服袖子说：“Look! My sleeves are too long.”又指着自己的衣服扣子说：“And the buttons are too big.”转身将 sleeves，buttons 等词写在黑板上。“How about your sleeves and buttons?”

Step 2：呈现与操练。老师看见有些学生穿的衣服上没有扣子，而是拉链；还有个学生的衣服有连衣帽，就又在 sleeves，buttons 等词旁边写上 with 和 without 等词汇。然后，运用具体真实的情景，领读并操练：clothes with long sleeves；clothes without buttons；clothes with caps。接下来，老师问学生购买衣服时是否注意到了表示衣服大小的字母。随后呈现单词 size 及 S、M、L、XL 等字母表示的尺码。

Step 3：练习。老师让学生互动：真实地运用各自的着装进行词汇和句型的练习。

A：（指着自己的袖子）My sleeves are too long. I don't like it.

B：（指着自己的衣服）How do you like this one?

A：（指着对方的衣服）I like it very much. I like clothes without buttons. And the sleeves are not too long. What size is it?

B：（让 A 看了看衣领处的商标）Is it XL?

A：No. It is L.

Step 4：巩固。老师播放课文录音，要求学生认真听并判断。

Can you hear the words：buttons，sleeves，with，without，size?

Where are the speakers?

What are they talking about?

Can you say something about them/it?

之后，学生打开课本，朗读课文，弥补刚才在听录音过程中的遗漏。

Step 5：作业。老师要求学生进一步巩固课堂所学，课下与同学和父母交流有关购买衣服方面的词汇及其相关知识。

修炼建议（Developing）

每个老师都应该明白：我们身边不缺少教学资源，无论是相关的书籍资料、图片资料还是我们现在普遍使用的多媒体资料。

每个老师也应该明白，一个人的力量是有限的，对于每一堂课来讲，教师当然要查阅、调动各种资料应用于教学，但更重要的是要想办法把最大的资源——学生以及学生的真实生活调动起来。不管是在课前的预习准备中，还是在课后的知识拓展中，都应该让学生自己主动地去查找一些相关资料，拓展学生的视野。

对资源的选择和利用，主要服务于学习内容所属的“话题”范畴以及该话题的语用功能。

专题二 教学过程

一、从知识学习到知识运用的过程

问题展示（Questioning）

下面是某市第一小学的王老师选用人教版的《新起点英语》的三年级（上）第五单元第二课时的教学案例。这节课的主要教学任务有：掌握词组 catch a mouse，wag its tail 和句型 A ________ can ________.（某种宠物能做什么事）并能用 3～5 句话描述宠物。

Step 1：游戏及复习。师生相互问候之后，首先，王老师和同学们做游戏 *Frozen Man*：王老师背对着学生说出一个动词，学生重复这个动词并做相应的动作；王老师转过身来，学生保持原来的动作不变；如果哪个学生动了，该学生就要到教室前边，扮演教师角色，游戏继续。然后，王老师带领同学们说唱儿歌，师生边做动作边说唱，并猜出能做这些动作的动物（宠物）。

Swim，swim，I can swim.

Run，run，I can run.

Jump，jump，I can jump.

Climb，climb，I can climb.

Walk，walk，I can walk.

Chant，chant，I can chant.

Step 2：感知新语言。王老师要求学生看课件。第一遍：整体感知，输入新语言。第二遍：试着根据问题做出相应的反应。第三遍：重点关注红色的词语和句子。

Step 3：学习词汇和句型。首先，根据图片提示，小组讨论：What can a dog do?

然后，学生根据图片内容完成句子 A dog can __________. 点击屏幕上的图片并找出相应的单词，教师根据学生的回答贴词卡。涉及的词组是：catch a mouse，wag its tail，并讨论 What animal can catch a mouse? /What animal can wag its tail?

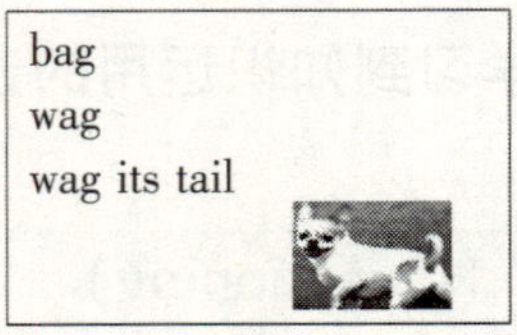

接下来，师生学习 fly，talk，climb 等词。

A：What can fly/talk/climb? B：A __________ can __________.

学生小组讨论：What else can a __________ do? 并回答。

Step 4：操练。王老师读 Joy 的谜语，师生共同猜出 Joy 所指的宠物。学生根据示范，拿出活动表格，将 Joy 的宠物贴在 Joy 的头像下面。学生读自己活动表格上的谜语，猜出来并贴好宠物。王老师示范怎样找出其他主线人物的宠物。学生走下座位，互相读谜语、猜谜语，找出每个主线人物的宠物。修正答案。

Step 5：应用。王老师描述自己的宠物，让学生猜。学生拿出宠物图片，描述自己的宠物。学生相互交流，互猜他人的宠物。宠物秀活动：学生到教室前面描述自己的宠物，请同学们猜。同学们猜出后，该生将自己的宠物图片贴在宠物秀展览栏里。

Step 6：作业。王老师要求学生制作 poster，描述各自的宠物。例如：

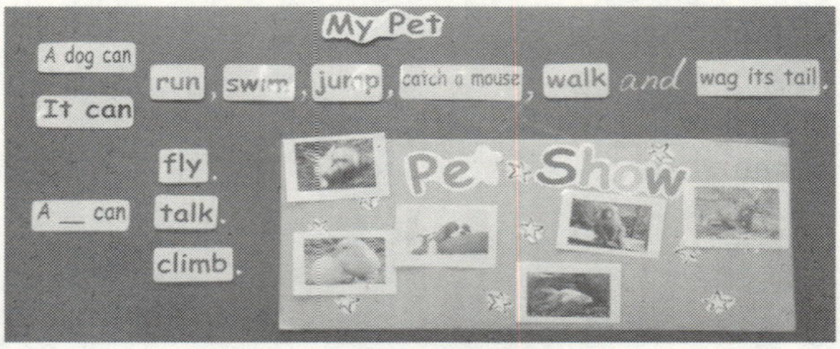

案例分析（Demonstrating）

王老师这节课的设计很不错，较为完整地呈现了知识学习到知识运用的过程。

这节课的每一个活动都是为最后的语言输出服务的。课堂伊始的热身和复习活动以及新知识的学习，为学生最后描述宠物做了词汇和句型的准备。猜谜语找主线人物宠物的活动，使学生感知如何从不同角度、用几句话描述宠物，是进一步熟悉语言的过程，为下一步学生描述各自的宠物打下了语言基础。本课的最后，学生以 poster 的方式描述、展示各自的宠物，相互交流，是对本节课教学目标的检验。

王老师在设计教学活动时注意了各个教学环节间的衔接。复习阶段，学生猜出老师的宠物是狗以后，教师自然地问："What can a dog do?"引出本节课新的学习内容；由小狗不能做的事，提出问题谁能做这些事；从猜谜贴主线人物宠物过渡到猜教师的宠物，再到学生给自己的宠物编谜语，最后交流、展示自己的宠物。活动的设计体现了环节与环节之间的内在联系，逻辑性强，同时又具有灵活性和课堂生成的空间。

王老师做了充分的课前准备，设计了形式多样的学习活动，如TPR、说唱歌谣、根据提示语猜宠物、观看课件、读谜语猜宠物、描述宠物、展示宠物等。每一个活动都围绕教学目标展开，突出教学重点，较好地激发了学生参与学习活动的积极性，有效地帮助了学生理解和真实运用语言知识。

理论点拨（Illustrating）

从知识学习到知识运用的过程就是运用自己所学到的知识对生活和学习中的实际问题进行思考和解决的过程，这是一个知识升华、蜕变的过程。

传统的教学过多注重知识的学习，很少拓展到知识运用的层次。结果，很多学生只是"学会"了知识，而不会运用知识解决实际问题，更没有学会"如何学习"（即"会学"），结果，所学的知识只能是"死"的知识。

课堂教学中的知识学习和掌握是通过语言操练、语言练习、语言巩固以及完成作业来实现的。同时，对知识的学习和掌握还有待于在课后的拓展训练、专项练习、试题检测等活动中得以进一步的强化。在这些过程中，师生一起发现在知识学习和掌握运用中依然存在的真实问题，共同分析、探讨如何在后续的课内外教学活动中得以解决、改进和提高。

知识的学习和运用离不开教师和学生对教材的认真分析、解读、重组和创造性的使用。优秀教材一般都具有四个特征：（1）从学生生活经验出发，激发学生学习的积极性；（2）让学生通过自己的经验来建构认识；（3）把知识学习、能力培养与情感体验有机地结合起来；（4）有较大的允许改变和补充的空间，使教师能够将个人对于教学内容的构想和经验知识投入教学中去。

教师在备课之前应该首先调查分析学生的真实学习动机、需求、水平、困难等，并结合教材内容，设计能够利用学生的生活经验来建构知识的活动。在必要的时候，教师要善于充分利用教材编辑留给自己和学生的空间，结合学生的真实情况、自己的教学风格、地方与校本的文化特色等，对教材内容进行重组，其目的在于帮助学生认识到所学知识的意义和价值，从而使其产生主动积极的学习动机和态度，创造适合于自己的、运用知识的机会和语言场景，最终获得知识的运用能力。

为此，教材的主导权必须交给教师，应该让教材服从教师，而不是让教师服从教材。教材完全靠教师去理解、去执行，假如教师对教材没有深刻的理解，再好的教材也是没有用的。如果教师紧扣教材教的话，他就不会去思考教材以外的事：为什么要教这些内容？为什么要用这个顺序教？我该为学生提供什么样的学习机会？同时，教师应该站在教材之上看教材，不要把教材看得很神圣，它怎么说就怎么做，而要站在教材之上做决定：这个内容还可以，这个问题不行，那个要稍微修改一下，等等。教材只是一个弹性的框架，只能提供一种线索，一种可以供教师参考的线索，不可能提供教学内容的全部。

《课程标准》提供了 24 个话题以及包含在 10 个意念中的 62 项功能，旨在帮助教师和学生充分围绕真实的、生活化的话题展开功能意念活动的语言运用活动练习，从而使师生获得真正的语言运用能力。这 24 个话题是：Personal background，Family，friends and people around，Living environment，Daily routines，School，Personal interests，Feelings and moods，Interpersonal communication，Plans and arrangements，Festivals，holidays and celebrations，Shopping，Food and drinks，Hygiene and health，Safety and first aid，Weather，Recreation and sports，Travel and transport，Communications，Language learning，Nature，The world and the environment，Popular science and modern technology，History and society，Stories and poems。这 10 个意念是：Social communications，Attitudes，Emotions，Time，Space，Existence，Features，Measurement，Comparison，Logical relations。

从知识学习到知识运用是一个过程。知识学习是知识运用的前提和基础，知识运用是知识学习的最终目的。知识的学习包括语音、词汇、语法等构句知识，承接关系、文体结构等语篇知识以及语用知识。运用知识的过程也就是运用所学的知识做事情，和学生的实际生活和社会实践相联系，培养学生发现问题和解决问题的能力。

反思探究（Reflecting）

教学过程既是学生在教师指导下的认知过程，又是学生能力的发展过程。案例中的王老师在感知新语言阶段，给学生每次的听都设计了不同的任务，一点一滴地培养学生听的能力、观察力和记忆力。在学习新词汇时，王老师引导学生根据学过的单词拼读新单词，采用渗透学习策略，让学生从中体会发音规律。在学习过程中，王老师提出了许多开放性的问题，引导学生积极思考，促进学生思维发展，在猜主线人物宠物的活动中，训练了学生的认读和朗读能力。

然而，当我们认真解读这节课的知识学习的目标时，我们会发现，这节课的“学习精髓”只有一点，那就是“can 表示能力”的用法。当我们意识到这一“学习精髓”后，我们对“知识应用”的把握就会变得更加灵活化、动态化、生活化和趣味化了。也就是说，教师可以引导学生利用日常生活中的话题，借助已经学过的英语词汇和句型，真实地描述生活和学习中的能力，而不只是像这节课中的那样，仅仅在描述“宠物能干什么”。

1. 教师可以引导学生用 can 描述各自英语学习的进步（旨在帮助学生获得成就

感、增加自信)。

I can say "hello" to my English teacher.

I can sing my ABC.

I can help my classmates with their English.

2. 教师可以引导学生用 can 描述各自生活能力的提高（旨在帮助学生热爱父母、尊重劳动）。

I can make tea for my parents.

I can clean the house for my parents.

I can visit my grandparents on Sunday.

3. 教师可以引导学生用 can 描述环境发生的变化（旨在提高学生的观察力、表达能力）。

I can see many flowers in the grassland.

I can see colorful kites in the sky.

I can see smiling faces everywhere.

4. 教师可以引导学生用 can 描述各自对未来的规划（旨在培养学生对未来的美好规划、决心和理想）。

I can make a lot of good friends.

I can become tall.

I can become an English teacher.

此外，开始的歌谣没有真实的语境，不是生活中可以用的话语，是纯粹的机械操练，在这一阶段并不合适，而且这里的复习重点并非动词，而是 can，所以应该修改为：

Look! Look! I can swim.

Look! Look! I can run.

Look! Look! I can jump.

Look! Look! I can climb.

Look! Look! I can walk.

Look! Look! I can chant.

这一歌谣具有非常真实、合理的语境，而且其中的语句可以直接在生活中使用，训练重点也比较好地突出在了 can 上。

修炼建议（Developing）

20 世纪美国的教育家杜威提出，教育本身是一种体验。孔子教育学生不是板着脸孔去大量罗列条条框框，而是带着学生去体验，触景生情，师生一起对话，智慧就产生了。真正的学习是很难预测的。教材、教学条件、学生人数等都不是根本的因素，根本的问题是人与人之间的思维火花是否碰撞，并由此产生学习的欲望、冲动、思维运转以及语言操练的机会。

知识是相对静态的，但知识的更新是日新月异的；能力是发展变化的，但获得能力的策略是相对稳定的。从知识学习到知识运用的过程是教师引导学生从书本走入生活的过程，是教师引领学生观察生活、感悟生活、解读生活的过程，是师生共同诠释教材知识与生活体验的过程，是师生分享二度开发教材、提炼生活精华的过程。在这些过程中，师生一起经历从知识到能力这一蜕变过程中的痛苦，一起分享从知识到能力这一升华过程中的快乐，一起运用已经获得的能力解决真实生活和学习中的问题。

二、从明确任务到知识学习到完成任务的过程

问题展示（Questioning）

下面是某市新华区实验小学刘老师的一个教学案例，内容源自外研版《新标准英语》第五册，这是第三模块第一单元的第一课时。这节课的语言运用目标是学生能口头运用“What did you do at the weekend?”这类语句询问过去发生的事情，能识别wheel，wonderful，understand，postcard，British，museum，并能书写lot，where。

Step 1：热身与导入。刘老师首先播放*London Bridge is falling down*的音乐，鼓励学生跟着唱，同时播放伦敦眼、大英博物馆、大本钟的图片，并与图片同时呈现London Eye，British Museum，Big Ben等词汇。

Step 2：新语言教学。刘老师告诉学生：“我们今天要学会采访朋友，看他上周日做了什么（Today，we'll learn and do an interview about what your friend did last Sunday.）。”接下来播放课文的动画片，让学生看图、指图；然后再播放，让学生跟读三遍。

Step 3：新语言操练和运用。刘老师先和一位英语成绩好的学生示范，之后要求大家仿做，看谁5分钟内访谈的人最多。

Where did you go last Sunday? What did you do there?		
Name	Where	What

Step 4：结束。刘老师让三位学生展示各自的访谈，方式如下：

Who did you ask just now? Where did he/she go last Sunday? What did he/she do?

这节课是否体现了“明确任务、知识学习、完成任务”的动态行进过程？如果是，每一个环节的实施是否符合学生的真实水平和能力需求？这三个环节之间的衔接与过渡是否自然、真实、流畅？

案例分析（Demonstrating）

《课程标准》明确指出，“英语课程提倡采用既强调语言学习过程又有利于提高学生学习成效的语言教学途径和方法，尽可能多地为学生创造在真实语境中运用语言的机会。鼓励学生在教师的指导下，通过体验、实践、参与、探究和合作等方式，发现语言规律，逐步掌握语言知识和技能，不断调整情感态度，形成有效的学习策略，发展自主学习能力。”

教师可以直接“公布任务”，带领学生熟悉位于单元首页或教材目录中的 Language goal，也可以在激活导入步骤之后再呈现任务。这节课的“明确任务”环节直截了当，但与“热身与导入”似乎没有衔接和过渡，显得很突兀。

“知识学习”的形式和层次都要具有选择性，过程中的交流与互动要多样化、多元化，尽量尊重个体学生的差异和自主特征。这节课的“知识学习”环节中，刘老师播放课文的动画片，让学生看图、指图；然后再播放，让学生跟读三遍。这样的知识学习方式机械、重复，似乎与“任务”之间的关系也不甚密切，容易让学生困惑、迷茫、不知所措。

“完成任务”的评价标准也是如此，针对不同层次、不同性质的任务和知识要提供相应的、供学生自主选择的评价标准，从而帮助每一位学生获得“成功感、归属感、自信心、进取的欲望”。这节课的该环节统一要求所有学生完成同样的任务，这与新课程改革的理念不相吻合，不利于激发每一位学生的积极性和成就感。

理论点拨（Illustrating）

任务型教学模式中的三个阶段（Pre-task，While-task，Post-task）其实就是“明确任务——知识学习——完成任务”的过程。

1.“明确任务”是关键

在英语课堂教学中，“任务”可以是学生要掌握的语音、词语、句型、篇章结构等语言知识，也可以是运用这些知识去解决一个真实语境中遇到的真实问题，这些问题往往来源于学生的真实日常生活和学习，而且最重要的是：“任务”完成的所需必须略高于学生现有的真实英语水平和能力，否则任务的设计就是失败。

明确任务的方式通常有两种：一是教师“开门见山”，直接告诉学生本节课要完成的任务；二是教师先呈现某一真实的生活或学习情境，并由此产生必须由学生完成（或教师请学生帮着完成）的任务。第二种明确任务的方式更容易被学生接受。

“明确任务”这一阶段的目的相当于“激活、导入、呈现”三个教学环节要达到的目的，即在进入“知识学习”的阶段之前，教师要以恰当的方式将学生的学习兴趣和热情进行激活，引导他们主动进入教师呈现的话题情境。同时，教师引导学生自动激活与该话题情境相关的已有知识以及迫不及待想要了解新知识的精神状态。

2. “知识学习”是保障

当任务得以明确、学生的学习热情和求知欲望得以激活之后，“知识学习”就水到渠成了。

前面说过，“语音、词语、句型、篇章结构等”通常是“知识学习”的重点，其具体内容要视“任务”而定。“知识学习”这一阶段的关键在于学习的方式和方法是否科学、有效。这就要求教师能根据学生的真实学习类型和风格、真实学习水平和困难等设计出学生乐于参与的知识学习活动，从而保证知识学习的效果和效率。

学生的学习方式一般有接受和发现两种。在接受学习中，学习内容是以定论的形式直接呈现出来的，学生是知识的接受者。在发现学习中，学习内容是以问题形式间接呈现出来的，学生是知识的发现者。

在“任务明确”的前提下，学生应该而且必须是知识的发现者，因为学生要根据各自的知识水平及其与要完成的任务所需之间的差距来自行确定各自必须掌握的知识。因此，教师在“知识学习”这一阶段不能将自己完全定位为“知识的传授者”，那样的话，很容易将同一学习内容强加在真实知识层次各异的所有学生身上，从而导致学生的个体差异得不到尊重和满足。教师在“任务明确”之后的“知识学习”中的角色定位应该是参与者、合作者、帮助者、促进者、评价者、反馈者等，这往往取决于最初明确的是真实运用任务还是真实学习任务。

“知识学习”的形式也要根据“明确了的任务”的需要来设计。教师要允许学生个体差异需求的存在，甚至要鼓励学生采用多样化的方式和有创意的方法去掌握知识。因此，小组活动、两人活动、个体活动、全班活动都可以有存在和发挥价值的空间。教师要及时捕捉和监控知识掌握的情况，及时给予环节性的评价和反馈，促进知识学习和掌握的效率。

3. “完成任务”是结果

“完成任务”对于学生来说，不管是真实运用任务还是真实学习任务，就是为了达到任务的结果。而对于教师来说，任务的完成更重要的是看是否达到教学目的。

“完成任务”的要求往往是教师在设计任务的时候预先设定好的，但教师还可以在学生完成任务的同时做出一些同步的教学决定以影响任务的完成。在真实运用任务的任务完成阶段，任务的主要参与者是学生；而在真实学习任务的任务完成的过程中，教师和学生需要共同参与。

反思探究 (Reflecting)

基于以上的“案例分析”和“理论点拨”，我们可以这样进一步完善这节课的教学设计，从而更好地体现从明确任务到知识学习到完成任务的过程。

学生能口头运用“What did you do at the weekend?”这类语句询问过去发生的事情，能识别 wheel，wonderful，understand，postcard，British，museum，并能书写 lot，where。

Step 1：热身与导入。师生互致问候之后，老师问大家：“What did we learn last time?”（还记得我们上次课学的内容吗？）老师将英语句子写在黑板上，并用汉语表达该句的意义，引导学生回忆、复习上次课学过的词汇和句型等内容。

Step 2：明确任务。复习之后，老师告诉大家：“我们先来看一段动画片（课文内容），然后请大家告诉我：你们都看到了什么？”（What did you see in the cartoon?）

Step 3：知识学习。老师激发学生主动、积极地描述刚才看到的动画片里的内容（课文内容复述），并有意识地强调一般过去时的用法。[此环节的实施方法最好是：老师请一位英语成绩较好的同学示范之后，开展两人活动或小组活动（3～4 人），以确保时效]

Step 4：完成任务。老师请大家将刚才对动画片（课文内容）的回忆和复述填入下面的表格。至少填入两项内容，越多越好；填好后，需“被问者”签字确认（这样，“被问者”就必须再一次阅读表格内的句子，即再次强化了一般过去时的概念）。

Name	Where did he/she see in the cartoon?

Step 5：结束。老师让大家将填好的表格交给英语学习委员，然后问：“What did we do in this class?”引导大家回忆今天的学习步骤，再次巩固这节课的重点学习内容——一般过去时。

修炼建议 (Developing)

教师和学生是两个显性的互动因素，学习任务、知识内容、评价标准等是众多的隐性互动因素。教学任务设计和明确的前提是教师与学生的充分互动，即学习者的分析，只有较为准确地把握了学生的真实英语水平、真实学习困难、真实学习需求、真实学习兴趣等，教师才可能设计出学生可以接受、乐于参与、努力完成的学习任务（即运用语言完成真实的交际任务）。

任何学习任务的完成都要有一定的相关知识作为基础。知识学习的目的很明确，即为完成真实的交际任务服务。这样的知识学习因为得到了学生的认可而变得有意义、有价值、有动力。所以，学生就会学得主动、学得开心、学得有效率。

有了“以学生为中心”的理念支撑，教师设计的评价标准才会满足不同层次、不同需求、不同动机的学习者。多样化的评价标准给个性差异的存在、尊重、理解、发展提供了一定的空间，给学生的自信、成就感、归属感等提供了生长、壮大的土壤。

三、新语言教学的过程

问题展示（Questioning）

先请看某市市直实验小学三年级巫老师的教学案例，Unit 4：*We love animals*（A）：*Let's learn*。该部分主要学习常见的动物单词：rabbit，cat，panda，duck，monkey，dog 以及句型“I have a rabbit.”另外，要求学生在 Act like a... 的指令下模仿小动物的动作，练习并运用所学的动物的单词。

Step 1：热身。师生共唱 *Hello* 这首英语歌曲。

Step 2：呈现。巫老师说：“我们今天‘要去动物园’，那里有许多可爱的小动物。”她展示动物玩具，带领学生学单词 rabbit，cat，panda，duck，monkey，dog。接下来，她戴上动物的头饰，发出该动物的典型叫声（如 Quack/Mew!），说：“I am a... Nice to meet you.”

Step 3：操练。巫老师借助 PPT 呈现一幅动物们新年聚会的画面。一支动物乐队走过来了，它是由哪些动物组成的啊？要求学生用英语说出动物的名称（巫老师有意识地将发音进行了归类，如 panda，cat，rabbit 都含有/æ/音，duck，monkey 中都含有/ʌ/音）。

之后，巫老师借助 PPT 呈现动物的局部，让学生猜动物的名称。接下来，巫老师带领大家做游戏：*Do you have a good memory*？屏幕上呈现 dog，cat，rabbit，panda，duck 的图片，然后很快消失，学生必须按刚才动物出现的顺序回忆出动物名称。

Step 4：做一做。首先，巫老师说：“Act like a rabbit.”学生就做出小兔子的典型动作：跳跳跳！同学之间做一做（两人活动）。然后，巫老师拿出 Magic box，面向学生的那一面显示什么动物，学生就要快速说出该动物的英语单词并做动作。接下来，学生传递 Magic box，齐喊：“rabbit，rabbit，act like a rabbit!”喊声停的时候，得到盒子的同学看朝向他的是什么动物，就说出该动物的英语单词并做动作。

Step 5：拓展。巫老师将课堂学习延伸拓展，在背景音乐的衬托下，展示了一些有关动物的知识及谚语（如 lucky dog）。最后，教学在师生齐唱 *Old MacDoland* 的歌声中结束。

案例分析（Demonstrating）

一般来说，课堂教学活动大致可分为“教学启动、语言学习、语言运用实践、总结与巩固”四种类型。这些活动既可以根据需要按照不同的顺序展开，又经常在课堂教学中交替进行。其中，“教学启动”活动通常指的是“课前活动”（如写板书、挂教学图片、与学生自由交流等）、“教学开始”（如“每日一报”“每周一歌”等）、“热身复习”（重在发现学生已有知识的错误及能力的缺失）。“语言运用实践”活动通常包括“语言操练（机械化）、语言练习（有意义）、任务演示、任务开展”等。“总结与结束”通常指的是“内容归纳、作业布置、课堂结束”等。而“语言学习”活动主要指“新语言导入、新语言呈现、新语言学习以及新语言学习中的情感、策略和文化指导”。

巫老师这节课的教学环节衔接自然、层次清晰、教学重点突出。教师通过动物玩具、头饰、图片，提高了学生的参与热情，较为有效地突破了单词和句型教学的重点与难点，并在进一步运用中得到巩固。

美中不足的是，巫老师在教学中更多地使用了动物图片、头饰、动作，而相对忽略了英语单词本身，学生看着图能说出单词，但是一旦没有了图片的帮助，学生认读单词就有困难。

另外，多媒体教学只是课堂教学的一种辅助手段，教师在发挥其容量大、节奏快和感染力强的优势的同时，又要摆正其在英语教学中的位置，这就必须把握适时、适度、适量的原则，以期让多媒体技术更好地为英语教学服务。

理论点拨（Illustrating）

新语言的学习贯穿 PWP 三个阶段：“学前”，教师要激活学生的已有知识，主动“迎接新语言”；“学中”，教师和学生之间、学生与学生之间要充分互动，最高效地吸收、内化新语言；“学后”，教师要帮助学生在复习巩固新语言的基础上，高频率地使用新语言，从而获得综合语言运用能力。

“导入”是课堂教学中继“教学启动”之后，学生进入新课文学习之前的新语言学习，是教师从学生已经掌握的语言引导出新语言的活动。“导入”关系到新的教学内容能否顺利完成以及能否达到预期的教学效果。

教师在课堂教学中可根据学生的真实情况、教学内容的类型特征、教学目标中的重点和难点界定等来选择采用不同的导入方式引出新语言，如任务引导、情节引导、知识引导、真实生活事件引导（如巫老师的这节课）、新闻引导等。其中，任务引导适用于运用难度较大的语言；情节引导适用于情节较为复杂的课文；知识引导适用于知识性很强的内容（如地理、历史等）；新闻引导中的新闻一定要“新”，即最接近于上课日期，它适用于事件性的教学内容。

“呈现”就是教师把课文内容以某种方式呈现给学生。新语言内容较多时，教师往往将呈现与导入、学习交替进行。常见的呈现方式有简笔画、挂图、音像等。具有真实语境和真实语用目的的整体呈现是最有效的。因此，教师最好从语篇开始呈现，让学生首先看到课文整体，然后看段落、语句、词语，从而掌握要学习的新语言是在一个什么样的语境中、为了什么语用目的而运用的。

“讲解”就是教师对新语言中的词汇、结构、语义、语境、语用等进行讲授或解释。讲解的方式通常是归纳、演绎或两者的有机结合。归纳通常是学生在教师的引导下完成的，而演绎通常由教师直接完成。“例释”是教师对新语言讲解的补充方法之一，就是教师提供给学生更多的例句以帮助学生更好地理解新语言，更全面地了解和把握新语言的运用形态。例句通常需要有真实的语境和明确的语用功能，而不能是语言表达中（即真实生活中）不可能出现的例句。

“操练和巩固”的主体都是学生。“操练”是学生在理解新语言的语义、语境、语用形态之后，在教师的引导下进行简单的操作性的运用训练。虽然“操练”是直接的、无需思考的练习，但教师也要尽量避免过多的机械化活动。“巩固”是学生将新语言内容中的知识和能力内化的关键环节，此类活动在课上课下均可以完成。教师要区别对待学生巩固活动中的错误，对控制性错误要及时纠正，对非控制性错误则可以采取选择性纠正或不纠正。

新语言教学过程主要体现为以下几个特点：

以学生为中心。新课程的核心理念是“为了每一位学生的发展”。教师要改变传统的教师独占课堂、学生被动接受单一的教学信息的教学理念，建立以学生为中心、以活动为中心的互动的教学模式。教学的重点要由注重知识传授向注重学生的能力发展转变；由重教师教向重学生学转变。教师要组织好课堂的每一个环节，设计好各种活动，进行分层教学，使每个学生都在原有的基础上有所发展。教师要尊重每一个学生，激励、赞赏学生。还要特别关注学生的情感，特别关注性格内向或学习有困难的学生，积极鼓励他们，并努力创设各种合作学习的活动促使学生互相学习、互相帮助，体验成就感，发展合作精神。建立融洽的师生交流渠道，努力营造宽松、民主、和谐的教学氛围。这样，我们的课堂教学过程才能真正达到使学生积极成长、教学效率极大提高的效果。

民主、平等、和谐的师生关系。新课程改革要求教师彻底转变角色，真正树立教师是学生学习的引导者、促进者和合作者的现代角色观和以学生为本的现代学生观，做学生的良师益友；深入了解学生，要真诚地、设身处地地理解学生、信任学生；充分尊重学生的人格、情感、个性特点、发展水平和身心状态；学会赏识学生，客观公正地对待学生，主动与学生沟通和交流；要与学生平等对话，给学生充分的话语权，让每个学生都能真实、自由地表达自己的思想和情感；在课堂上不要急于评论学生提出的观念的优劣，对学生产生的标新立异的思维闪光点要尽可能给予鼓励性评价；热情鼓励学生质疑问难、提问和辩论，给学生提供自由思考、独立探索、解决问题的时间和空间，对学生出现的错误，不要急于纠正，要引导学生自己发现问题、自我矫正，将机会留给学生。教学过程是师生交往、共同发展的互动过程。营造民主、宽松、和谐的氛围，形成相互尊重、信任、理解、合作的师生关系，这也是实现以学生为中心的前提。

主动、合作、探究的学习方式。教师在教学过程中要引导学生主动学习、合作学习和探究学习，并帮助他们形成以能力发展为目的的学习方式，鼓励学生通过体验、实践、讨论、合作、探究等方式发展听、说、读、写的综合语言技能。在教学过程中要为学生留出时间来进行独立学习和合作学习，使他们有机会通过联想、推理、归纳等思维活动用英语分析问题、解决问题，获得经验，增强自信心并提高各种能力。在教学中教师还要引导和鼓励学生积极利用其他学习资源完成学习任务、解决学习中的困难，培养学生的探究学习和自主学习能力。

反思探究（Reflecting）

基于以上的“案例分析”和“理论点拨”，我们可以进一步完善这节课的教学设计，从而更加突出体现新语言教学过程的特点。

Step 1：热身与导入。课堂开始之前，老师提前播放 *Hello* 这首英语歌曲。上课后，师生互致问候。老师问：“大家都很愿意玩游戏，对吧？（You love games，don't you?）我们今天就上一节游戏课：动物派对！（Party of Animals!）”

Step 2：呈现。老师从课桌里面（不要放在课桌上面，否则一开始就暴露了“秘密”）拿出事先准备好的动物头饰（一组六种：rabbit，cat，panda，duck，monkey，dog，图案加单词，每位学生都能领到一个）。老师按照座位中的“列”分发头饰；大家相互帮助戴好头饰，于是新的组合形成（纵向）：rabbit 组、cat 组、panda 组、duck 组、monkey 组、dog 组。老师请每列的第一个同学站起来，面向大家；大家集体拼读出其头饰上的单词。如 r—a—b—b—i—t，老师领读 rabbit，大家跟读 rabbit!

Step 3：操练。

（1）老师要求大家首先会读“自己的名字”，然后会读其他朋友的名字，并能用英语相互问候。如“Hello，Cat！I'm/We are Panda. Nice to meet you!”

（2）在确保每个单词读准的情况下，老师建议大家“找亲戚”（按照单词读音中的同类项“找亲戚”）。于是，panda，cat，rabbit 成了“亲戚”（都含有/æ/音），duck 和 monkey 成了“亲戚”（都含有/ʌ/音），而 dog 则是所有人的“亲戚”（这是英语文化的特点）。

（3）接下来，老师引导大家“走亲访友”，即相互之间“问候、嘘寒问暖、道别”。如：

Panda：Hello，Rabbit！Nice to meet you. How are you doing?

Rabbit：Fine，thanks. And you，Panda?

…

Panda：I have to go home. See you later，Rabbit.

Rabbit：See you，Panda.

（4）老师和大家一起做游戏：点点、看看、听听、做做。PPT 呈现出五个心形图案（暗示着大家要爱惜动物朋友），老师或某一位同学点击鼠标，就会出现一种食物或发出一种叫声，大家根据生活常识判断这是哪种动物，并用英语大声读出来并做出这种动物特有的动作。

Step 4：总结。老师播放舒缓的、反应和谐大自然的背景音乐，引导大家用英语说一句话，表达自己扮演动物的感想。如：

I act like a dog today. I'm a lucky dog. Dogs are our good friends.

I act like a rabbit today. Rabbits are kind. Let's love rabbits.

…

修炼建议（Developing）

任何一节英语课堂教学中的步骤都不是线性的、一成不变的。在新语言课堂教学过程中，教师可以把导入、呈现、讲解、例释、操练、巩固等交替进行。也就是说，先导入、呈现一部分新语言，并对此进行讲解、例释、操练、巩固；然后再呈现另一部分新语言，再对此讲解、例释、操练、巩固。

任何英语课堂教学中的活动设计与变化的重要依据都是“学生的真实需要”和“课堂教学中发生的真实事件”。教师一定要勇于、善于、乐于动态真实地调整所有教学步骤，旨在保证学生学得开心、学得扎实、学得有效。

四、作为教学过程的任务链

问题展示（Questioning）

下面是人教版三年级起点的小学英语教材三（下）第三单元中的 Part A：Let's learn 的教学案例。这节课的教学目标是：要求学生能够用英语听、说、认读 11－15 的数字；能够运用语言 How many...？How old...？进行交流。

Step 1：热身与复习。老师播放动画：*Ten Little Candles*，并与学生一起随音乐同唱歌曲。

Step 2：呈现。老师将 flash 画面停住，问：“How many candles can you see?”并不断变化其中的蜡烛数量，呈现并领读要学的数字。

Step 3：操练。老师说：“Boys and girls，let's make eleven. Look，one and ten is eleven. Two and nine is eleven. Can you make eleven?”学生提供了 Three and eight is eleven，four and seven is eleven，five and six is eleven 等。老师接着问道：“What is eleven and one? ...”

Step 4：巩固练习。老师说：“Today we have made five new friends，and they are?”学生回答说：“eleven，twelve，thirteen，fourteen，fifteen。”老师又说：“Let's play a game. Listen and open your books as quickly as you can. Let's see who is the fastest? Are you clear?”（翻书页的游戏）老师示范之后，请学生主持。之后，老师展示 PPT，引导学生用学到的数字描述树龄。

Step 5：拓展。听并连线。老师发给学生每人一张练习纸，要求学生认真听并完成上面的连线题。然后，大声说出其中的内容。例如，I can see thirteen birds. I have eleven hot dogs. I can see fourteen hamburgers. I have fifteen rabbits. I can see twelve cats.

Step 6：作业。老师要求学生回家后和父母互动，找出生活中的数字 11—15。

这节课的教学过程是否呈现了一个完整的任务链？如果是，这个任务链又是由哪几个环节组成？其效果如何呢？

案例分析（Demonstrating）

这节课的教学过程看上去似乎是由任务前、任务中、任务后三个环节组成的任务链。但实际上，老师一开始并没有明确本节课要完成的学习任务，只是呈现了学生要掌握的数字，但没有告知学生为什么要学习这些数字，于是学生“盲从却快乐着”。操练过程中的 Let's make eleven 看似在为完成任务服务，但由于之前没有明确学习目标，学生此时很可能会误以为这节课的重点是要练习用英语进行简单的数学计算。即使到了“巩固、练习与拓展”环节，老师依然是在想尽办法操练数字，依然没有明确任务，更无法确定是否已经完成任务。

总之，这节课没有突出“任务”的基本组成部分，没有体现任务型教学的基本特点。

任务型教学中的“任务”通常由以下三个部分组成：

1. 任务的目标（Goals）

指通过让学生完成某一项任务而希望达到的目的。任务的目标可以是培养学生说英语的自信心、解决某项交际问题，也可以是训练学生的某一项基本技能等。

2. 构成任务内容的输入材料（Input）

输入材料必须具有知识性，应以现实生活中的交际为目的，是学生在一种自然、真实或模拟真实的情景中体会语言从而学习语言而不是局限于教材。

3. 基于这些材料而设计的各项活动（Activities）

任务的设计由简到繁、由易到难、前后相连、层层深入，并由数个微任务（minitask）构成一串“任务链”。在语言技能方面，遵循先输入后输出原则，使教学阶梯式层层推进。

作为课堂教学的一种活动，任务型教学至少具备以下两个特点：

1. 以任务为中心，而不是以操练某种意义不大、甚至无意义的语言形式为目的。

2. 任务的焦点是解决某一交际问题，这一交际问题必须与现实世界有着某种联系，这种联系应该是具体的，贴近学生的真实生活、真实学习经历和真实社会交际，能引起学生的共鸣和兴趣、激发学生积极参与的欲望。同时，在任务型语言教学中，教师要从学生“学”的角度来设计教学活动，使学生的学习活动具有明确的目标，并构成一个有梯度的连续活动。在教师所设计的各种“任务”中，学生能够不断地获得知识或得出结论，从注重语言本身转变为注重语言习得，从而获得语言运用的能力而不是仅仅掌握现成的语言知识点。随着“任务”的不断深化，整个语言学习的过程会越来越自动化和自主化。

这节课没有把学生看成有生活经历、知识和看法的“人”。因此，设计的活动没有充分利用学生本身的有利条件，且活动之间衔接性少，显得支离破碎。

理论点拨（Illustrating）

任务型教学模式是20世纪80年代外语教学研究者经过大量实践和研究总结出的具有重大意义的语言教学模式。它直接通过课堂教学让学生用英语完成各种真实的生活、学习、工作等任务，将课堂教学的目标真实化、任务化，从而培养其运用英语的能力。简言之，即用语言做事、为用而学、在用中学、在学中用、学了就用。任务型教学需要教师结合教学内容，创造性地设计贴近学生生活的教学活动，吸引他们积极参与，让他们通过思考、调查、讨论、交流和合作学习和使用英语，完成学习任务，并在完成任务的过程中体会语言学习的乐趣，体验成功。

Ellis 认为过程就是“某一特定条件下事情或事件的各要素在这个事情或事件不同阶段中动态性连续发展的总和”。课堂教学过程就是在课堂这一特定条件下为使学生达到教学大纲规定的学习目标，教师和学生参与的不同教学环节内各课堂因素共同作用的所有教学事件的动态性连续的总和。

教学过程中教师要自然地从一个任务过渡到另一个任务、从一节课联系到另一节课、从课内联系到课外、从一个单元联系到另一单元，构成一个循环扩展式的任务链，而不是孤立地进行教学。

英国语言学家 Jane Willis 在她的专著 *A Framework for Task-based Learning* 中提出了任务型课堂教学的三个步骤：

1. 前任务（Pre-Task）：教师引入任务。

2. 任务循环流程（Task-cycle）：

(1) 任务 (task)：学生执行任务；

(2) 计划 (planning)：各组学生准备如何向全班报告任务完成的情况；

(3) 报告 (reporting)：学生报告任务完成的情况。

3. 语言聚焦 (Language focus)：

(1) 分析 (analysis)：学生通过录音分析其他各组执行任务的情况；

(2) 操练 (practice)：学生在教师指导下练习语言难点。

教师在任务型课堂教学过程中要做的首要环节就是呈现任务，让学生在任务的驱动下学习语言知识和进行技能训练。这样的学习过程是任务驱动 (task-driven) 的过程，它有利于提高学生的学习兴趣和增强学生的学习动力，同时也有利于体现任务的真实性。如果教师不是在课堂教学一开始呈现任务，而是在知识学习和技能训练结束后再呈现任务并让学生完成，那么这就不是任务驱动型的教学过程，学生的学习动力就不如在任务驱动过程中那么强烈。所以，真实运用任务的学习过程实际上就是课堂教学的过程。此时，学生就进入了参与任务的环节。

任务环 (Task-cycle) 是实施任务型课堂教学的核心部分。任务型课堂教学活动根据其交互特点可大致分为五类：

1. 故事链任务 (小组中每人讲一段故事，全小组讲完整个故事)；

2. 信息差任务 (两组或多组信息互补，协商完成任务)；

3. 解决问题任务 (围绕一个问题或根据一系列信息，找出解决问题的办法)；

4. 做决定任务 (围绕一个和多个结果，通过协商或讨论作出选择)；

5. 观点交换任务 (通过讨论，相互交换意见，不必达成共识)。

其中信息差任务具有合作性和多元成果性的特征，同时信息差任务过程简单，也易于课堂操作。在丰富多彩的任务的驱动下，学生就能运用自己的思维通过完成具体的任务主动地去习得英语，积极、主动地参与到各种任务中来，真正地做到"Learning by doing"，并从中获得和积累相应的学习经验，享受成功的喜悦。

任务的完成是任务型教学程序的最后环节。在时机成熟时，教师就可以让学生围绕新知识点、突出主题进行迁移操练，学生通过完成任务学到的知识和形成的技能转化成在真实生活中运用英语的能力。

反思探究 (Reflecting)

基于以上的"案例分析"和"理论点拨"，为更加有效地实现这节课的教学目标(要求学生能够用英语听、说、认读 11～15 的数字；能够运用语言 How many...? How old...? 进行交流)，我们可以对上面的问题案例进行这样的改进：

1. 教学目标

(1) 知识目标

词汇：能够认读 eleven，twelve，thirteen，fourteen，fifteen。

能强化认读已学词汇数字1～10，文具类、人物类、动物类、玩具类词汇。

语句：能强化认读 How many...？How old...？The...has...

铺垫下节课要学习的语句 How many...can you see? I can see...

（2）技能目标

词汇：能够口头运用 eleven，twelve，thirteen，fourteen，fifteen。

语句：能够运用 How many...？How old...？进行询问并用数字1～15进行回答。

强化运用已学词汇数字1～10，文具类、人物类、动物类、玩具类词汇。

强化运用已学语句：How many...？How old...？

（3）情感目标

进一步培养学生积极的学习态度。

（4）学习策略

进一步形成基于已学新内容的学习策略。

2. 教学过程

Step 1：Warming up/Revision.

T：Hello，boys and girls.

Ss：Hello!

T：This is a new classroom for us. Look，how many doors? How many windows? How many teachers? How many boys? How many girls?

（Ss count and answer）

T：This classroom is new，and I'm your new teacher in this class. I'm Ms Song. You can call me Ms Song. Nice to meet you，boys and girls!

Ss：Nice to meet you，too.

T：（与3～5个学生交流）Hi，boy! Can I know your name?

S1：My name is...

T：...，nice to meet you.

S1：Nice to meet you，too.

T：Hi，girl! Your name，please?

S2：...

T：...A nice name. I like your name.

T：（对S3）Hi，girl! How old are you?

S3：I'm...years old.

T：Now we know more about each other，first，let's sing a song "*Ten Little Candles*"，OK?

Ss：OK!

（播放 flash：*Ten Little Candles*，学生跟着老师打着节拍随音乐唱歌曲）

（After singing the song）

T：The song is about candles. In this class，you can get candles for your cake. Look，a beautiful cake for each group. This is for group 1，this is for group 2. At last，let's see which group can get more candles.（老师边说边给每一组贴上三根蜡烛）Now，three candles for each group.

Step 2：Presentation.

T：（指黑板上的蛋糕）There are 3 candles on this cake. How about that one? Look at the screen，please!（点击课件呈现一个插有 11 根蜡烛的蛋糕）How many candles can you see? One，two...（与学生一起数蜡烛）

Ss，T：Eleven.

T：Now，please listen and follow.（点击有关 eleven 读音的课件）（在学生首次接触单词的读音时尽量让学生听课件上的读音，而不是教师的领读）

Ss：Eleven.

T：（T writes the word on Bb and have Ss to read in many ways. Compare with the word "seven".）Look!（Show the card of seven）

Ss：Seven.

（教师遮住 se 只露出 ven）

Ss：ven.

（T Point to the Bb "ven"）

Ss：ven，eleven（then spell and read the words）.

T：Check Ss to read.

T：Eleven candles on the cake? Why? Mother Dog is eleven years old today! So，eleven candles for her birthday.（课件点击出现狗妈妈带着生日帽子的图片）

T：（Point to the screen）Boys and girls，Mother Dog has a question for you：Can you make "eleven"? Look，one and ten is eleven. Nine and two is eleven. Can you make eleven?

Ss：Yes.

S1：Three and eight is eleven.（T gives 1 candle for S1's group）

S2：Four and seven is eleven.（T gives 1 candle for S2's group）

S3：Five and six is eleven.（T gives 1 candle for S3's group）...

T：Clever boy.（学生说的过程中教师要注意以蜡烛作评价，两组轮流说，并把评价结果贴在小组的蛋糕上，然后让学生自由说给同桌听，最后让学生一直进行说算式接龙）

T：（承接上一环节，最后呈现 Eleven and one is ________）Children，what is

eleven and one?

Ss：（个别学生）Twelve.（T 给 1 candle，T writes the word on Bb，处理方式同上。先听课件的发音，再模仿，老师强调/twel//v/，集体读，个别检查）

T：Childen，today is Mother Dog's birthday. Some animals go to her house to celebrate her birthday. Look，how many cats?（屏幕上只有一个）

Ss：One.

T：Really? Look carefully!（点击课件，一只只小猫进入狗妈妈的房子）How many cats?

Ss：Twelve.

T：Right. How many ducks?（点击课件，一只只鸭子进入狗妈妈的房子）

Ss：Twelve.

T：How many rabbits?（点击课件，一只只兔子进入狗妈妈的房子）

Ss：Twelve.

T：Ask and answer in pairs freely.（学生同桌自由问答）

T：Boy，stand up，please! Ask anyone you like. How many...?

S4：...，how many rabbits?

S5：Twelve.（对 S6）...how many cats?

S6：Twelve.

...

T：（Point to the screen）So many animals come to Mother Dog's house. What's her house number? Do you know? No. 11? No. 12? No....

（点击课件呈现）No. 13.（跟课件听读）

T/Ss：Thirteen.（T writes the word"teen"，用红色）

（学习过程同上，强调 thir，-teen 的发音）

T：Mother Dog's house number is 13. Does westerner like number 13?

（让学生回答）

S7：Yes.

T：Other opinion?

S8：No.

T：Why? You can say in Chinese.（让知道的同学用汉语说）

T：You know more，a candle for you. Westerner doesn't like number 13. Who would like to read for us?（点击课件呈现文化背景知识，让一个学生给大家读一遍）Your vioce is nice. Thank you!

T：Westerner doesn't like number 13. In China，we don't mind. Mother Dog's house number is 13. What's the number of this house?

Ss：No. 11？No. 12？. . .

T：Look，it's No. 14.

（T writes the word "teen"，用红色）

T：Oh，it's easy. Four—teen，fourteen.（把单词卡片从中间折起来，让学生认读 four ，然后根据板书上的 thirteen，认读 teen）

Ss：Fourteen.

T：Animals come to Mother Dog's house. So does Amy. And she has some balloons for her birthday party，how many balloons？Guess，please！

Ss：11 balloons.

Ss：14 balloons.

Ss：6 balloons.

. . .

T：（点开课件）Let's count. How many balloons？Fifteen！（T writes the word "teen"，用红色）Who can read it？

Ss：Fif—teen，fifteen.

Ss：Fifteen.

（通过猜谜，带领学生复习巩固刚刚学过的 11—14，引出 15，并学习）

T：Here are some toys，estimate the prices. What is 15 *yuan*？

Ss：The kite is 15 *yuan*.

Ss：The. . . is 15 *yuan*.

. . .

T：Let's see，who is right？（点击课件呈现答案）Who is right？Good job. Let's say together.

Ss：The. . . is 15 *yuan*. The. . . is 15 *yuan*.

Step 3：Text Presentation.

T：Numbers are useful. We use them everywhere. Now they are in a cartoon. Let's watch the cartoon and answer the question：How many numbers are there in the cartoon？(Watch the cartoon together with the children 2 times)

T：(After watching) How many numbers？

Ss：15.

T：What are they？

Ss：One，two，. . . fifteen.

T：You watched very carefully.

设计意图：让学生对教材文本有个最初的直观、生动的印象。

T：Now boys and girls，please open your books，turn to page 25. Listen，point and repeat.

T：Now repeat again.

T：Now children，work in pairs，one point，the other say the numbers.

Step 4：Consolidation.

T：Children，Mother Dog is 11 years old，how old is she?（课件点击出现一个小女孩）

Ss：She is 11.

T：Maybe.

Ss：She is 13.

T：I don't think so.

Ss：...

T：（点击出现她的年龄）Look，she's 11. Who is right?（根据猜对学生的数量给相应的组贴同等数量的蜡烛）

T：She is 11. How old is the boy?

Ss：He is...

...

T：（点击出现他的年龄）Look，he's 13. Who is right?（根据猜对学生的数量给相应的组贴同等数量的蜡烛）

T：How old is the tree?

Ss：It's 14.

T：Perhaps.

Ss：It's 11.

T：Maybe.

...

T：（点击出现它的年龄）Look，how old is it? Let's count its annual rings. One，two，... twelve. So it's twelve. Who is right?（根据猜对学生的数量给相应的组贴同等数量的蜡烛）

Step 5：Extension.

T：Boys and girls，today is Mother Dog's birthday. Here is a birthday party for her. So many animals come to celebrate her birthday. Wow，how busy the party is! Look，birds，pandas，flowers，how many birds?（课件呈现生日 party 的场景，有礼物，也有动物，数量不等）

Ss：One，two... twelve.

T：How many...?

Ss：One，two... eleven.

T：OK，boys and girls，now work in pairs.（学生同桌自由问答）

T：Which pair would like to show us?

Ss：How many girls?

Ss：Twelve.

...

T：The party is busy. I can see a cake，11 birds... What can you see at the party? Now say to your partner please. Say as more as you can.

（提示语言：I can see...）

（Ss say to their partners）

T：Who would like to introduce Mother Panda's birthday party?

Ss：I can see.../I can see.../I can see...

Ss：...

（愿意说的同学获得 2 根蜡烛）

Step 6：Summary.

T：Boys and girls，you did a very good job in this class. Let's see what we've learned in this class.（指 11－15 数字）Can you read?

（Ss read together）

T：You can say these numbers very well，what about these four? Have a try，OK?

Ss：OK！Sixteen，seventeen，eighteen，nineteen.

T：You're so smart！Can you tell us your method? You can say in Chinese.

Ss：（可以用汉语）前面是数字 six，seven，eight，nine，后面加 teen。

（给介绍得好的同学贴蜡烛）

T：You're so good at learning. I should learn from you. Children，let's count how many candles have you got?（数两组蛋糕上的蜡烛，并向获胜小组表示祝贺）

Step 7：Homework.

T：Now boys and girls，time is up，please remember your homework.

First，listen and repeat P25 3 times. Second，try to find the things you can count in our life. Next class，say to us.（用汉语在屏幕上打出作业，教师用英语说）

显然，这一修改后的教学设计和教学过程是围绕一个主题展开，每一教学环节都是围绕给狗妈妈过生日这一主题循序渐进地层层推进，这样就形成了一个完整的任务链。

修炼建议（Developing）

任务型教学的特点之一就是“明确的目的”，这样学生才会积极参与教学活动、学习和掌握最基本的语言知识和语言技能。特点之二就是“真实有趣的活动内容”，只有当任务与学生的现实生活相联系才能引起学生的兴趣、激发学生参与的欲望。

任务型教学要遵循的重要原则就是“分层性”。要想让所有层面的学生都能找到适合于自己的学习任务和活动，教师就必须把活动设计为有效的分层次教学，保证不同水平的学生都能参与并完成一定的任务。

“分层性”能给学生提供较好的安全感：其一，活动的形式和要求不会让有困难的学生在众目睽睽之下做他们没有把握的活动；其二，活动所涉及的内容使学生有安全感，避免触及学生个人的隐私，如单亲家庭问题、生理缺陷等。

任务型教学具有以下优势：（1）突出信息沟通，有意识地创造一种信息差的任务来调动学生的学习兴趣和积极性，使其投入交际活动之中；（2）体现交际活动的真实性，让学生在课堂活动中参与和完成真实的生活任务；（3）学生的主体作用得到充分的发挥，完成任务的过程也就是学生的主体作用得到充分发挥的过程；（4）加大了语言实践的活动量，很多任务都是通过 pair work 或 group work 合作完成。

在实际教学过程中，绝大多数的任务是教师设计的。尽管教师在任务设计的过程中充分考虑到了学生的真实需求、真实兴趣、真实学习水平和真实学习动机，但是，“任务的强制性”不可避免地会在某种程度上客观存在着。

那么，教师究竟应该如何有效地克服任务的强制性对学生学习主体性的制约呢？

这就要求教师做到：

1. 尽可能按照学生的兴趣、真实的英语学习机制来设计和选择任务；

2. 在任务实施之前给学生充分的选择权，同时给学生提供多项不同话题、不同难度、不同条件的任务，让学生根据自己的喜好、能力和条件选择自己喜欢的、可以完成的任务；

3. 在实施任务的过程中根据学生的需要，及时给学生足够的帮助（语言知识、语言能力、社会知识、任务完成方法等）；

4. 鼓励学生进行自我评价，按照学生的实际情况设置不同的评价标准，让不同的学生在任务完成中获得运用英语的能力。

五、语言运用与语言运用能力

问题展示（Questioning）

下面是人教版小学英语五年级（上）第二单元 A 部分 Let's learn 的教学案例，本节课的主要任务是帮助学生学会不同科目的说法及会用英语询问每天的课程。

Step 1：热身。师生互致问候之后，陈老师问一男生：“What colour do you like? What animals do you like? What day is it today?”

Step 2：复习。陈老师通过 PPT 展示一张整月的日历牌，上面有日期和相对应的星期。提示学生记住日期和相对应的星期后，她点击课件，以游戏的方式引导学生复习英语中月份和星期的表示法。

Step 3：呈现。陈老师让学生说出自己最喜欢一周中的哪一天，为什么。然后问："Do you like your lessons? What subject do you like?"并要求学生之间互问互答。

Step 4：操练。通过提问，陈老师引入课文：What lessons do you have on Monday morning? What about Miss Li and her students? What lessons do they have on Monday morning? Please listen and answer. 分部分听课文录音，请学生回答相关问题。全体跟录音读课文，然后再自由读课文。

Step 5：巩固。陈老师出示本班课程表，问大家："What subjects do you like? What lessons do we have on Tuesday morning/Wednesday afternoon/Friday morning? How many English lessons do you have in a week? How many Chinese/Maths/PE lessons do you have in a week? How many Computer Studies do you have in a week?"学生回答完这些问题后，陈老师又说："I don't like this timetable because there are only three English lessons in a week. I want to have more."

Step 6：呈现任务。陈老师借助 PPT 出示一张空白课表，在其中安排自己喜欢的课程："I like English, so the first lesson is English on Monday. What about the second one?"引导学生说出不同的建议。"I'm an English teacher, so I want to have an English lesson again. The second one is also English. The third lesson? And the fourth lesson? In the afternoon, I'd like to have an English lesson again. What about the next one?"引导学生说出建议。"No, I don't want to have any lessons. I want to go home. Look, this is the timetable for me on Monday. Please design a timetable for you."学生在自己的表格上设计一天的课程安排。随后，教师请学生介绍自己设计的课程表。

Step 7：作业。陈老师要求学生：(1) 朗读课文；(2) 设计自己的课程表。

陈老师的这节课包含哪些语言运用活动？这些语言运用活动的目的是什么？这节课要培养学生哪一种语言运用能力？培养的过程是怎样的？效果如何？

案例分析 (Demonstrating)

陈老师的这节课包括了英语课堂教学的基本环节，而且整节课始终围绕"你最喜欢的学科"这一话题进行着，这一点值得肯定。但是，"学科"这一话题只是帮助学生获得语言运用能力的"支架"和"抓手"，过分地局限在这一话题上就"捆绑"了陈老师的思路，结果整节课没有能够"跳出"这一简单的话题，更没能帮助学生真正获得"谈论自己的喜好"的语言运用能力。

正是由于最初对学习目标和话题界定得过于"狭隘"，才导致这节课的主要环节只是为了"谈学科"而谈，没有真实语言运用的情境创设，因此无法获得真正的语言运用能力。尤其是到了第六个步骤，陈老师"突然""呈现任务"，而且此任务还很有可能导致学生对现有课程设置的不满，因为陈老师的示范展示的是"随心所欲"式的课程设置，这对小学生的客观意识和科学精神的培养非常不利。

理论点拨（Illustrating）

英语教师首先要明确语言能力和语言运用能力之间的关系。请看下图中鲁子问教授对语言能力的基本解读：

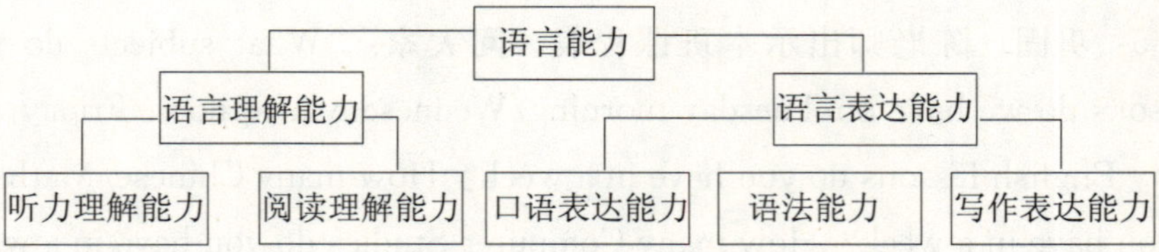

从上图中可以看出，英语教学的根本目的不是传授语法知识，而是培养学生运用语言的能力。语言能力是语言运用的前提，没有扎实的语言能力就不可能获得较强的语言运用能力，就不可能把语言运用得恰如其分、贴切得体。语言能力的提高能促进语言运用能力的提高和巩固，两者相辅相成。

语言能力的强弱体现在语言运用上，因为有了语言能力并不等于就具备了语言运用能力。语言运用能力不能为语言能力所代替，也不是与语言能力同步发展的，而是需要有目的、有针对性的训练和实践才能获得的。注重语言运用能力的提高自然包含着语言能力的获得与巩固，而单纯注重语言能力的掌握则只会导致忽视对学生语言运用能力的培养和提高。

学习者产生的语言不仅要符合社会规范，还要合情合理、贴切得体。如果教师只强调对学生语言运用能力的培养，而忽视学生对语言基础知识的学习，那也不可能完成外语教学的根本任务。换言之，顾了功能、丢了语法，或是顾了语法、丢了功能，都达不到外语教学的本来目的。理想的教学效果应该是学生的语言能力和语言运用能力同时发展、齐头并进。语言基本功和语言能力是语言运用能力的基础，有了牢固的语言基础才能提高语言运用能力。

语言知识的运用是构建语言能力的基石，是语言能力的有机组成部分，学习者对英语语言知识运用的掌握程度决定了他的英语语言运用能力的强弱。语言运用知识是指根据交际意图和环境因素来正确运用语言所具备的知识，它包括语言功能知识和社会语言学知识。

如果不具备一定的语言运用知识，学习者往往会在交际中出现词不达意的情况，导致误解，有时会引起争执。掌握语言运用知识可以帮助学习者得体地表达自己的观点，实现交际的目的。英语语言运用是个体发展英语语言运用能力的基础，提高英语语言运用能力离不开语言运用。

关键的问题是，如何开展语言教学才是指向运用能力目标、体现新课程标准要求的教学。

以英语语法教学为例，英语教师要开展符合新课程目标的教学，其语法教学就必须指向学生的运用能力，因此应首先把握语法知识的语言运用目的是什么，也就是用这一语法项目能够做什么事情。教师在把握其语言运用目的之后，应设计和开展指向运用能力的语法教学活动。比如定语从句，教师应将语言运用与现实生活结合去设计相应的活动。

反思探究（Reflecting）

基于以上的“案例分析”和“理论点拨”，为了进一步展示语言运用和语言运用能力之间的关系，我们将问题案例做出如下的改进：

Step 1：任务呈现。师生互致问候之后，老师指着值日生写在黑板左侧的当天课程，说：“Today you will have English，Math，Chinese，Science，PE and Art. You will have great fun today!”转身将一张大课程表（Class 3－Grade 5）贴在黑板的左侧，说：“This is the timetable of our Sister－School in the USA. We are going to learn it today and find out if it is the same with your timetable.”［这是我们的美国姊妹学校五年级（3）班的一张课程表，我们今天要仔细看看他们的课程与我们的是否一样。］［孩子们很兴奋：①因为自己也是五年级（3）班啊！②迫不及待地想知道美国同龄人的学习生活!］

Step 2：语言学习。老师将另一张课程表［五年级（3）班的］贴在黑板的右侧。（大家一看，乐了：这不就是咱们班的课表嘛!）“Look! This is your timetable，isn't it?”走到一男生跟前：“Do you like Monday?”那男生站起来说：“No. I like Tuesday. We have PE on Tuesday，and I like PE...”

老师对他竖起了大拇指（以示表扬）。又走到一女生跟前：“Do you like Monday?”这位女生站起来说：“Yes，I do. I like English，Chinese and Music. We have English，Chinese and Music on Monday.”老师以同样的方式表扬了她，然后对大家说：“Now work with your partner. Talk about your weekdays.”（这期间，老师要不停地走动，随时提供帮助、监控纪律，如果发现大多数学生都遇到的困难，就要在适当的时机解决）适当的时间之后，老师让大家停下来，请几组同学演示刚才的对话练习，并给予适当的补充、纠正。

Step 3：语言运用。老师请大家认真查看美国同学的课程表，让他们与自己班的进行对比，并与同桌讨论其中的异同，发表各自的观点。例如，They have English，Science，Music on Monday. I like Science. It must be fun.（同样，这期间，老师要不停地走动，随时提供帮助、监控纪律，如果发现大多数学生都遇到的困难，就要在适当的时机解决）适当的时间之后，老师让大家停下来，然后引导性地和大家一起对比、讨论、发表观点（一定要允许不同观点存在）。

Step 4：课堂作业。老师让大家静下心来，想一想刚才的对比、分析、讨论的过程，然后和同学一起将两份课程表“合二为一”。合作的过程建议如下：先制作一个空白的“总课程表”，再通过“问一答”的方式，一个人对比、核对，一个人动手填写。“问一答”如下：

A：What do we have on Monday?

B：We have... on Monday.

A：What do they have on Monday?

B：They have... on Monday.

修炼建议（Developing）

英语教师要在以下方面进行努力，方能有效地把握语言运用和语言运用能力之间的关系，并帮助学生获得综合语言运用能力。

加强对学生语言运用能力的培养和训练。语言最本质和最重要的功能就是交际运用。人们在实际交际中所使用的语言通常是合乎语法并符合一定规则的。教师在课堂教学中，既要关注语言的语法性，还要关注其可接受性和得体性，即我们所运用的语言既要符合语法，还要符合社会规范，要合情合理、贴切得当，同时还需注意书面语和口头语的不同表达方式。

科学处理师生关系、教与学的关系。长期以来，教师讲解占去了课堂的大部分时间，没有给学生的实践提供足够的机会，这样不但抑制了学生的学习积极性，还严重影响到了学生语言运用能力的获得。教师是课堂活动的设计者和管理者、学习实践活动的鼓励者和合作者、学生问题的分析者和解答者，应充分调动学生的积极性、主动性和创造性，有效地组织起以学生为中心的、生动活泼的课堂活动，成为他们学习的引路人。

积极为学生提供更多的实践机会。英语是实践性很强的课程，学生只有进行大量的实践，方能提高自身的语言能力和语言运用能力。课堂教学要尽可能为学生提供乐于参与的机会，让课堂成为学生书面和口头语言实践的场所，让学生有更多的机会来参与语言练习、实践（英语角、英语故事比赛、英语歌曲演唱赛等），从而达到提高他们语言运用能力的目的。

充分利用现代化的教学方法和手段。不断改进和充分利用新的教学方法和手段有助于提高学生的外语学习兴趣，提高其语言能力和语言运用能力。多媒体技术具有图、文、声、像、影合一等特点，利用多媒体技术可以大容量、高效率地为学习者提供外语学习的情境、环境和实践机会，给学生提供大量逼真的环境让学生参与练习。这样，既激发了学生的学习兴趣、增强了他们的语言能力，又提高了他们的语言运用能力。

六、作为教学过程的课外学习

问题展示（Questioning）

下面是人教版五年级（上）第三单元 *What's your favorite food*？的 Part A：Let's learn 的教学案例。

Step 1：复习与热身。师生互致问候之后，老师让学生大声说出之前学过的 days of the week：Monday，Tuesday，Wednesday... Sunday。老师接着说："上次我们谈论了各自最喜欢的一天，今天我们要谈论各自最喜欢的食物啦！"（大家顿时兴奋起来）

Step 2：呈现与操练。老师要求学生打开课本，先看第一部分的单词，跟老师读三遍，并根据画面猜测词义：pork，tofu，mutton，potato，fish，green beans，tomato，cabbage，eggplant 等。然后，老师要求学生与各自的同桌相互提问，要做到能认、会读。

Step 3：课文学习。老师问大家："What would you like for lunch today?（今天午饭大家想吃什么菜啊?）请大家用刚才学到的单词以及句型'I'd like... for lunch today.'回答。"之后说："我们看看书里面的小朋友想吃的是不是和你想吃的一样！"接下来，教师领读课文、学生同桌分角色朗读、三组同学站起来朗读给全班听。

Step 4：读读写写。老师问："今天早上来学校之前妈妈有没有问你中午想吃什么呀？我们先来看看 Amy 和她妈妈之间的对话吧！"接下来，教师领读、同桌分角色朗读、老师和学生分角色朗读。

Step 5：作业。老师要求大家下课后继续巩固单词，并制作一个和书上类似的表格，填入适当的词汇。

案例分析（Demonstrating）

这节课的整个过程比较流畅，教师以"What would you like for lunch today?"为主线、以教材内容为中心，设计了五个教学环节。学生总的来说一直在积极参与教师安排的课堂活动，加上话题与食物有关，大家的注意力和兴趣始终还是不错的。

但是，这节课的设计在"课前——课中——课后"这一体系的把握方面不是很理想，没能有效地突出任务型英语学习的特点，更没有充分利用"食物"这一学生喜爱的话题帮助学生高效地获得语言运用能力。

课堂是课程实施的基本场所，课堂教学是课程实施的关键。因此，课堂教学是培养学生阅读理解能力的重要领域。但是，鉴于有限的课堂教学时间，教师往往需要借助课外的学习活动和任务来巩固和强化语言知识和语言技能，从而更好地帮助学生获得综合语言运用能力。

如在本专题的“四、作为教学过程的任务链”中，无论是“问题展示”中的作业“回家后和父母互动，找出生活中的数字 11－15”，还是“反思探究”中设计的作业：“（1）将各自要问美国朋友的问题写下来（或者录音），交给英语学习委员后，全班集体以某种方式与对方互动；（2）感兴趣的同学请收集与 12 相关的中国文化以及与 13 有关的英语文化，下节课讲给大家听。”这两个作业都较好地将学生的课堂学习与课外学习有机地结合了起来，既巩固了当天课堂上学习的知识和技能，又为他们后续的知识学习和技能强化打下了新的基础，提供了新的帮助。

《课程标准》在实施建议中指出，“英语课外活动是学生英语学习的重要组成部分，能为学生的语言实践和自主学习提供更大的平台。课外活动要有助于激发和提升学生学习英语的兴趣、丰富语感、开阔视野、增长知识、发展智力和塑造性格。同时，应注意英语课外活动的组织和管理。”

理论点拨（Illustrating）

英语在我国是作为外语来学习的，学生在课堂上学习外语的时间非常有限，社会上的外语学习环境也并不丰富，因此课外的英语学习就成为学生提高英语能力的必需，学生阅读理解能力的提高更离不开课外阅读。

课外学习作为教学过程的有机组成部分，是课堂教学的延续，更是培养学生语言运用能力的重要过程。课外学习的活动是多方面的，不仅仅是简单的抄写、背诵和做题。教师可以采用多种形式的课外学习活动，既可以让学生对相关知识进行巩固，还能培养学生学习英语的兴趣和自学能力。

在英语课外学习中，学生能实现从被动接受知识到主动获取知识的转变，主动学习的积极性能得到充分调动。为此，教师可以采用下面的方法：

1. 遵循学生主体、教师主导的原则

教师只是课外学习的倡导者、参谋者和指挥者。教师要根据教学目标、结合课内学习内容设计各种可行的课外学习内容和任务。同时，还要全面考虑学生的年龄特点和英语知识水平等，选用切实可行的方法与形式，把课外活动与课堂教学活动有机地、高效地结合起来，有组织、有计划、有目的地开展课外学习活动。

2. 设计形式多样、内容丰富的作业

作业能巩固和检查学生对课堂所学知识的掌握情况，并能有效地将教学过程和课外学习联系起来。在设计作业时，教师首先要严格控制作业量，做到精选、实效；实行分层选择性作业；内容要丰富，形式要多样化，使书面作业与口头作业、学生独立作业与教师指导作业、团队合作作业等相结合。其次，教师要重视作业批改与作业反馈，从中获得学生对教学过程中的知识和技能的把握情况，及时诊断学生的学习问题及教师的教学问题。

3. 开展各种课外活动，衔接课前、课中、课后

课外活动是有效衔接“课前、课中、课后”的途径。教师帮助学生设计并开展各种课外活动，不仅能丰富学生的知识，而且能锻炼学生敏捷的思维、准确的表达能力以及临场不乱的本领，能锻炼他们自信自强的意念，还可以开发智力、寓教于乐。活动没有统一的标准，应该是不拘一格的，是根据教学内容来变化的。教师可以组织学生用英语设计手抄报、出墙报、办板报等；还可以进行情景对话、猜谜、用英语讲故事、开展英语演讲比赛或进行英语阅读知识竞赛等活动。可以发动学生为活动献计献策，增强学生的活动参与意识。

反思探究（Reflecting）

基于以上的“案例分析”和“理论点拨”，我们将进一步完善上面的教学设计，旨在突出“课前——课中——课后”之间的密切联系，以及任务型英语学习的特点。同时，充分利用“食物”这一学生喜爱的话题帮助学生高效地获得语言运用能力。

Step 1：激活与导入。师生互致问候之后，老师走近学生，自然地问到：“What did you have for breakfast today?”（学生回答时用英语或汉语都可以）“What would you like to have for lunch?”（学生回答时如果用了英语，那就非常好！老师可以顺势将她/他的答案写在黑板上；如果用的是汉语，也很好！老师可以顺势说：“Anyone else knows how to say it in English? Would you like to say that in English?”于是，很自然地导入这节课的话题内容）

Step 2：呈现与操练。老师接着刚才的问题，问更多的学生：“What's your favorite food?”（如果学生不很熟悉 favorite，老师可以巩固强化一下，以方便接下来的活动使用）最好能通过提问实现由学生呈现 pork，tofu，mutton，potato，fish，green beans，tomato，cabbage，eggplant 等词的目的。（老师将学生呈现的单词工整地写在黑板上，有意识地将蔬菜与肉类分为两组）之后，老师先领读单词，确保学生能正确发音、读准重弱读。然后学生与各自的同桌相互提问，做到能认、会读。

Step 3：巩固运用。老师给学生固定的时间，要求大家自由调查：What would you like for lunch today? 并建议调查之前先制作一个简单的表格。

What would you like for lunch today?

Number	Name	Meat	Vegetable
1			
2			
3			
4			

时间到了以后，老师暂不安排数据统计活动，直接进入下一个环节。

Step 4：拓展。老师呈现一份学校食堂本周的食谱，请大家认真阅读、分小组讨论、判断该菜谱是否健康，并提出各自的完善建议。

Step 5：作业。老师要求大家利用课外活动时间，完成以下任务：(1) 由英语学习委员组织调查数据的统计，并将结果公布在教室后面的墙报上；(2) 由生活委员组织收集同学们对学校本周食谱的评价与建议，并交给学生会。

修炼建议（Developing）

要想充分发挥作为教学过程的“课外学习”的价值，教师自身首先需要做大量的功课。具体地说，教师要采取以下措施帮助学生建立真实的运用英语的教育环境：(1) 要求每个学生选择一个英语学习的笔友和一个学习伙伴。笔友可以是国外的，也可以是国内的，但不能是本地的，否则没有通信的真实必要。(2) 要求每班办一份英语报纸或每校办一种英语刊物。班上的报纸可以是黑板报、墙报等，也可以是印刷品。英语刊物可以是油印的，也可以是比较正式的印刷品。这些都要向全体学生开放，并定期（如每月）要求每个学生投稿。(3) 要求每位学生为自己建立一份“成长记录档案”，其中除了日常课堂学习的相关资料外，更要包含对课外学习资料的收集与整理、运用与反思、经验与教训、成就与展望等。

在教育条件较好的地市，教育部门可以帮助师生通过网络建立国际联系，这样师生就可以非常直接地与英语国家的人进行直接的交往。

在旅游资源较为发达的地市，教育部门可以帮助师生寻找并建立社会关系，比如与地方旅游部门建立联系，欢迎外国客人来学校参观、与学生座谈，或者派学生参加当地组织的一些国际性的旅游活动等。

七、教学过程中的生成教学

问题展示（Questioning）

下面是人教版四年级（上）第二单元 *My Schoolbag* 的第一部分的教学案例。这节课的知识目标是要求学生掌握“21～50 的数字以及各科目课本的英语说法”；能力目标是“用英语询问并描述数量和颜色”。其教学过程如下：

Step 1：导入。首先，教师借助多媒体展示商店货架上摆放的五颜六色的书包，然后问学生：“What did you see?”（刚才看见了什么?）一女生站起（骄傲地）说：“Colorful schoolbags. 我在剑桥班上学过了！我还会唱‘彩虹歌’呢!”老师（面有愠色地）说：“Good. Sit down.”（那位女生略显意外和失望地坐了下来，不少同学朝着她撇了撇嘴，一副不屑的神情）教师转身在黑板上写道：My Schoolbag. Today we will learn My Schoolbag.

Step 2：呈现与操练。老师借助多媒体直接呈现单词表内的生词，并带领学生反复朗读：Chinese book，English book，Math book，schoolbag，story-book，notebook，colour；twenty-one，thirty，thirty-one，forty，forty-one，fifty.（教师一味机械化地领读，根本没有关注过刚才那位女生的反应，不少学生盲目跟读，单词重音发生错位，老师也没有进行及时纠正）

Step 3：课文学习。老师将课文中 Let's learn 部分的内容展示在 PPT 上，讲解：

"How many books do you have?"

"I have 6. An English book，a Chinese book，a Math book，a notebook and two story-books."

此时，一男生冒出一句："不会吧，才六本书啊！太少了吧?!"老师听见了，却对此置若罔闻。然后，老师要求学生两两互动，练习 Let's do 部分，巩固单词。期间，一男生喊道："老师．我的橡皮不见了！"老师（面带愠色地）说："就你的事儿多！再找找呗！肯定还在你座位附近！"

Step 4：角色扮演。老师说："我们一起来做游戏：猜猜看！"她说："用一个书包，里面放上一本书。两个人合作：一个人拿着书包，另一个人猜里面装的是什么书，猜中了这本书就归你！三次猜不中就要换角色！用 Is it a Chinese book/（an）English book/Math book/story-book/notebook?"（"老师，有什么礼物没有啊?"一男生大声地问。老师没理他，宣布游戏开始；那个男生觉得很没面子，也很没意思。）

Step 5：（后续的教学过程在此省略，不再展示）

这节课的教学过程中是否有"生成点"呢？如果有，是哪些、在什么时候？老师是如何处理这些"生成点"的呢？是否达到了最佳效果呢？

案例分析（Demonstrating）

生成性教学是一种教学形态，即教师在教学过程中以真诚的态度与学生就相关课题进行平等对话，并根据对学生的课堂行为表现、感受、兴趣与需要等作出及时的价值判断，进而对自己的教学行为与思路进行机智性调整，以使教学对话深入持久地进行下去。也就是说，在整个教学过程中，教师既需要规则的指导和约束，在适当的时候又要敢于放弃规则；既要遵循规律又不局限于规律；既关注学生也关注教师自身。其主要旨意在于教师充分发挥在教学过程中的能动性和创造性，根据课堂中的师生互动状态及时调整教学思路和教学行为，让学生获得生动活泼的个性发展，它具有非线性、具体性、多元性、差异性、互动性、突现性和创造性等特征。

这节课的第一个重要"生成点"出现在第一步骤中，就是当那位女生站起来说自己会唱"彩虹歌"的时候。可惜，老师没有及时把握住，还略显愠色，完全忽略了对那位女生的情感呵护。

第二个重要“生成点”是在第三个步骤中，当那位男生说“才六本书啊！太少了吧?!”的时候，但遗憾的是老师又放弃了一个绝佳的、顺势呈现“数字”这一教学内容的机会。这个步骤中还有一位男生说他的橡皮不见了，如果老师关心地问：What colour is it? 并让大家边问橡皮的特征边帮助他寻找，那就太精彩了！

第四个步骤中那位男生问老师“有没有礼物”的时候，又一个教学“生成点”出现了！可是，老师又放弃了。

生成教学是新课程理念下课堂教学的重要特征之一。“教学生成”是师生与具体的教育情景发生交互作用时的建构与生长，是师生、生生之间在交往和对话中出现的超出教师预设之外的新发现和新问题，这就需要教师拥有很高的教学智慧。因此，在生成教学中，教师要以一种真诚的态度和真正以学生为主体的心态与学生互动，根据学生在课堂上的表现、感受和需要作出及时的判断并随时灵活地调整自己的计划。

理论点拨（Illustrating）

苏霍姆林斯基说过：“教育的技巧并不在于能预见到课堂的所有细节，而是在于根据当时的具体情况，巧妙地在学生不知不觉中做出相应的变动。”教师只要在思想上真正顾及了学生的多方面成长、顾及了生命活动的多面性和师生共同活动中多种组合和发展方式的可能性，就能发现课堂教学中生成性的特征。

1. 传统课堂教学的特征及弊端

传统课堂教学的特征之一就是“以书本知识为本位”，这就使得课堂学习：(1)“重理论，轻实践”，导致学生的机械学习方式（而非意义学习）；(2)“重理性，轻感性”，导致教师感染力和召唤力的丧失；(3)“重结论，轻过程”，导致学生思考的智慧与个性被摧残。

传统课堂教学的特征之二就是“以教师为本位”，表现在两方面：(1) 以“教”为中心，课堂缺乏“教”与“学”的互动；(2) 以“教”为基础，课堂缺乏学生的自主性与创造性。

传统课堂教学的特征之三就是“以教案为本位”。传统的教学操作加上教案的预设性产生了课堂教学流程的高度规范化、统一化、精确化和程序化，其“可操作性”和“可接受性”的特点得到了众多教师和教育管理部门的“青睐”，但同时也导致了教师在教学实践中的创造性发挥空间、在教学现场灵活处理教学变化情况、灵活面对学生多样化需求的空间受到了极大的限制。

在有些教师看来，也许按照教案里设定的教学目标，在课堂上“培养、引导、发展”学生，教学任务就算完成了，教学目标就算实现了，至于学生是否改变、是否进步、是否提高，则是不重要的。这就导致了封闭性的教学，使课堂变得沉闷、机械和程序化，缺乏生机和乐趣，最终变得僵化。

2. 现代课堂教学的主要特征

课程目标的生成性是现代课堂教学的特征之一。在教育实践中，教师根据课程标准来确定教的目标，并通过与学生的对话引导学生形成学的目标。(1) 教师在根据课程标准确定教学目标时必须因学生而异，将其转化为适合具体班级和具体学生的目标，建立一个多层次的目标体系。(2) 教学目标必须以课程标准为基础，因“生”施教，建立一个教学补充目标，帮助学困生达到课程标准的基本要求，帮助学优生超越课程标准的基本要求。如果教学目标仅仅是课程标准的简单移植，那么教师就会忽视课程标准所隐含的对学生水平的假设，造成课程标准与教学目标之间的控制与被控制的关系。

生活世界的再现性是现代课堂教学的特征之二。生活世界是最值得重视的世界，是通过知觉可以直观体验的世界，是一个有人参与其中、保持着目的、意义和价值的世界。教育是发生在师生之间的真实生活世界中的社会活动，生活世界是教育发生的场所，学生的体验和经验构成了学校教育的重要内容。如果课堂教学离开了对生活的理解和感悟，那么课堂就失去了生命的活力。只有根植于生活世界并为生活世界服务的课堂，才是具有生命活力的课堂。回归生活，学生参与课堂教学活动的主动性和积极性会极大地提高，现场产生的学习智慧会得以增加，从而提高学习效率。

3. 现代课堂生成的主要体现

在生成性教学实践实施最早的意大利的瑞吉欧教育中，生成性教学是指在师生互动过程中，教育者通过对学生的需要和学生感兴趣的事物的及时价值判断，不断调整教学活动，以促进学生更加有效地学习课程的教学形态。它既不是教育者对预先设计好的、在教育过程中不可改变的僵死计划的执行，也不是儿童无目的的、随意、自发的活动，而是一个动态的师生共同学习、共同建构的过程。在这一过程中，教师是一个领导者，它虽体现权威的角色，但他更为重要的是作为一个学习者团体中的平等成员，是平等中的“首席”。

课堂生成主要体现在以下几个方面：

(1) 教材内容的生成。教师在课堂教学实践中，需要根据学生的现场反应临时决定对教学内容进行取舍、增减、替代、改编等形式的生成化开发，旨在最大限度地满足学生的真实学习需求。但是，教师需要对被生成化的内容进行后续的反思性重组，以便充分利用暂时被搁置的教学资源。

(2) 学习支架的生成。学生在课堂教学实践中，在教师的有效激活和引导下，会积极主动地搭建特点各异的、适合于自己的学习支架。此时，教师就需要及时地、灵活地调整甚至放弃之前自己在教学设计中为学生或某一活动搭建的支架，有效地引导学生利用相互搭建的学习支架完成学习活动，从而获得更高的学习效率。

(3) 教学环节的生成。教师在教学设计之初预设了较为充分的教学环节，但在真实的课堂教学过程中，教师不仅要善于有效地实施已经设计好的环节，更要根据学生学习活动的需要，生成性地增加、减少、调整教学环节，以便于最大限度上满足学生的学习活动需求。

4. 课堂上对生成性教学资源的捕捉和发展

（1）教师要时刻关注学生的发展。课堂不仅是教学的过程，也是学生身心成长的过程。因此，在课堂教学中，教师教学活动的出发点和落脚点就应该定位在学生的发展上。要真正做到关注学生的发展，就应该高度重视学生在课堂上的种种表现，就应该及时捕捉和发展学生在学习过程中的奇思妙想。对于学生别出心裁的想法、违反常规的解答和标新立异的构思，都应该给予及时的评价。但是，并非每一个生成的问题都是一道美丽的风景线，并非每一个生成的问题都有课堂教学价值，对课堂上生成的问题，教师要进行价值判断，把有价值的教学信息及时地巧妙地运用于教学活动中，使之成为有效且可用的教学资源。对于这种教学资源，教师还必须有“抓在出现时、点在需要处、化在关键时、用在可用处”的能力，同时做到耐心听取学生的不同意见，鼓励和肯定他们的创新观点，宽容学生偏颇的甚至是错误的想法，观察他们的细微变化，和他们一起创设动态的课堂教学生活，这样，才能使学生的课堂生命活动得以实现，才能促进他们的身心全面和谐发展。

（2）教师要积累和反思教学经验，丰富教学修养，提高教学机智。生成性教学使课堂教学流程充满着很多不确定因素，因为它具有一定的不可预测性。教师能否把握这种不可预测性，并使之成为有效的教学资源，主要取决于教师的教学经验和教学智慧，取决于教师的“临场应变”能力。课堂上每一个非预设的“突然事件”的出现，都是对教师的教学经验与教学智慧的挑战。这就要求教师在日常的教学活动中不断学习、注重反思、提高修养，深刻研究教学内容的内在联系和学生的关注点，获得敏锐的观察力和判断力，从而提高解决实际问题的能力。教师在对已有的教学经验进行反思的基础上，应该再次回到行动中去，这必然会使教师的专业化水平不断提高，从而使其具备教学机智。

（3）教师必须保持课堂设计的预设弹性。课堂教学是一个有目的、有计划的活动，教师在课前的教学设计是建立在对教材和学生全面分析的基础上的，对教学目标、教学内容、教学过程以及教学策略所做的预设和规划。没有备课时的周密预设，教师在课堂上就会显得手足无措，就不可能有课堂上的有效引导和教学资源的生成；没有上课前的充分准备，就不会有驾驭课堂的游刃有余以及水到渠成的巧妙引导。但是，预设的教学设计只是一个框架、一个目标，它应该具有一定的弹性。这种弹性预设，要从教材中寻找学生的思维活动空间与三维教学目标的最佳结合点，它需要教师有一定的研究能力；在教学设计时应充分考虑到课堂上出现的各种情况，合理预设并使之具备更大的包容度和自由度，给学生多一点自学的时间、多一点活动的余地、多一点提问的机会，给学生留足自主、自由思维的空间。

反思探究（Reflecting）

基于以上的“案例分析”和“理论点拨”，我们来进一步完善上面的教学案例，旨在说明如何及时捕捉课堂上的“生成点”，并以此为契机优化教学设计的有效性。

Step 1：导入。首先，教师借助多媒体展示商店货架上摆放的五颜六色的书包，然后问学生：“What did you see?”（刚才看见了什么?）一女生站起（骄傲地）说：“Colorful schoolbags. 我在剑桥班上学过了！我还会唱‘彩虹歌’呢!”（老师听后，非常意外！但她表现出惊喜的神情）“Great！Can you name some colours to us?”（太棒了！请给大家说出几种关于颜色的词吧!）这样，不仅给这位女生提供了展示自己知识和能力的机会，也借机呈现了下面活动中要用到的有关颜色的词汇，老师把这位女生说出来的词汇写到黑板上。之后，老师转身在黑板上写到：My Schoolbag。说：“Today we will learn My Schoolbag. Our colorful schoolbags.”

Step 2：呈现与操练。老师借助多媒体直接呈现单词表内的生词，并带领同学反复朗读：Chinese book，English book，Math book，schoolbag，story-book，notebook，colour；twenty-one，thirty，thirty-one，forty，forty-one，fifty.

Step 3：课文学习。老师将课文中 Let’s learn 部分的内容展示在 PPT 上，讲解：

“How many books do you have?”

“I have 6. An English book，a Chinese book，a Math book，a notebook and two story-books.”

（此时，一男生冒出一句：“不会吧，才六本书啊！太少了吧?!”老师做出及时反应：“How many do you have in your schoolbag?”无论他回答有多少，老师都能引导他关注后面的数字学习）然后，要求学生两两互动，练习 Let’s do 部分，巩固单词。（期间，一男生喊道：“老师，我的橡皮不见了!”老师机智的反应应该是：“Really? What colour is it? Is it white，red or yellow?”趁机与他互动，为后面的活动“积累一点儿素材”）

Step 4：角色扮演。老师说：“我们一起来做游戏：猜猜看!”她说：“用一个书包，里面放上一本书。两个人合作：一个人拿着书包，另一个人猜里面装的是什么书，猜中了这本书就归你！三次猜不中就要换角色！用 Is it a Chinese book/（an）English book/Math book/story-book/notebook?”[“老师，有什么礼物没有啊?”一男生大声地问。即使没有礼物奖励，老师也应该灵活地做出反应：“If you can do a great job, we will give you a chance to sing us a song!”（如果你表现得优秀，就能赢得一次现场秀歌的机会啊!）]

修炼建议（Developing）

"生成"是新课程的一种价值追求，是彰显课堂生命活力的常态要求。对教师而言，课堂教学绝不是课前设计和教案的展示过程，而是不断思考、不断调节、不断更新的生成过程。

教师要想把握好教学中的生成，就必须努力做到"因材施教"。这里的"材"指的是：(1) 人才，即教师、学生、家长等。教师首先要非常了解自身的教学风格、专业素质的优势领域以及课堂管理的策略；更要了解学情，把握学生的知识经验背景和认知特点，了解学生的"已经"，预测学生的"想知"，从而更好地把握学生课堂学习的过程。同时，还要与家长沟通，了解家长对学校、对教师、对学生的期望，并通过家长及时把握学生的各种动态，为课堂教学中的"生成"积累丰富的资源。(2) 教材。教师要认真领会课标的内涵，深入钻研教材，整体把握教材的精髓和实质，以及对于学生来说的难点和重点，勇于并善于对教材进行二度开发，满足课堂教学的"生成"和学生的真实需求。(3) 器材。教师要善于根据真实的教学条件设计有效的教学目标和教学过程，既要充分发挥各种各类教学器材的优势，又要根据学生和教学的需求选择最有效的教学手段。(4) 环境。小到"教室内的因素变化"，大到"国际形势的风云变幻"，教学环境的营造与利用会直接影响到课堂教学过程中有无必要"生成"、如何把握"生成"以及"生成"是否有效。

质疑是动态生成教学的源泉。对于学生的质疑，教师不能打击和约束，而要不断鼓励、启发和点拨，使学生的心灵处于动态发展之中，形成生成性学习。对于学生的声音，教师要用心去倾听、去体会，从学生的角度去思考，洞察他们的想法，进而解决问题。教学应该挖掘和拓展学生的潜力，教师应把培养学生质疑的能力和习惯贯穿于教学的始终。

教师要对生成资源进行有效的选择。在课堂教学中不是缺乏生成性教育资源，而是缺少发现的眼睛。教师要独具慧眼，随时发现有价值的生成性教育资源，从学生原生态的、零星的、片面的、模糊的问题中去形成系统的资源，并进行有效的提炼和整合，形成深层次的资源，引领学生把教学过程向更高水准推进。比如，偶发事件并不是教学过程中的意外，而是教学过程中的常态和必然，只不过它的出现没有规律可循，不易把握。生成性教学要求教师正视教学事件，把握时机，正确、适时地转化和利用教学事件。教师要将这些意外事件看做一种生成教学的有益教学资源加以合理利用，即根据实际情况，随时对教学设计进行调整，关注学生的变化和反应，捕捉偶发的教育契机和火花，使课堂教学充满活力。

学习者是活生生的人，是一种具有创造性和审美旨趣的具体存在，教育一开始就应该成为一种体验发现的乐趣，课程学习应成为学习者参与的探险活动，成为快乐而有意义的旅程。

教学应是“以学生为本”“以学生发展为本”的教学。课程给予学生的不单单是知识的传授、技能的形成，更多的是学习动机的觉醒、学习习惯的养成、意志品质的提升，是从认知领域到生命全域的综合素质的整体和谐发展。“以学生为本”是教育“以人为本”理念的具体化。教学“以学生为本”，它包括两层含义：第一层是“以学生的学为本”，第二层是“以学生的发展为本”。其中“以学生的学为本”是基础和前提，“以学生的发展为本”是归宿和目的。课程是学生成长的载体，因此课程要体现出为学生的发展服务的宗旨，对学生的发展给以整体的、生命的关怀。有效开发和利用生成性课程资源就是加强课程与学生的紧密联系，实现课程与学生的互动与生成，让课程真正走进学生的“心田”，使课程真正成为学生的课程，成为学生想学、要学、乐学的课程，成为给予学生以生命关怀的课程，成为促进学生全面发展的课程。

专题三　课堂管理

一、大班教学的困难与优势

问题展示（Questioning）

下面是人教版四年级（上）第三单元 *My friends* 的 B 部分：Let's learn 和 Let's do 教学案例中的"Step 3：小组活动"环节。

老师在呈现和操练了 music，scince，sports，computer game，painting 等重要词汇后，让大家分小组活动：首先在规定的时间内自由调查同学的"爱好"；然后按照"爱好"重新分组，自由交友。

这期间，老师发现，由于学生人数较多（这是一所普通小型城市的外国语小学，由于师资、设施等原因造成了生源过于集中的现象，现在每个年级的平均班额是 60 人以上），自由调查过程中存在着学生相互拥挤、冲撞（赶时间）等不安全因素，于是草草喊停，严重影响了学生的参与积极性和活动效果。

案例分析（Demonstrating）

新课程对小学英语课堂提出了许多新的要求，然而师资等教学资源不足的现实决定了大班额这一问题在短时期内很难得以根本解决，严重影响了英语教学质量的提高。因此，在新形势下如何将巨大的班额人力资源转化为教育教学资源，已成为广大教师亟待研究的课题。

大班教学的现象在我国不少地区客观存在着，特别是经济欠发达的省、市、县。由于教育资源的分布严重不均衡，许多教育资源相对丰富、教学条件相对优越的学校就成为大班教学的集散地。学校各级教学管理人员和教师对此都耿耿于怀，并试图将这份庞大的人力资源转化为强大的教育和教学资源，但又往往由于忙于经营日常的教育教学事务而力不从心，导致效果不明显。

理论点拨（Illustrating）

我国现阶段的教育现状之一就是，优质资源的分布与配比存在着极大的不平衡，很多各方面资源配置比较占优势的学校因为广大家长的教育意识普遍增强而炙手可热、

"一票难求"。为了尽量满足家长和学生的教育需求，这些学校不得不扩大班级数量和每班人数，大班教学也就成为了一种无法避免的现实。

与此同时，在中西部地区和广大农村地区的中小学，教育资源配置比较薄弱，师资少，生源数量大，大班英语教学在相当长的一段时期内还将继续存在。班级过大，成员过多，教师与学生之间相互沟通的机会就会很少，教师就难以照顾到每一个学生，这样就会使少数学生感到被教师与集体冷落，产生消极情绪。与此同时，班级过大，成员过多，学生的个体差异就很明显，不同的需要导致心理冲突，影响课堂气氛，就会使学生形成消极，甚至抵触的情绪，使课堂教学不能得以顺利、有效地开展，不利于培养学生的协作精神和能力，对他们以后的学习和生活也会产生负面影响。

这种大班教学会给教师造成至少四个方面的问题：(1) 难以促进学生的交互活动，并使其容易产生身体上的压迫感；(2) 难以有效管理班级纪律；(3) 难以有效分配注意力，不能及时意识到学生的需求；(4) 难以准确地检查、评价和感知学生的学习效果。基于我国国情，这种大班教学的现状还不可能在短期内解决，所以如何进行大班教学就成了一个迫切需要解决的问题。

新课程标准在要求教师树立符合新课程要求的教学观念、优化教育教学方式这方面告诉我们，教师的教学理念、教学方式与教学方法要符合新课程的需要。课堂教学应改变以教师为中心、单纯传授书本知识的教学模式。教师应帮助学生发展探究知识的能力、获取信息的能力和自主学习的能力。

教师在教学中要注意发展学生的批判性思维能力和创新精神。课堂教学活动的设计应有利于发挥学生的创造力和想象力。教师在教学中应增加开放性的任务型活动和探究性的学习内容，使学生有机会表达自己的看法与观点。教师要鼓励学生学会合作，发展与人沟通的能力。教师在设计教学任务时，可以根据不同学生的情况设计不同的任务，使所有的学生都能进步。因此，如何把新课程理念与大班教学的实际结合起来，在落实素质教育的同时改进大班英语课堂教学的效果，仍是我们需要认真思考的一个问题。

其实，大班教学的问题就是转变学生学习方式的问题。学习方式的转变是新课程改革的显著特征。改变原有的单一、被动的学习方式，建立和形成旨在充分调动、发挥学生主体性的多样化的学习方式，促进学生在教师指导下主动地、富有个性地学习，是教学改革的核心任务。学习观的根本变革就是把学习变成人的主体性、能动性、独立性不断生成、张扬、发展、提升的过程。

现代学习方式有五个基本的特征：

1. 主体性是现代学习方式的首要特征

学生学习的内在需要一方面表现为学习兴趣，另一方面表现为学习责任。学生不仅有"我要学"的需求，更要把学习跟自己的生活、生命、成长、发展等有机联系起来，逐渐将学习的责任真正地从教师身上转移到自己身上。

2. 独立性是现代学习方式的核心特征

学校的学习过程对学生来说就是一个争取独立和日益独立的过程，直至学生发自内心地说“我能学”！教师要充分尊重学生的独立性，积极鼓励学生独立学习，并创造各种机会让学生独立学习，培养其独立学习的能力。

3. 独特性是现代学习方式的重要特征

每个学生的学习方式本质上都是其独特个性的体现，独特性也就意味着差异性。传统教学忽视学生学习的个体差异，要求所有学生在同样的时间内、运用同样的学习条件、以同样的学习速度掌握同样的学习内容，并达到同样的学习水平和质量，结果导致有的学生“吃不饱”、有的学生“吃不了”、有的学生“不知从何下口”。

4. 体验性是现代学习方式的突出特征

体验性学习就是在强调学生身体力行参与的同时，重视学生的直接经验，即教师鼓励学生对教科书进行自我解读、自我理解，尊重学生的个人感受和独特见解，使学习过程成为一个富有个性的过程。

5. 问题性是现代学习方式的必要特征

问题是思想方法、知识积累和发展的逻辑力量，是生长新思想、新方法、新知识的种子。从本质上讲，感知并不是学习产生的根本原因，问题才是。一方面教师要强调通过问题来进行学习，把问题看做学习的动力、起点和贯穿学习过程的主线；另一方面教师要通过学习来促生问题，把学习过程看成发现问题、提出问题、分析问题、解决问题的过程。

以上这五个特征相互联系、相互包含、互为促进，是一个有机整体，它们是大班教学的努力方向和实施原则，更是大班教学潜在的优势。

反思探究（Reflecting）

大班英语教学固然有许多弊端，但也不能说它就没有自己的优势。教学效果的好坏，关键还是看教师对课堂教学的准备和调控。如果教师能够充分利用大班教学的客观环境，充分调动学生的学习积极性，通过设计活动和组织教学，提高学生语言接触和操练的密度，创设语言使用的机会，同样可以使学生在各方面得到全面的发展，实现新课程标准所提出的教学目标。

下面是大班额英语教学研究的一些具体思路和方法，供大家参考：

1. 教师要对学生有一个全方位的了解，做到深入了解学生

比如，学生的真实兴趣、真实知识基础、真实性格特点、真实学习需求、真实思维方式等，从而真正实施“因材施教”。

2. 教师要充分开展小组活动

教师根据学生的真实英语水平及学习特点，将班级划分为若干小组，按照学生学习英语的方式、水平、兴趣度，将类型相近的学生分为一组，每一组安排一至两名英

语水平较好的同学担任组长，带领本组学生学习，解答学生疑问，评估学生学习效果。

3. 建立梯级负责制

鉴于学生数量较大，教师可以建立“同伴辅导”机制。“同伴辅导”就是学生帮助学生，即在学生中建立逐级负责的机制，教师与“管理师”保持重点互动即可。这一机制包括：管理师——副管理师——辅导师——副辅导师——辅导对象。他们之间逐级相互辅导，每一级主要对次一级负责，必要时也可以越级辅导。这样做可以使教师在最大限度上了解不同层级学生的诉求，因为课堂活动中的问题单靠教师一人是很难做到全面深入了解的，而“同伴辅导”机制则能帮助教师有效地把握个体与整体的关系，将主要精力放在需要重点关注的个体身上，从而尽快缩小个体之间的差距。“同伴辅导”机制能有效培养学生的自主合作学习能力，促进各层次学生互教互学，从而增加每位学生的学习机会。同时，这一机制也有利于培养学生优势互补、团结协作、共同进步的团队精神。

4. 教师要有科学的作业设计研究思路

教师在每节课后进行作业布置时，可将作业分为四级：基础级、提高级、挑战级、拓展级。基础级是为英语水平较弱的学生准备的，难度较低，侧重于对课本基础知识的基本掌握；提高级是为中等程度的学生设计的，侧重于对基础知识的更熟练运用；挑战级是为有一定知识深度的学生设计的；拓展级是为一些在知识的外延与深度上都进一步提升的学生准备的。每位学生都可以根据自身水平选做其中一至两项，本组组长可以对其进行指导。

5. 加大课堂语言操练的密度

教师要创设语言使用的机会，加大课堂的提问密度，多层次设问，多轮次设问，使学生一直处于一种被引导状态，思维保持长时间的兴奋。同时，教师应加大短小精悍的及时评价的次数，在尽量短的时间内对尽可能多的学生进行反馈，多使用赞许及建设性语言，使尽可能多的学生在当堂受到鼓励与积极指导，使其提高学习的积极性。

修炼建议（Developing）

要想从根本上解决大班教学带来的诸多问题，就必须从根本上扭转教育资源严重不均衡的局面。而在各方为此共同努力的同时，学校和教师作为直接面对大班教学的群体，应该致力于充分挖掘大班教学的优势资源，并积极寻求化解大班教学带来的种种矛盾的有效途径。

就课堂教学层面的需求来说，大班教学的运行顺畅、有效与否在一定程度上取决于教学设计的科学、合理与否。而科学、合理的教学设计的前提就是对学习者的需求进行分析。只有当教师较为准确地把握了学生的思考方式、学习风格、真实水平、真实困难等，课堂教学对满足学习需求的针对性才会更强，教学实施的效果才会更好。

此外，大班额教学的评价问题（课堂教学评价中的学生自评、学生互评、教师评价以及课外学习的形成性评价等）也急需学校和教师的认真考虑和实施。例如，当采用“成长记录袋”来对学生的全面发展进行形成性评价的时候，面对大班额的教师就更需要侧重指导学生如何学习收集资料、促成和完善“成长记录袋”，还要大力倡导学生之间和家长参与的自评与互评活动。此时，教师可灵活运用抽查、集体展示与评比、集体指导、答疑等方式进行监控、指导。

大班额教学是教育发展过程中的过渡现象，不可能成为教育的主流现象。因此，学校要鼓励教师开动脑筋，大胆尝试与探索，克服大班额的困难，科学地指导和引导学生进行课内外语言学习。

二、小组活动的有效组织

问题展示（Questioning）

下面是某市中心小学鲁老师执教《新标准英语》（3A）*Body Puppet* 的小组活动环节的设计与实施。

在“Step 1：启动；Step 2：呈现”之后，鲁老师带领学生进入第三个步骤：

Step 3：制作自己的小木偶。老师按步骤示范制作过程，一边解说一边示范；然后要求学生分小组按步骤制作木偶，一边说一边制作；最后看看哪个小组的所有成员最快完成任务（之后，“评先”环节引起了小小纷争，组与组之间产生了不快，小组成员之间也产生了埋怨）。

Step 4：介绍自己的小木偶。

首先，鲁老师演示如何介绍自己的木偶：“This is my puppet. It’s a boy. He’s Dudu. This is his head...”（此时，还有一少部分学生依然在忙于制作自己的木偶，顾不上看、听鲁老师的演示）

然后，学生在小组内相互介绍自己的木偶（几乎每个小组中都有一两个学生还在忙于制作自己的木偶，不看不听其他人在说什么）。

Step 5：认识新朋友。鲁老师要求学生带着自己的木偶去认识其他小组的木偶，并相互介绍，看谁能在5分钟之内介绍自己的木偶认识最多的木偶朋友（这期间，鲁老师站在讲台上监控全班，不时看看手表，等五分钟到了的时候，大声命令学生回到各自的座位，然后，让学生喊出自己的木偶结识的木偶朋友的数量）。

（后续的步骤省略）

案例分析（Demonstrating）

小组活动是教师将班级学生按一定要求组合成若干学习小组，指导小组成员通过合作性活动完成特定学习目标和任务的一种学习活动。小组活动能减轻学生在参加语言交际活动中可能产生的焦虑心理，给学生提供更多的时间和机会来练习使用语言，使他们表现出更大的学习积极性和创造性。因此，小组活动的有效组织对于提高学习效果有着举足轻重的作用。

上面这一教学案例中的小组活动在具体的实施过程中出现的主要问题有：

1. 任务大、时间短、分层教学不突出，造成部分学生“跟不上趟儿”，造成其他组员的不快；

2. 评价缺乏科学依据和监督机制，引起组与组之间的纷争；

3. 教师的角色定位不准，只扮演了监督者和计时员的角色，而丧失了参与者、指导者的作用。

理论点拨（Illustrating）

小组合作学习是课堂教学中充分发挥学生主体作用的一种有效方法。在英语课堂教学中，师生要共同创造一种自主的、互动的、合作的、创新的教学关系。课前，教师要充分备课：备学生、备教材、备过程、备引导、备组织等；课中，教师要有意识地引导学生，让学生自始至终掌握主动权，而教师则扮演组织者、促进者、合作者、参与者、引导者、合作评价者等角色，最大限度地给学生提供参与语言学习和语言运用活动的机会。这样，学生的主体性得到体现后，自然会产生求知和探究的欲望，就会获得并乐于体验学习带给自己的快乐，并享受到一种被他人接受、信任、认同的情感，从而培养合作能力和团队精神。

小组合作活动中，学生通过感知、体验、实践和合作实现任务目标。这种学习方式能提高单位时间内学生学习、交往、表达的频度和效率，组员之间优势互补，非常有利于培养学生的探究意识和合作精神，更有利于培养学生运用语言进行交际和解决实际问题的能力。同时，小组合作活动可以为一些内向、胆小的学生提供相对安全的话语环境，缓解他们在全班同学面前发言的紧张情绪。

但是，在实际课堂教学中，教师如果对小组合作这一学习方式组织得不好、调控失当，也会产生活动中的“马太效应”，即强者愈强、弱者愈弱。性格开朗、交际能力强的学生容易获得较多的参与机会（或者攥着机会不放）；而性格内向、腼腆拘谨的学生则可能成为“看客、听客”；个别学生还会出现依赖他人、坐享其成的思想和行为。课堂教学实践中，不少教师尝试着将上面三类学生分在同一个小组，旨在以强带弱、或使弱者在强者的感染或压力下奋起赶超，结果不甚理想；也有的教师将这三类学生分别编组，并且提供不同层次的活动任务，由学生根据各小组的整体实力进行选择，这种方法操作性和可行性都不错，只是教师本人要在课前更好地备学生（学习风格、真实需求、真实水平、真实兴趣等）。

教师还要科学把握小组合作活动中的评价问题。教师在评价的过程中会把自己对学生及其行为的认识和情感倾向自觉或不自觉地传导给学生。如果学生在学习中得到正面评价，那么他的内在价值就得到了外界的认可，学习成就的需求就得到了满足，自尊心和自信心就会增强，就会感到一种自我实现的宽慰，同时唤起更高水平的需要。反之，教师的评价也会伤害学生。所以，在小组合作活动中，教师要认真思考，科学利用教师评价、学生互评、学生自评等方式，对学生的学习行为和结果实施综合性的、形成性的评价。

1. 小组活动是合作学习的主要表现形式

合作学习（Cooperative Learning）是20世纪70年代初兴起于美国，并在70年代中期至80年代中期取得实质性进展的一种富有创意和实效的教学，它在改善课堂教学气氛、提高学生学习成绩、促进学生形成良好的非认知品质等方面实效显著。

合作学习通常以小组活动为基本的教学活动形式，它系统利用教学动态因素之间的合作互动来促进学生学习，以团体成绩为评价标准，促进学生共同达到教学目标。口头语言和书面语言都存在着互动，互动是生活在集体中的一种方式。

小组活动以生生对话为主要形式，而生生对话是教学系统中极具潜力的宝贵人力资源，是教学活动成功不可或缺的因素。由于学生在年龄、心理和知识水平等方面具有相近性，因此他们在探究学习中更容易产生心理安全感。这种安全感则能促进他们在群体中自由言说和相互倾听，敢于充分地表达和展现自我。

2. 组织小组活动时容易产生的问题

在目前的教学实践中，许多小组活动都存在不合理性，出现了为活动而活动的现象，主要表现在以下几方面：

（1）独立思考被小组讨论所替代

自主、合作、探究的学习方式为新课标所倡导，目的是帮助学生树立主体意识，使其进行个性化的独立思考和学习探究，并能对问题形成个性化的理解和结论。学生独自解决不了的问题才有必要提交小组讨论，并在师生、生生的互动中解决。但实际上，部分教师刚提出问题就要求学生小组讨论，学生热闹一阵子后，各组代表分别表达小组讨论结果，最后教师统一大家认识。这样做的直接后果是小组讨论替代了学生最宝贵的独立思考，导致学生的思维火花无法迸射出最灿烂的光芒。

（2）小组活动的效率不高

很多课堂小组活动并没有带来师生期望的教学效果。究其原因，主要是：①学生没有明确教师设计活动的目的，更没有得到用目的语进行交流的帮助，在小组活动过程中没有真正的思想交流等；②小组活动要讨论的问题过于简单，有的问题甚至无需小组讨论，学生个人就能解决，于是，小组活动就变成了“走过场”和纯粹的形式；③小组活动的任务过大、时间过短，学生无法实现真正意义上的互动和交流。

（3）教师在小组活动中的角色错乱

教师角色的定位往往直接影响到小组活动的效率。有的教师在学生的小组活动中无所作为，以为这就是“以学生为主体”。其实，学生主体性的发挥受他们自身水平的限制，如果教师不加以恰当引领，学生的认知会在原有的水平上徘徊，最终导致小组活动的低效或无效。有的教师则过多地介入学生的小组活动，使学生的思维和表达都无法实现自主，导致小组活动徒有其名。

因此，在课堂教学中，教师要从知识的传授者变为指导者、参与者、观察者。而且，在每次活动前，教师要从学生的实际情况出发，精心设计活动，安排好每个步骤，预测可能会出现的问题，这是小组活动成败的关键。相互合作的小组活动，可以在每节课的一定阶段进行，也可以在一个单元的某个阶段进行。每次活动可以从几分钟至一节课不等，视需要而定。

(4) 对小组活动的检测与评价缺乏科学性

真实的课堂教学中，多数教师对小组活动的评价笼统而没有实质性内容，令学生深感失落，不知自己的活动成果是否得当，甚至某些学生会觉得自己的活动成果不被尊重和认可，于是，极大地损伤了学生自主学习的积极性。更糟糕的是，长此以往，会对学生的品质产生负面的影响，学生容易养成虎头蛇尾、凡事敷衍了事的习惯。

3. 小组活动的相关策略

(1) 设计小组活动

教师所给的小组活动的任务既要能够引起学生主动参与语言活动的积极性，又要与教学内容相结合；既要能激发学生的兴趣和合作的热情，又要对学生具有一定的挑战性。而且，应该是学生个人难以独自完成的复杂任务，是学生感到疑惑不解、易于引发认知冲突的任务。因此，必须经过交流、争论、思维碰撞和相互接纳，才能使解决问题的思路和策略明确化与合理化。

因此，教师要认真钻研教学大纲，明确教学目的、任务和要求；吃透教材内容，理解和掌握教材的内在联系，安排好课时，抓住教材中的关键点，突出重点、突破难点，设计好英语课堂小组活动。更重要的是设计如何调动学生的学习积极性，如何挖掘学生的内在潜力。同时，教师在设计小组活动时要考虑把学生置于真实的英语环境之中，想方设法把枯燥无味的语言材料转变成生动活泼的活动内容。

小组活动的形式也有很多种，如 games，Role-play and simulations，drama，interview，survey，brainstorming，debate，speech 等。教师应根据课文的内容来设计具体的小组活动。

(2) 分组

教师在将学生进行分组时，要尽可能保证让每位同学都能参与活动，学生的积极参与是开展一项有效活动的前提和保障。分组时教师要考虑学生的性格、英语学习基础、能力等的差异，每个小组一般由 4－6 人组成，这样可以保证在小组活动中每个学生都有充分的话语权，而且也易于操作。小组成员中的外向型学生可以带动内向型的学生积极参与和发言，小组成员的差异互相影响，取长补短，最终共同发展。

在教师向学生明确了任务和活动要求后，小组成员根据各自的角色和任务，通过探索、交流、合作，共同实现学习目标。

教师要尽力做到合理分配，如果在活动过程中发现有不合理的分组，应适当调整。教师也应该根据不同的讨论话题及不同的活动形式而临时改变分组方式。

(3) 指导学生完成小组活动

教师应鼓励小组成员平等相处，在学习过程中相互取长补短，提高合作效率。在课堂活动中，教师应督促小组成员共同探讨学习中遇到的问题，使每个学生都能自我表现，都有实现、完善和发展自身价值的机会。教师在组织讨论时，要将引导与启发、点拨与设疑相结合，使讨论深入，为学生营造宽松、活跃的讨论氛围，实现全体同学参与活动的目的，并力争使整个小组在全班同学面前呈现出最佳状态，让每个成员更有成就感。

(4) 小组活动的成果汇报及评价

在课堂上，教师应尽量让每个小组都有汇报的机会，如果时间不允许，可安排未汇报的小组在下次课上汇报，或把这些组获得的成果贴在教室里让其他小组共享。另外，小组之间积极的竞争，也会对小组讨论活动产生促进作用。

对于小组的汇报，教师应做出积极评价。在评价时，还应注意评价的指导性和激励性。同时，教师的评价要考虑并注意学生的个体差异性，根据学生的个性差异和认知水平确定不同层次的评价标准，以鼓励和表扬为主，课堂上的激励要真诚、热情、恰到好处，使每一个人都能实现自我价值的认同。

同时，教师还应鼓励学生进行自我评价。教师应该有针对性地指导学生不断解剖自己，认清自己的特点、能力、兴趣，分析自己的学习过程，形成自我调控、自我管理的能力，从而不断提高学生的自主学习能力和自我发展能力。

组织有效的小组活动可以使学生在课堂上动起来，思维活跃起来，真正成为课堂的主人，激发学习的热情和信心，培养自主学习能力和合作能力，同时培养运用语言的能力，并提高教学效果。

反思探究（Reflecting）

基于以上的"案例分析"和"理论点拨"，我们可以这样进一步完善小组活动的设计细节，从而体现小组活动管理的科学性。

Step 3：制作自己的小木偶。老师按步骤示范制作过程，一边解说一边示范。然后要求学生分小组按步骤制作木偶，一边说一边制作；同时要求较快做好木偶的学生帮助小组其他成员尽快完成木偶的制作，一边说一边帮忙制作。

Step 4：介绍自己的小木偶。首先，鲁老师演示如何介绍自己的木偶："This is my puppet. It's a boy. He's Dudu. This is his head..."（在演示的同时，老师将"This is my puppet. It's a boy. He's Dudu. This is his head..."写在黑板上或展示在PPT上，以备稍微落后的同学待会儿使用。）

然后，学生在小组内相互介绍自己的木偶（老师建议先让还在忙于完成自己的木偶的同学介绍已经完成的部分，然后接着做未完成的部分。这时，其他已经完成木偶制作的成员相互介绍各自的木偶）。

Step 5：认识新朋友。鲁老师要求学生带着自己的木偶去认识其他小组的木偶，并相互介绍，看谁能在五分钟之内介绍自己的木偶认识最多的木偶朋友（这期间，老师不是站在讲台上监控全班，而是四处走动、随时提供帮助和指导甚至参与，灵活机动地根据学生的真实需求调整时间）。

修炼建议（Developing）

心理学研究表明，一个人处于积极主动的良好情绪状态时，85%的潜能都能释放出来。学生在课堂教学中的这种积极情绪状态主要表现为浓厚的学习兴趣和高昂的学习热情。

课堂小组活动如果能够科学成功地开展，确实能提高学生的学习效率，培养其合作精神和创新精神。教师应充分意识到课堂小组活动在英语教学中的积极作用，要充分考虑到小组活动的实践性、交际性、自主性、探究性和延展性等多种因素，要遵循学生的语言学习规律，了解不同学生身心发展的需求，依据学生所学知识的难易程度和学生的实际水平，精心设计课堂小组活动，改进分组方法及小组活动形式，真正做到适时适度、切实可行并富有成效。唯有如此，英语课堂小组活动的作用才能得到充分发挥，从而保证学生语言技能的提高及个人品质的升华。

三、游戏活动的管理

问题展示（Questioning）

下面是一个关于 26 个英文字母的游戏活动教学案例。这个案例的教学目的是要求学生：（1）熟悉 26 个英文字母的读音以及排列顺序；（2）掌握 Aa、Ee、Ii、Oo、Uu5 个元音字母。

游戏活动开始前，教师带领全班 62 名学生共同复习 26 个英文字母，并在黑板上写出 5 个元音字母。游戏活动开始后，师生共唱 ABC 字母歌，边唱边拍手。当唱到元音字母时，不能拍手，但要举起手，如果继续拍手，就算犯规，而犯规者要在全班学生面前单独或与其他人一起用已经学过的对话、礼貌用语做一个对话节目。

此游戏共做了五遍：前两遍师生一起边唱歌边拍手，让学生熟悉游戏规则；第三遍教师不参与，学生做，速度适中；第四遍学生做，速度稍快；第三遍和第四遍犯规的学生出来在全班同学面前表演英语对话节目；师生共同做第五遍，速度逐渐加快。

由于班额较大，教师无法发现每次没有举手的学生，有些学生发现自己出错，在老师看其他学生时，赶快举起手，其他同学则指出谁没有举起手，该学生则辩称自己一开始就举起了手。从第二轮起，秩序大乱，到第五轮时活动已经无法开展。

案例分析（Demonstrating）

这一游戏过程比较复杂，要发现谁犯规是很复杂的事情，依靠教师一人检查，是难以及时发现和控制的。解决的办法就是让学生相互监督。

比如，把学生按纵向座位分成A、E、I、O、U五组，唱到A时，A组每个人举起手，E、I、O、U组同学监督他们是否举手；唱到E时，E组每个人举起手，A、I、O、U组同学监督他们是否举手，依此类推。

这样的分组就可以很好地管理游戏的过程。

当然，这个游戏本身还可以进行优化，比如：

1. 让学生在纸上写上自己名字的拼音，或者自己的英语名字，唱到自己名字的第一个字母时，就举起纸，这样就可以扩大到对更多字母的训练。

2. 让学生在卡片上写出自己会写的一个英语单词，在唱到这个单词里有的字母时，就举起这张单词卡，这样也可以扩大到对更多字母的训练。

3. 让学生写出自己喜欢的五个字母，在唱到自己喜欢的字母时，举起字母卡，这样也可以扩大到对更多字母的训练。

4. 让学生按照要求分别写出26个字母，比如第一横排学生写出A—E，第二横排学生写出F—J等，直到分配完所有字母。然后在唱到自己所写的字母时，举起字母卡，这样也可以扩大到对所有字母的训练。

监督方式仍然如同之前，让学生5人一组，相互监督。不宜设计2人一组相互监督，因为这样可能形成监督者的判断被对方否认而无法确认，多人监督的结果一般都不会出现问题，被监督者也难以否定。

相互监督对于过程性游戏非常重要，可以确保游戏的正常进行，所以要经常使用。这种游戏的方式应该进行必要的训练，让学生熟悉，这样在开展活动时，教师只需要说明5人一组、相互监督，学生就能按照常规有序进行。

当然，游戏本身是激情性活动，所以，不要过于担心教学秩序，只要学生能达到学习目标，秩序稍微乱一些也没关系，因为这是学生情感的正常表达。一个过于秩序化的小学英语课堂反而是十分可怕的，因为这不符合小学生的天性，也不符合英语教学活动化的规律和特点。

管理是相对的，学习才是绝对的。所以只要游戏活动是促进有效、高效学习的，秩序管理的要求就可以适度放松。很多老师总是抱怨小学活动教学“一放就乱，一收就死”，要知道，课堂上我们有时需要放，有时需要收，放的时候就难免适度乱一些，收的时候就难免适度死一点。其实，只要我们把握住学习这一本质，乱或者死、收或者放都是第二位的。

理论点拨（Illustrating）

小学英语课堂教学的教学程序可以大致分为以下几个阶段：

1. 课堂的启动。这一阶段包括课前准备、启动和复习旧知识等环节。

2. 新语言的导入。这一阶段包括新语言内容的导入、新语言内容的呈现等。

3. 新语言学习。这一阶段包括新语言内容的讲解、新语言内容的例释等。

4. 新语言练习。这一阶段包括新语言内容的操练、新语言内容的课堂巩固等。

5. 新语言内容的复习。这一阶段包括对学生新语言学习的评估以及对学生进行情感、策略、文化方面的指导等。

6. 最后进行总结，布置作业（鲁子问，《小学英语活动设计与教学》，2008）。

当然，前面所述几个阶段并不是固定的，我们完全可以根据教学内容、教学目标和学生的实际情况进行调整。

“游戏活动”客观存在于上面每个阶段的学习过程中，而且每个阶段的学习目的不同，“游戏活动”的设计与实施的要求也不尽相同。在语言教学中，游戏是一种常用的较为轻松的活动形式。尤其在游戏前的准备阶段，教师能将重点置于语言的结构与形式中，同时，学生也可以在做游戏前就开始富有意义的语言实践。

下面是几种游戏分组的方法和游戏活动的评价方法：

1. 游戏分组（每种方法大概需要3—5分钟）

几乎所有的英语教师在课堂上组织活动时，都会不假思索地将全班简单地分为左、右两组或前、后两组或左、中、右三组，无意中打击了学生参与活动的积极性，也不具备任何创新意识。其实有许多较为新颖、别致的游戏分组法可以采用，这些方法一开始就能吸引孩子们的兴致，而且能操练学习内容。例如：

（1）抓绸带（using ribbons）。老师将一束绸带抓在手里，孩子们每人抓一端，然后老师松开手，抓住同一根绸带的孩子是一组（也可以将绸带换成比较结实的纸条）。

（2）数字法（numbering）。老师将孩子们分成若干组（根据需要而定）。给每组孩子一人一个数字，都从1开始。当所有孩子都领到自己的数字后，那些数字相同的孩子就是一个小组（也可以用字母、形状、颜色、食品等来代替数字）。

（3）歌谣法（using a rhyme）。根据需要将孩子们随意分成几个小组（人数要一样多），让他们站成几个圆圈，每人伸出右手，中间站一个孩子。大家一起说：

One potato，two potatoes，three potatoes，four；

Five potatoes，six potatoes，seven potatoes，MORE!

或者：

Red is for roses，roses，roses；

Red is for roses；

So out you GO!

每组中间的孩子边说边在圈内跑。当说到 MORE 或 GO 时，大家赶紧将手收回，来不及收回而被中间的那个孩子抓住手的学生就得站出来，这就是第一组。然后再来第二轮、第三轮……

(4) 卡片法（pairs of cards）。根据需要做几套卡片，上面写有刚学过的单词或语法项目（要确保几套卡片上的内容一样）。将孩子们随意分成几个组，每人发一个卡片。孩子们大声读出自己卡片上的内容，内容一样的就是一组。

(5) 身高或年龄分组法（using height or age）。让孩子们按照身高或年龄排队，然后老师将他们按需要分成若干小组。

(6) 听音乐分组法（making random groups to music）。播放节奏较强的音乐，孩子们根据音乐的节拍跑或者跳。老师突然关掉音乐，高声喊："Groups of three! (or four...)"孩子们赶紧根据老师喊的数字形成小组。

(7) 摸名字（names in a box）。将孩子们的名字全部放进一个箱子里。老师将手伸进箱子，搅和几下，根据需要将名字两个两个地或三个三个地摸出，以便形成活动小组。

2. 活动评价（活动打分，每种方法大概需要 3—5 分钟）

和编组一样，在给学生的课堂活动打分时，教师同样可以采用很多新颖别致的、能够引起学生兴趣的方法。例如：

(1) 足球比赛（football Match）。在卡片上画一个大大的足球，在黑板上画一个足球场。将学生分成两只"足球队"，由他们自己给足球队命名并选定自己的进攻方向。比赛的过程就是教师与学生共同完成学习任务的过程（教师设计的教学内容）。足球从场地中心点开始移动。如果甲队得分，球就往乙队的球门方向移动一步。如果乙队得分，球就往甲队的球门方向移动一步。谁的球先移到对方的球门，谁就射门得分。然后球重新回到场地中心点，新一轮比赛开始。(也可以根据学生的爱好和兴趣将足球改为篮球或排球等)

(2) 画图计分（drawing points）。事先定好要画一幅什么画（小房子、小树、小兔子等，这也可以是教师设计的教学任务）。学生每得 1 分就可以画上一笔，哪个组的画先画完整，哪个组就赢了。

(3) 青蛙过河（stepping stones）。在黑板上画一条小河，河中间画几块儿石头，给每个小组发一个纸板做的青蛙。每得 1 分，青蛙就可以往河对面跳一步（一块儿石头就是一步）。哪队的青蛙先到达河对岸，哪队就赢了。

(4) 爬梯登塔（climb the tower）。在黑板上画一堵城墙，一架梯子靠在城墙上。学生每得 1 分就可以沿着梯子向上爬一格，先爬到城墙上的小组获胜。

(5) 拼词（the winners）。比赛的目标是哪个组先拼写完 THE WINNERS 这个词组。学生每得 1 分可以写一个字母，先拼写完整的小组获胜。

另外，我国经常使用的写"正"字、画五角星、贴小红花等方法也很好。

反思探究（Reflecting）

基于以上的“案例分析”和“理论点拨”，我们将该游戏活动进行一点儿改编，从而强调游戏活动在课堂教学中的管理技巧。

1. 师生先回忆、复习 5 个元音字母，并写在黑板上（对刚学完字母的小学生来说，也许有的同学对 5 个元音字母不太熟悉，做此游戏的目的是为了让学生记住 5 个元音字母，在黑板上写出 5 个字母可引起学生有意识的注意，再加上后面的游戏巩固可使学生产生趣味记忆，达到良好的记忆效果）。

2. 将全班学生分为 Aa、Ee、Ii、Oo、Uu 五个小组。

3. 师生共唱 ABC 字母歌，边唱边拍手。唱到 A 时，A 组每个人举起手，E、I、O、U 组同学监督他们是否举手；唱到 E 时，E 组每个人举起手，A、I、O、U 组同学监督他们是否举手，依此类推。该举起手时，如果学生继续拍手，就算犯规，而第四、五轮的犯规者就要在全班学生面前演唱一首英语歌曲或歌谣。

此游戏共做五遍：第一、二、五遍教师一定要参与，这样可创造一个和谐、活跃的课堂气氛；第三遍教师不参与，学生做，速度适中；第四遍教师不参与，学生做，速度稍快；第三和第四遍犯规的学生出来在全班同学面前表演英语对话节目。

修炼建议（Developing）

依据国家《课程标准》，孩子们通过小学阶段的英语学习，要达到：

“能用简单的英语互致问候，交换有关个人、家庭和朋友的简单信息，并能就日常生活话题作简短叙述。能在图片的帮助下听懂、读懂并讲述简单的故事，能在教师的帮助下表演小故事或小短剧，演唱简单的英语歌曲和歌谣。能根据图片、词语或例句的提示，写出简短的描述。”

要达到以上这些目标，教师必须采用灵活的、有效的语言练习活动方法：活动宜简单，以便孩子们懂得他们在活动中应该干什么；教师在选择和设计具体活动时，应从孩子们的现有英语水平、年龄、兴趣等出发，设计孩子们力所能及的学习任务，同时这些任务也应该有一定的挑战性，使他们在完成任务后有胜利感和满足感，能增强其自信心，产生进一步学习的动力。

四、表演活动的管理

问题展示（Questioning）

下面是《新标准英语》第三册第三模块第二单元的教学案例。这节课的教学目标是帮助学生听懂 What are you doing? 等询问语；能口头运用“I'm watching TV.”等句型描述自己在做的事情；能在图片提示下整体识别 listening to music，talking to my friend 等短语。

Step 1：热身导入。学生观看、解说前一单元的课文动画片；然后观看一段学生自拍的录像片，其中一个男生又是看书、看电视，又是拍照片（拍别人打篮球的照片时被篮球打着头了）。接下来，这个男生摇头晃脑、哈哈大笑，大家看不懂他在做什么。老师问："Who is he? Where is he? What is he doing?"确定之后，问这个男生："Where are you? What are you doing?"这个男生看着老师，不说话。老师问："你听不懂吗？没关系，我们先学课文，大家就会了。"（Let's learn how to ask and answer about this first. Let's come to the text.）

Step 2：课文学习。师生观看课文的动画片：爸爸妈妈听不到 Tom 的声音，不知他在哪儿、在做什么，于是就让 Sam 和 Amy 去看看 Tom 在做什么。Sam 和 Amy 很快就笑着跑回来了，因为他们发现还不认字的 Tom 竟然在看书呢！

然后学生再听课文录音，跟读 3 遍。

老师问刚才录像片中的那个学生："What are you doing?" 他回答："I'm listening to music."

Step 3：巩固和运用。老师在黑板上写出：What are you doing? I'm listening to music. 老师带学生指读："I'm listening to music."时，故意采用唱歌的方式，并教学生唱这一句，再问学生："Do you like it? Let's learn to sing it."播放歌曲，教学生唱 5 遍之后，老师让学生先看录像，然后模仿表演短剧。录像内容是：住在二楼的学生问楼上楼下的同学："What are you doing?"一楼同学回答："I'm watching TV."三楼同学回答："I'm listening to music."四楼同学回答："I'm talking to my friends."然后集体回问："What are you doing?"（重读 you）然后让学生模仿表演。在背景音乐中，学生开展模仿活动。最后大家一起高唱 *I'm listening to music* 这首歌，下课。

在这个教学案例中，"表演"形式得以较为充分的发挥。那么，每一次的"表演"效果如何？有没有为学生语言运用能力的获得提供帮助？

案例分析（Demonstrating）

这节课的设计对教学内容的把握很准确，帮助学生基本上把握了 be doing 这一结构的语用：看不见对方在做什么，需要询问对方时，可以使用 be doing。语言学习过程的设计也较为合理：让学生感知、学习、操练、表演、运用。这样的教学较为扎实，有利于学生掌握语言结构。

然而，第一环节中"学生自拍的录像片"出现得"莫名其妙"，而且和后续的活动有自相矛盾的现象（老师已经用了学生的自拍录像，怎么会不知道是谁呢）。"课文学习"部分显得机械，如果老师能将这一环节改变为"分角色表演"，效果可能会更好。"巩固和运用"环节中将 I'm listening to music"歌曲化"的创意不错，但"楼上楼下"这一活动不甚真实，也有违良好的文明习惯（大声喊叫）。

理论点拨（Illustrating）

表演是一个动作、一种行为，也是一种表现手段，带有一些艺术色彩，常常指把情节或技艺表现出来。表演活动是指学生用各种动作形式进行语言学习的一种有效行为过程。表演活动具有较强的综合性，它涉及了认识领域、情感领域和身体领域，有利于教育目标的全面贯彻。

在小学英语教学中，表演活动独具魅力，它是教学获得成功的一条捷径。它是学习者对语言在深层次上的内化，需要以理解为前提，通过某种形式再现出来。小学英语教材提供了大量的语言表演素材，使学习者能孕育在肥沃的语言土壤里，也能驰骋在广阔的语言学习天地里。它既符合小学生的身心特点，又符合语言学习规律，经常被英语教师采用，也深受孩子们的喜爱。在教学中，倘若教师能独具匠心地挖掘教材，灵活地处理所学语言材料，让学生用真挚的感情、生动的语言、形象的动作来感知、模仿、交流、表演，那么，毫无疑问，表演会为英语课堂注入活力。

1.“表演”能有效激发学生的兴趣，化“枯燥”为“神奇”

人天生具有表演的潜质，孩子们尤其喜欢表演。一个简单的表演游戏，孩子们会不厌其烦地反复表演，而且表演几百次仍然可能兴趣盎然。为此，小学英语教师应该充分利用孩子们喜欢表演的天性，引导他们在表演中学习英语。尤其是对于语法、词汇等较难、较枯燥的语言内容的教学，教师尤其应该尽可能采用表演的形式，积极引导学生掌握知识并获得语言运用能力。

2.“表演”能有效创设语言的情境，让“假戏”变“真做”

小学英语教学内容中，有大量生活化的信息被引入，虽然全国各地的生活习惯和文化差异客观存在，但是各种媒体的传播能够帮助大家理解并接纳不同的文化差异。因此，教师可以直接借助孩子们真实的生活经验来“创设”语言运用的情境，让孩子们在自己熟悉的语境中，以自己喜爱的“表演”形式来呈现、操练、巩固和运用语言知识，将“假戏”变“真做”，使学生将在课堂中学到的知识转变为生活语言运用的能力。

3.“表演”能大量提供展示自我的机会，改“要我演”为“我要演”

小学生的多元智力现象已经非常明显。因此，在英语这一语言智力领域，并非每一个孩子都是那么优秀，为此，碍于面子或羞于犯错，不少孩子在课堂中不善发言，不积极参与活动。而“表演”中的角色对话、歌曲演唱、语音节奏、单词拼写等富有创造性和活力的形式能发挥各个层面、各种智力组合的孩子们的学习潜能，从而帮助孩子们（重新）树立自信，变“被动”为“主动”、改“要我演”为“我要演”。

反思探究（Reflecting）

基于以上的“案例分析”和“理论点拨”，我们计划完善问题案例，从而更加有效地体现表演在语言学习中的运用。

Step 1：激活与导入。师生互致问候。老师说：“我在你们上体育课的时候拍摄了一段无声录像，请大家认真看、仔细找：有我吗？我在干什么的时候被老师拍下了？”（孩子们一下子就兴奋了！在观看的过程中不时发出笑声，还相互问着：“哎，快看！你那是在干吗呢?!”）播放之后，老师问：“在观看的过程中，你们不停地交头接耳，相互之间问得最多的是哪个问题啊？”“‘你那是在干吗呢？’对不对?!”转身在黑板上写道：What are you doing? 并顺利、自然地进入下面各环节。

Step 2：课文学习。老师让学生观看另一段无声视频，并请学生猜一猜里面的每个人都是谁？在干什么？之后，通过“问一答”，引出下面的对话（老师边问边将这段对话的内容写在黑板上）：

T：Who are in the film?

Ss：A family.

T：How many people are in the family?

Ss：Mum and Dad，and three children.

T：What are they doing?

Ss：Mum and Dad are doing their housework.

T：What are the children doing?

Ss：Sam and Amy are looking for Tom.

T：What is Tom doing?

Ss：He is reading.

T：Why are Sam and Amy laughing?

Ss：因为 Tom 还不认字呢，怎么会读书啊?!（Because Tom is too young to read.）

接下来，老师高度赞扬了学生的观察力之后，请大家相互问答，操练黑板上的对话。

Step 3：表演与巩固。老师让大家小组活动：一个小组成员随心所欲地表演各种动作，但不说话。当其他组员询问时，他才做出回答（组员轮换角色）。每个小组选出猜测难度最大的表演动作，让全班一起猜（连猜三次都猜不出的表演动作，表演者自己用英语描述出答案）。最后评选出“表演”之星（让其他人猜测次数最多的动作表演者）。结束。

修炼建议（Developing）

国家《课程标准》提出：“通过英语学习使学生形成初步的综合语言运用能力，促进心智发展，提高综合人文素养。综合语言运用能力的形成建立在语言技能、语言知识、情感态度、学习策略和文化意识等方面整体发展的基础之上。”表演活动可以使复杂的语言简单化，教师运用学生熟悉的材料教学，可帮助学生理解掌握新的语言知识，提高学生运用语言的能力。这就要求教师设计、选择符合上述要求的表演活动。比如，在设计“The wolf is coming”时，可故意将故事结局省略，让学生充分发挥儿童特有的想象力、创造力自编结局。果然，学生将剧本以不同的手法演绎，结局也五花八门，但所预料的小孩被狼吃掉的传统结局没有出现。这种设计则恰恰符合新课程的要求。

表演活动的设计与选择还会受地区学生英语基础、师资、硬件设施等因素的局限，但只要肯动脑筋，教师肯定能设计出符合上述要求、适合自己学生的表演活动来。

五、手抄报活动的管理

问题展示（Questioning）

英语手抄报是指学生用英语摘抄的、以英语学习为主要内容的手抄报。在学校，手抄报和黑板报一样都是很好的宣传工具和学习工具。先请看几份小学生的手抄报：

手抄报（1）

手抄报（2）

手抄报（3）

手抄报（4）

手抄报（5）

手抄报（6）

以上呈现的这六份手抄报具有什么样的特点，存在什么样的问题，教师还需要从哪些方面进一步优化对手抄报活动的管理呢？

案例分析（Demonstrating）

上面呈现的六份手抄报总体来说是很不错的，其主题明确突出、版面新颖美观。

手抄报（1）、（3）、（5）的主题是“食物”（Food），孩子们的灵气、创造性以及对课文内容的把握等都跃然纸上，让读者一眼就能够看出其中的图案设计代表了各自了解和喜爱的食物，如樱桃、胡萝卜、鱼、茄子、葡萄、花生、苹果、香蕉等。其字号、颜色、花边与邻近的文章内容等安排也都较为科学、合理。

手抄报（2）的主题是有关“奥运”的，奥运福娃和奥运五环让读者觉得熟悉、亲切、逼真、动感十足。

手抄报（4）的主题是“万圣节”，典型食物南瓜硕大、醒目，其“三角眼和哭笑难辨的鬼脸”以及上中部“舞动的长舌”都反映出作者对“万圣节”这一文化节日主题的捕捉与把握是相当不错的！

手抄报（6）的主题虽然不像以上五份那么突出明确，但读者依然能够猜得出来：作者一定是将自己感兴趣的、与学习内容相关的信息摘抄至此，与大家分享。

一份手抄报的“问世”，从内容的收集与处理到版面的设计与调整都需要同学们花费大量的时间并倾注相当的精力。因此，小学英语教师需要帮助小学生首先处理好课内外学习活动的平衡问题，还要帮助他们在版面设计、信息收集与处理、色彩搭配与字体选择等方面有新的收获，培养他们的设计能力、审美能力、文化鉴别与欣赏的能力。

理论点拨（Illustrating）

《课程标准》在“教学建议”的第七条要求“组织生动活泼的课外活动，拓展学生的学习渠道”。同时明确指出：“教师应根据学生的年龄特点和需求，结合当地经济文化发展实际，有计划、有组织、有创造性地开展内容丰富、形式多样、因地制宜的课外活动，如朗诵、唱歌、讲故事、演短剧，以及英语角、英语墙报、校园或班级刊物等，还可以举办英语演讲会、英语演出、英语主题班会以及英语作品展示会等，甚至可以参与社区英语活动。有条件的学校还可以参与有组织的国际学生交流活动。”

手抄报是课外学习的一种很好的活动形式。课外学习作为课外活动的一种形式，是教学过程的有机组成部分，是课堂教学的延续，更是培养学生语言运用能力的重要过程。

新课程改革以来，学生的课堂英语学习和课外英语学习之间的明确界限越来越淡漠，课堂学习不是英语学习的全部，课外学习成为学生学习英语的重要组成部分。课外英语学习的功能越来越多、越来越重要。

1. 课外学习成为课堂学习的自然延伸和补充，成为尊重学生个体学习差异、满足学生学习方式的独特性、培养学生自主学习能力的重要途径。虽然课改后教师都在以自己的实际行动实践着“以学生为中心”的教育理念，但由于班额较大、教学条件相对有限，不少教师在一定程度上还是忽视了学生学习的个体差异，要求所有学生在同样的时间内、运用同样的学习条件、以同样的学习速度掌握同样的学习内容，并要求他们达到同样的学习水平和质量。即使有些教师采用了分层教学，尽量满足各级各类学生的个体差异，但还是有不少学生感到课堂教学无法满足自己的特色需求。在这种情况下，课外学习就给学生提供了各取所需、各尽所能的机会和条件。所以，学校和教师不要统一占用学生课外学习的时间，只需要选拔优秀的教师随时为学生的自学提供帮助即可。

2. 课外学习是学生发挥各自优势的绝佳时机。学校和教师要积极创造条件，帮助学生满足各自的真实兴趣（并非一定是英语学习），培养学生利用课外时间和课外实践合作、发明、创造。英语是一门实践性很强的工具课，学生可以将自己在课堂上学到的英语知识和获得的语言技能作为“支架”，去实现各自的理想。

3. 课外学习是培养学生“研究性学习”意识和能力的有效途径。新课改要求教师的课堂教学（无论是英语还是其他学科）要具有鲜明的“主题性”、具有培养学生“问题意识”的引导性。学生在课堂学习中经过教师的引导，发现与自己的生活和学习密切相关的问题，并致力于解决这些问题。此时，教师就要引导学生组成“研究性学习小组”，积极帮助他们开展“基于问题的研究性学习”。在研究性学习的过程中，学生提高了收集、分析、处理数据以及运用数据解决真实问题的能力。也就是说，学生通过课外学习获得了终身学习必备的基本技能。

要真正发挥课外活动的功能，教师和学校必须做到以下几点：

第一，课外活动的设计与实施应尽可能与课堂教学活动密切相关，即进行课外活动时应尽量应用课堂里学到的知识技能，同时利用课外活动中的所学反过来促进课堂学习。这样的循环往复便能够使学生的能力得到更快的发展。

第二，给每个学生在课外活动中尽可能多的表现机会，让每个学生都能从自己的任务中获得成功的情感体验。

第三，课外活动应能够引起每个学生强烈而稳定的情绪和满足感，能让他们按自己的兴趣自觉自愿地参加，从而体验并获得学习的本质——快乐。

第四，教师在组织课外活动时，应以学生的“最近发展区”为目标，即布置的任务必须超出学生的现有水平，但学生经过一番努力又能够完成，从而拓展学生的视野，提高他们的语言运用能力。

反思探究（Reflecting）

虽然手抄报主要是作为课外学习活动的一种形式存在着、演变着、发展着，但小学英语教师完全可以将手抄报应用于课堂教学之中，发挥手抄报的“主题性、文化性、个性”等特征，帮助学生利用手抄报来巩固课堂上学习的知识，拓展学生的文化视野，突出每一位学生的审美、设计、理解、欣赏等个性特征，更加有效地实现教学目标。

手抄报在学习活动中的作用可以这样得以体现，以“手抄报（3）”为例：

1. 手抄报作为学习资源

手抄报作为课堂内外的学习资源，可以帮助小学生认读词汇、巩固语法、完成任务、拓展文化、形成语用能力。

（1）词汇：food：turnip，strawberry，pineapple，banana，fish，grape，apple，eggplant.

谚语：An apple a day keeps the doctor away.

（2）语法：What is your favorite fruit? Do you like...？

（3）任务：Make a poster：Healthy Food.

（4）文化：中西方饮食文化（习俗）的差异及其原因。

（5）能力：运用所学知识，教会自己并说服他人保持健康的饮食习惯；询问他人的饮食习惯，并给出合理化建议；帮助外国人完成购物任务等。

2. 手抄报作为教学手段

手抄报作为一种教学手段，其实一直存在于PWP教学模式的整个过程中，而不仅仅是在“课后”。例如，它可以出现在不同的教学环节并发挥不同的作用。以“手抄报（3）”为例：

（1）根据画面猜测今天的学习主题和主要学习内容（预测）；

（2）激活学生已有的生活经验，导入学习话题（导入）；

（3）说出画面中的水果名称，并加以分类（练习）；

（4）谈谈画面中你最喜爱的食物，并给出原因（运用）。

3. 手抄报作为学习方式

小学生的英语学习以保持对一种外语的兴趣为主要目的。也就是说，如果小学生经常接受的是“被动式学习、接受性学习”方式的培养，而不是“探究性学习、发现性学习”等主动能力的培养，那么，小学生的英语学习兴趣就很难得以激发与保持，教育教学目的就难以实现。而手抄报可以帮助教师培养并保持小学生的外语学习兴趣，尊重并挖掘每一位学生个体的差异与潜力，发现并探究异国文化的新奇与奥秘，欣赏并传播祖国语言文化。

4. 手抄报作为评价手段

小学升初中的评价机制不像初中升高中、高中升大学那样“残酷、唯分数论”，对小学生的评价更需要教师级别的评价者识别、尊重并挖掘每一个个体的智力差异与潜力，确定其“最近发展区”，以其发展优势带动其弱项的进步。而手抄报可以作为一种形成性的评价手段，较为客观、真实地反映每一位学习个体的过去、现在和将来。

修炼建议（Developing）

手抄报作为小学阶段课外学习活动的一种主要形式，不只是课堂学习的外延和拓展，更是丰富课外生活、对师生进行思想教育的有效途径。

其显性作用是：（1）活跃并丰富了校园文化，增添了校园活力，使整个校园充满了朗朗的读书声和欢笑声；（2）提升并完善了学校形象，让家长与校园社区进一步认可学校的办学理念；（3）为学校接受各级各类的办学评估提供了更具特色的支撑材料。

其隐性作用是：（1）激发了学生英语学习的兴趣和积极性，提升了教师的课改理念；（2）巩固了学生在课堂上学习的英语知识，强化了学生的真实语言运用能力；（3）拓展了师生语言学习的视野，加深了师生对语言文化以及差异的理解与尊重，增强了学生跨文化交际的意识和能力；（4）丰富了师生的校园生活，加深了师生对学习和生活的热爱。

学校即社会，生活即教育。课外活动应该是基于校本特色而得以开展和管理的。每所学校的特色都不尽相同，每所学校的师资水平和素养都不尽相同，每所学校的学生需求和发展方向都不尽相同。因此，课外活动没有可以直接复制、套用的固定模式，每一所学校、每一位教师、每一位学生都要根据自己所处的环境、所享有的条件进行积极的设计、实施、完善、发展，从而将课堂学习与课外活动密切联系起来、发挥学校的办学功能、生活对学习的指导功能以及教育对人的发展功能。

专题四 教学评价

一、课堂学习的形成性评价

问题展示（Questioning）

下面这个小学英语教学案例的教学目标是：帮助学生用“一般现在时”询问并谈论各自的“业余爱好”。

Step 1：导入。师生互致问候之后，老师说：“Class！We are going to talk about our hobbies today.”转身在黑板上写下 our hobbies，然后问学生：“What do you usually do after class?”（转身将该句写在黑板上）学生的回答几乎一样：“do homework.”老师又将 do homework 写在黑板上，并完善为：I usually do my homework after. 接着又问：“Do you like homework?”（你们喜欢做作业吗？）学生一起喊：“No!”老师问：“What do you like，then?”学生七嘴八舌地说：“I like pingpang.” “I like playing computer games.”... 老师（把学生的回答写在黑板上，高兴地）说：“These are your hobbies.”

Step 2：呈现。老师请学生看黑板上的句型：What do you usually do after class? I like pingpang. I like playing computer games. 说：“当你想了解对方的爱好时，你可以这样问。”（指着黑板上的句子），学生心领神会地回答：“What do you usually do after class?”老师听后对学生竖起了大拇指。“If you want to know how much he likes it，what can you say to him?（如果你想知道对方喜欢到什么程度，你会怎么问啊？）”一个学生回答：“How much do you like it?”老师（更加高兴）：“Great！Yes，we can also say：How often do you do that?”（将这句话写在了黑板上）接下来，老师带领学生朗读黑板上的句子：What do you usually do after class? I like pingpang. I like playing computer games. How much do you like it? How often do you do that?

Step 3：听读对话。老师要求学生一边听录音，一边跟读对话。（两遍）

Step 4：操练语言结构。老师让学生两两活动：问——答。要求学生运用黑板上的句子。

Step 5：展示。老师让三组学生到教室前边展示刚才的问——答过程和内容。之后，让全班同学为这六名学生鼓掌。

Step 6：作业布置。老师要求学生：（1）下课后把课文中的对话再读两遍；（2）

回家后询问父母的爱好；(3) 预习下次课的内容（特别是单词）。

这一堂课教学过程中有没有形成评价的环节呢？如果有，在哪些环节中体现出来了？效果如何？

案例分析（Demonstrating）

在这一课堂教学过程中，老师能与学生开展较为顺畅的对话，教学活动基本上围绕话题这一主线进行，还是不错的！但是，这节课存在几个方面的主要问题：

1. 没有突出强调语言结构（一般现在时）及其在语言功能（询问并发表自己的看法）方面的真实运用。因此，语言运用目标的完成受到了一定影响。

2. 这节课中几乎没有评价活动，更没有形成性评价的环节。学生只是一味地被老师牵着鼻子走，没有机会进行"有意义的语言运用练习"，没有机会收集信息、处理信息，或运用信息解决真实的学习问题，为此，我们说老师忽视了学生在课堂学习和评价中扮演的角色。从心理学的视角来看，学生的自我评价和调整是贯穿学生学习过程的核心成分。因此，学生在学习评价中既是评价的客体，又是评价的主体，应该参与到评价过程的各个环节中去。学生的积极参与是课堂评价得以顺利进行的保证，只有当学生积极参与评价活动，并从中掌握了评价策略之后，课堂评价才能发挥应有的作用。该教学过程中老师在评价时一人代劳、不让学生参与的做法显然与此相悖。

3. 课堂反馈方式过于简单。课堂教学过程很简单，教师只是在学生"操练"之后要求全班同学给那六位展示对话的学生鼓掌，除此之外，没有任何具体的、针对语言学习和运用情况的评价。

4. 作业的布置也没有很好地体现本节课的语言功能，更没有反映出教学过程中形成性评价的基本特征。

理论点拨（Illustrating）

《课程标准》明确指出："形成性评价是日常教学中由教师和学生共同参与和实施的评价活动，其首要目的是促进学生学习，核心是通过不同形式的反馈给学生提供具体的帮助和指导。教师应根据实际课堂教学的目标，采取有效的信息收集和反馈方式，及时观察和了解学生的学习进程和学习困难，把握课堂教学目标的落实，为下一步调整教学目标、改进教学方法、提高教学效果提供依据。形成性评价应坚持激励原则，教师应积极指导学生评价自己的学习行为和学习结果，使学生通过参与展现自己学习进步的各种评价活动，获得成就感，增强自信心，有效调控自己的学习过程。"

课堂评价包括课堂学习评价和课堂教学评价。课堂学习评价指向学生的学习态度、学习行为以及学习效果；课堂教学评价指向课堂教学活动的组织、管理、评价以及与此有关的各种因素，是对课堂教学效果以及构成课堂教学过程各要素的分析与评价，是完整教学不可分割的一个组成部分，对促进课堂教学质量、推动教师发展有着无法替代的作用。一般情况下，课堂评价是教学评价和学习评价的结合，因为教学效果的获得同样要看学生的学习是否达到了预期的目标。

形成性评价作为教学和学习的有机组成部分，是一种信息收集、整合、解释的过程，目的在于在学习发生的同时促进学习。该评价以发展为目的，而不是以划分等级为目的；它能揭示学生的进步情况，为下一步的教与学提供有益的参考。因此，在课堂教学过程中，教师可以通过让学生完成真实性的任务来判断学生是否达到了学习目标，如让学生在尽量真实的情境中问路、邀请某人参加晚会、设计一份圣诞节活动海报等。但是，如果只有这些活动，学习活动还依旧只是学习活动，其本身并没有发挥评价的作用。要使评价和学习有机结合起来，给学习活动注入评价的因素，教师就需要明确把握实施课堂教学中形成性评价的基本方法，如“对话”，课堂教学过程中的对话可以是“师生对话”，也可以是“生生对话”，目的在于建构行为准则和认知期待，为学生（相互）提供学习支架，并通过教师（相互）提问、追问、反问等方式引导学生的思考方向、把握学生的理解层次、把握学生的语言运用。同时，在对话中，教师的评价所提供的“前馈”信息（相对于“反馈”信息）能帮助学生分析自己存在的问题，给学生提供更多当前学习以及未来学习的帮助。

反思探究（Reflecting）

基于上述的“案例分析”和“理论点拨”，我们可以进一步完善问题案例，从而更加突出其中真实的形成性评价。

Step 1：激活与导入。师与生互致问候。直接切入话题：“Class，what do you usually do to enjoy yourselves after class?”学生纷纷发言：“I usually play basketball with my classmates. /I usually go home and play computer games...”老师转身在黑板上写下：Our hobbies.（本步骤能有效激活学生的兴趣和参与积极性，让学生“想说、要说”）

Step 2：任务呈现。老师在屏幕上展示调查表：Our hobbies. 要求学生在3分钟之内至少访谈5人，了解他人的hobby及其频度，并完成调查表。（本活动旨在评价学生初步运用语言做事的能力）

Student	What is your hobby?	How often do you...?	My advice
A	playing computer games	once a week	
B			
C			
D			
E			

Step 3：语言运用。学生兴奋地、积极地投入访谈。“What is your hobby? How often do you...?”响彻教室的每一个角落。教师四处走动，随时关注学生的身体安全，并提供语言帮助。

（教师及时了解和把握学生的语言学习情况，给接下来的教学活动及其调整与否提供了依据。）

Step 4：数据处理。3 分钟后，学生回到各自的座位，对各自刚才访谈到的数据稍作整理。之后，老师要求学生大声汇报各自处理后的数据信息，并汇总到全班的数据总表中。（数据总表是教师预设的，数据输入现场由某个学生具体操作，教师负责课堂管理，特别要给平时不爱说话的学生主动提供机会，教师进一步了解和把握了班上大多数同学的兴趣爱好和语言学习情况。）

Hobbies	Frequency	Number of people	Suggestions
playing computer games	once a week		
watching TV series			
shopping			
reading			
eating KFC			
…			

Step 5：观点交流。教师给学生自由发表各自看法的机会，但要求尽量使用本节课的重要语言结构（I think... I guess... We'd better...），以确保他们语言运用能力的获得和巩固。（这一活动旨在评价学生对语言功能的掌握情况）

Step 6：总结巩固。教师首先对数据总表反映出来的爱好加以评论（及时对学生的真实兴趣进行积极、科学的评价和引导），并对大家在整个过程中语言学习与运用的表现加以点评（再次评价学生对重要语言结构与功能的掌握情况），鼓励优势，明确不足。

Step 7：作业布置。要求学生用英语口头描述（或报道）今天课堂学习活动的过程及结果，简单发表个人的看法。其中的优秀作业将被推荐给学生会或学生工作部门。（通过学习过程中的作业完成进一步巩固学生的语言运用能力，同时将课堂教学与学校生活密切联系起来，促进多部门的形成性评价的开展，为学生的健康发展提供更加宽松的校园环境。）

修炼建议（Developing）

为使课堂教学的形成性评价更好地发挥作用，教师还应该多了解课堂评价的原则，如针对性原则、过程性原则、效率性原则、变化性原则、全面性原则、发展性原则等。同时，在课堂教学过程中的形成性评价活动中，突出下面几个特点：

（1）以学生为主体。课堂评价的目的是为教师和学生提供学习方面的信息反馈，借以观察和促进学生的学习，所以课堂学习评价应以学生为主体，让学生参与评价活动，教师和学生应该构成互动主体关系，实现学生自评、学生互评和教师评价三者有机结合。

（2）扩大评价内容的覆盖面。课堂评价要求采用标准参照、表现性评价的方式，以保证教学目标的实施，促进学生的发展。根据《英语课程标准》（实验稿）的要求，学生的发展表现在语言知识、语言技能、学习策略、情感态度和文化意识等多个方面。因此，课堂评价不应只是对学生语言知识和语言技能的评价，不应只关注学生知识与技能的掌握情况，同时还必须关注学习过程本身；不仅要关注情感、策略、语言文化等方面的陈述性知识，还应关注其程序性操作。此外，由于形成性评价既关注学习结果又关注学习过程，教师还应关注学生的行为表现、态度变化、参与情况、任务完成的过程与质量等。

（3）完善反馈方式。教师不能简单地仅将分数或等级告诉学生，而是应该附上必要的解释和说明，并提供指导性建议。这样，学生就能清楚地了解自己的不足之处，进而采用相应的对策，并根据反馈信息调整自己的学习计划，选择恰当的学习方式，从而提高学习成效。

二、课外学习的形成性评价

问题展示（Questioning）

由于客观条件的限制，我国小学生的英语学习大多是在汉语环境下进行的（特别是在小学英语教师的专业素质亟待提高的情况下），其语言运用的环境往往缺乏真实性，而且普遍存在着学习时间不足的问题。因此，为实现预期的教学目标，大多数学校和教师组织了内容丰富、形式多样的英语课外学习活动，作为学生课堂学习活动的有益补充和拓展。同时，学校和教师对这一课外学习活动以不同的方式进行了评价，旨在促进课外学习活动的可持续进行以及师生参与这一活动的积极性。对学生课外学习活动的评价方式科学与否，直接关系到学生课外学习活动能否取得实效。

卢老师是某市外国语小学的英语教师，也担任着班主任工作。她所任教的学校自课改开始就要求每一位教师要给每一位学生建立“成长记录袋”，认真记录学生在小学阶段的学习过程，这份“成长记录袋”将成为优秀小学生升入重点初中的重要推荐依据。

为了完成学校的课改任务，为了更加科学、客观、公正地评价每一位学生，卢老师认真收集着、整理着、保管着每一位学生的“成长记录袋”，其中的主要内容有：

1. 每天学会使用一个单词和一句日常用语。（每次课前 3 分钟让尽量多的学生展示他们的“成果”，展示的方式为朗读单词和句子；卢老师记录他们的“成果”本身及其展示时的表现。）

2. 每周背会一首英语歌谣。卢老师利用课堂学习机会让学生展示自己学会的英语歌谣。

3. 每月交一份英语手抄报。手抄报的主题根据自己的喜好从该月的学习内容中选择。

每学期结束时，卢老师将以上材料集中整理后存放在“学生成长记录袋”，作为对学生综合性评价的依据，为评先、评优、升学等提供参考。

这些做法以及这所学校要求建立的“学生成长记录袋”是否就是课外学习的形成性评价呢？如果不完全是的话，还应该补充什么内容呢？

案例分析（Demonstrating）

卢老师根据学校的客观实际条件和要求组织学生开展课外英语学习活动，并以某种方式加以监督、评价，这和新课标的相关精神相吻合，值得肯定和推广！但这并不是对学生课外学习活动及其形成性评价的全部概括。

课外学习活动形成性评价的主要目的应该是对学生日常学习过程中的表现、所取得的成绩以及所反映出的情感、态度、策略等方面的发展、补充和强化，应具有持续性、过程性、诊断性的特点。在较为准确地了解学生学习过程中出现的主要问题及真实需求后，教师就要在课堂教学时间不足的情况下，设计有针对性的课外学习活动并进行有效的评价。

课外学习活动的形成性评价还要能提高学生的学习积极性以及终身学习的策略与能力，帮助学生变“要我学”“我学会了”为“我要学”“我会学了”。卢老师设立的“每天一词一句”“每周一歌谣”以及“每月一张报”等对小学生来说看似简单，其实很具有挑战性，对培养并保持小学生的英语学习习惯的确有很大的帮助。

理论点拨（Illustrating）

1. 英语学习的微妙变化

新课程改革以来，学生的英语学习发生了几个微妙的变化。

（1）课堂学习和课外学习之间的界限越来越模糊，它们一起构成了英语学习的全部，课外学习成为学生英语学习的重要组成部分，也成为学生课堂学习活动的必要延伸和拓展。

（2）为了培养学生课外英语学习的能力和提高学生课外英语学习的效率，课堂教学要为学生的课外学习做适当的准备，把学生的课外学习看做课堂学习的自然延伸和补充。

（3）课外学习对课堂学习起到了促进作用，因为课外学习能帮助学生练习和巩固课堂上学到的知识和方法，并有助于学生通过大量的语言试用活动提高语言实践能力。

（4）课外学习的内容和方法实际上就是“学习”和“交际”的相互渗透、共同促进。

针对新课改带来的这些课堂内外学习活动的微妙变化，教师要对学生的课外学习负责，既要严格检查督促，又要提供建议和指导，还要在课堂上为学生提供展示课外学习成果的机会，进一步锻炼和激励学生。

2. “成长档案袋”

“档案袋”由英语“portfolio”意译而来，是“作品集”的意思。20 世纪 80 年代末期，美国斯坦福大学教师评价项目组的 J. 巴顿（James Barton）和 A. 柯林斯（Angelo Collins）首次对教师教育中使用档案袋进行评价的可能性进行探索和尝试，当时的档案袋包括教师和学生的成长记录，后来在实践中逐步细分为学生成长档案袋和教师成长档案袋。20 世纪 90 年代以来，档案袋开始作为一种发展性评价工具在全美的大中小学中广泛地发挥作用，并影响到世界许多的国家和地区。

“成长档案袋”对学习者学习方式的影响主要表现在如下四个方面：

首先，反思而后知不足。美国心理学家波斯纳曾归纳出学习者的成长公式：成长＝经验＋反思。伴随着学习者的成长，档案袋中的内容始终是动态的，在这个过程中，学习者始终在比较着、反思着自己的学习行为。世上凡事成功皆有法，失败皆有因。因此，要及时总结自己成功的经验和失败的教训。

其次，总结之后确定科研课题。感知不是学习产生的根本原因，产生学习的根本原因是问题。然而传统的学习方式缺少对学习者反思意识的培养。没有问题也就难以诱发和激起求知欲；没有问题、感觉不到问题的存在，学习者也就不会去深入思考，研究性学习课题更是无从谈起。“成长档案袋”能够使学习者经常进行反思总结，发现问题并上升到理性高度，从而确定科研课题。

再次，研究之后提升学习效率。确定研究性学习课题后，学习者们就可以针对学习过程中存在的问题进行相关学习和研究，并在研究的过程中提高自身的问题意识、信息收集和处理的能力以及运用信息解决真实问题的能力。

最后，师生共同学习、共同发展。教与学的关系问题是教学过程的本质问题，传统的教学往往是教师负责教、学生负责学，教学就是教师对学生单向的“培养”活动。新课程强调，教学是教与学的交往、互动，师生双方相互交流、相互沟通、相互启发、相互补充，在这个过程中教师与学生分享彼此的思考、经验和知识，交流彼此的情感、体验与观念，丰富教学内容，求得新的发现，从而达到共识、共享、共进，实现教学相长和共同发展。

“成长档案袋”不仅是改革评价制度的一项新举措，同时也是一种有效的学习工具，是自主学习的一种形式和途径，其内容始终处于“变”的状态，实实在在地体现了“学习过程”。

“成长档案袋”的创建者应该是学习者本人，教师只是其合作者。创建和丰富“成长档案袋”的过程其实就是一个反思学习、表现学习和优化学习的过程。

反思探究（Reflecting）

基于以上的“案例分析”和“理论点拨”，我们建议卢老师在已经开展的课外学习的形成性评价活动的基础上，帮助、引导小学生自己建立各自的“成长记录袋”。具体做法如下：

将每天“收获”的那个单词和句子、每周学会的英语歌谣、每月设计的英语手抄报都记录在一个小本子上。教师要引导学生：

将这个小本子的第一页设计为“我成长的小脚丫”，即给自己写一句话、画一幅画、贴一张图片等，就像书的“出版前言”。

第二页设计为“目录”，标明每一项目所在的页码，便于查找。其中，要在每次的记录页码上标明年、月、日，便于自己回顾、回忆、反思。

最后一页设计为“后记”，即自己一段时间之后对前面所记录的内容及其过程和过程中感受的描述（可以用汉语、配插图等）。

“后记”之前的几页设计为“读者留言”，留言的人可以是自己的爸爸、妈妈、好友、同学、老师等。这样既可以监督自己（不能偷懒），也益于交流、提高。

老师可以根据学校教学工作的安排、班级工作的安排和学生的真实需求，定期进行集体展示和交流。

学校和教师需要注意的是形成性评价的人文性特征和“以学生为中心”的教育理念。正因为综合性、形成性评价的主体是学生及其成长，所以，学校和教师不需要将所有课外活动项目本身及其获奖与否都纳入“学生成长记录袋”，而是应该给学生自主筛选“学生成长记录袋”内容的机会和权利，让每一位学生都能因此而获得较好的“成就感、归属感、价值感”。

修炼建议（Developing）

英语课外学习的形成性评价既要突出英语学科的特点，又要兼顾形成性评价的特点。因此，教师要根据所在学校的校园文化和自身的教学风格以及学生的真实需求，准确领会新课标的相关精神，明确形成性评价的内涵，了解形成性评价的基本特点和具体操作方法，掌握形成性评价的工具，认真学习量表的设计，多研究实际案例，积极进行评价实践，及时对评价实践进行反思和调整。

同时，教师在进行英语课外学习的形成性评价时，要注意“面向全体学生”，要“基于每位学生的现有发展水平”，要以促进学生的健康成长和发展为宗旨，尊重学生的个体差异，满足每位学生的心理需要，使每个学生的自信心和个性都能得到充分发展。

三、评价活动的选择与设计

问题展示（Questioning）

下面是福建教育出版社英语教材小学四年级 *Home* 这一单元的教学案例。这节课的知识目标是“学生能听、说、读、写有关方位介词；了解 there be 句型的单复数形式”；能力目标是“学生初步掌握介词的用法及 there be 句型”。

Step 1：热身。师生互致问候。老师说："Do you want to visit my home? Follow me."

Step 2：呈现。老师做动作，让学生猜：在哪里？做什么？

1. sleeping (bedroom)

2. brushing teeth and washing face (bathroom)

3. cooking (kitchen)

4. eating (dining room)

5. playing the computer (study)

6. watching TV (sitting room)

然后，老师展示图片，通过"问一答"形式，在黑板上出示下列句子：

There is a vase on the table. There are some books on the table.

Are there any apples on the table? Yes, there are. No, there aren't.

接下来，游戏：摸摸看！请一些学生到教室前边的讲台前，闭上眼睛，摸老师摆上去的物品，猜猜是什么，并大声用英语说出来。

Step 3：巩固。利用课文内容，通过听、练、问、答，巩固 there be 句型的用法。

Step 4：作业。老师要求学生将各自的卧室或自家的客厅画在一张纸上。

这节课包含哪些评价活动？其选择与设计的效果如何？有无进一步完善的可能？

案例分析（Demonstrating）

在上面这个教学案例中，"评价活动"的体现不是很明显。

第二个教学环节"呈现"中的内容与本节课的评价内容及活动的联系不甚密切，因为这个环节主要练习的是"正在进行时"，而不是与 there be 结构相关的知识或能力。接下来的"摸摸看"游戏环节中，学生的参与率不高，因此效率较低。

第三个教学环节"巩固"中，学生只是通过听、练、问、答课文内容来巩固 there be 结构的用法，而对真实生活中的 there be 结构的出现语境、语用功能、意义表达等没有进行基本的展示与理解运用。

理论点拨（Illustrating）

在英语课堂教学过程中，评价可以出现在"学前、学中、学后"。"学前"开展的是诊断性评价，"学中"开展的是过程性评价，"学后"开展的是目标达成性评价。这就是说，课堂教学过程中的每个活动都有与其相对应的评价，然后根据评价的结果及时调整下一步的教学活动安排。

1. 评价内容的设计

根据认知发展规律，评价的内容通常是从知识到理解、从理解到应用、从理解到分析和综合，最后再到评价。如果是阅读教学，那么，阅读之前的诊断性评价内容可以是学生对背景知识的掌握情况，可以是对阅读策略的熟悉情况，也可以是对词汇和语法的理解情况。阅读过程中，评价的内容可以是信息的辨认、转述及其应用，可以是逻辑的理解、判断及其重组，可以是归纳推理、词义猜测、主题理解、语言应用等。如果是语法教学，那么，之前的诊断性评价内容可以是学生对相关词汇的掌握情况，可以是对语法应用环境相关知识的了解情况，也可以是对该语法的理解情况。语法学习过程中，评价的内容可以是语言结构的理解与掌握，可以是真实语境的选择、判断及应用。因此，教师在设计评价时一定要分解课堂教学的过程，根据教学过程的要求设计评价内容。

2. 评价活动的设计

评价活动是为了满足评价内容的需求而设计的。如果评价的内容是学生的阅读理解能力，那就可以采用选择、匹配、正误判断、排序、识别指代关系等活动形式。如果评价的是学生的语言应用能力，就要求教师设置新的语境，让学生在使用某语言结构、某阅读策略的前提下应用所学解答问题、完成任务，于是，提问、讨论、课件制作、演讲、表演等就是科学的活动设计。如果评价的是学生对学习活动参与的状况，就可采用问卷、量表、反思性问题等进行活动设计。

3. 评价过程中的注意事项

评价的目的在于诊断学生的学习效果、学习行为和认知发展，同时在于通过评价促进教师的教和学生的学。课堂教学过程中的评价既包括教师对学生的评价，也包括教师对自己的教学活动以及学生对教师的教学活动和自己的学习活动的评价。也就是说，课堂教学过程中的评价既包括横向的师——生、生——生互评，还包括教师对自身、学生对自身的纵向评价。

反思探究（Reflecting）

基于以上的“案例分析”和“理论点拨”，我们可以进一步完善该教学案例中的评价活动的选择与设计。

Step 1：练一练。老师向学生介绍活动内容：大家一起做一个绘画活动——同心协力。

老师将一张房间内部布局图贴在黑板上，然后向学生呈现本节的单词：window，cup，bed，ball，desk，chair，map，book，light，wall，picture 等。老师用手指向某一处物品，问学生：“What's this?”学生说：“It's a desk/book...”遇到没有学过的单词时，老师引导学生大声朗读。每呈现一种物品，老师就把该物品对应的英文单词卡片粘贴在物品旁边，并带领学生反复朗读。要求学生看到物品能说出单词，看到单词知道是哪种物品。

Step 2：贴一贴。老师用一张白纸将黑板上呈现单词的图画和单词遮挡起来。学生分成四组，每个组领到一张房间内部布局图和一套表示房间内部物品的单词卡片，学生根据刚才的学习和记忆，将手中的单词卡片和图中对应的物品搭配起来。之后，老师揭开黑板上遮挡的白纸，让学生检查自己搭配得是否正确，再一次强化单词记忆。

Step 3：画一画。老师再一次将黑板上呈现单词的图画和单词遮挡起来，并把学生刚刚搭配好的图画和单词卡片也收上来。发给每组学生一张大白纸，让他们根据记忆把刚才的房间内部布局图画在白纸上。然后，每两个小组之间交换图纸，再让学生在互换小组的图纸上把各种物品的单词标注在旁边。

Step 4：秀一秀。老师让各小组展示完成的绘画作品，并用简单的 there be 句型描述房间。最后评选出“准确奖”和“绘画奖”。

上面这个设计源自《小学英语活动设计与教学》（鲁子问，2008）。这个设计有利于：（1）锻炼小学生的读写能力、绘画能力、记忆力、想象力和观察力；（2）培养学生之间的团结协作、互相帮助的精神，让学生增强成就感和自信心；（3）培养学生说的能力。

其中的“同心协力”活动能让小学生运用画画联想及记忆的方式学习新词和句子。该活动形式活泼，将单词记忆和空间记忆相结合，不仅让学生在真实的情景下学习和记忆单词，更培养了学生的空间智能。

在完成任务的过程中，学生之间需要相互合作、相互帮助，团结合作的必要性得以体现，学生的集体荣誉感得以增强。尤其是最后一个环节中要在 4 个小组中评选出“准确奖”和“绘画奖”，更能激发学生的参与性和竞争意识。

整个评价活动遵循了一个难度由低到高、循序渐进的过程：单词呈现、学习——学生根据记忆搭配，巩固单词——检查搭配结果，进一步巩固单词——学生根据记忆绘画、标注单词——简单描述，学生经历了“语言输入——巩固——再巩固——产出”的过程，这样的学习过程是符合儿童大脑学习规律的。

最后一个简单描述房间的环节，让学生尝试着根据自己所画的图来进行口语表述，主要是为了培养学生看图说话的能力，从而让学生的想象能力、观察能力、空间思维能力得到充分的发展，增强学生的成就感。

修炼建议（Developing）

绝大多数小学英语教师都以为“评价活动的选择与设计”距离自己相当遥远，认为这一工作应该是教材的编辑、省地市英语教研员、学校教育管理者等人的职责与义务。这种观点严重影响了一线小学英语教师对评价活动、评价内容的选择与设计，以及对评价本身的功能和技巧的了解、把握、运用、提高、发展。

因此，相关教育培训部门要在各级各类小学英语教师的在职培训中添加甚至加大“评价”的分量，从而帮助小学英语教师端正对“评价”的态度、加深对“评价”的理解、优化对“评价”的运用。

参考文献

①Bailey, K.M. (2004). *Learning about Language Assessment: Dilemmas, Decisions and Directions* [M]. Beijing: Foreign Language Teaching and Research Press.

②George, H.V. (1978). *Teaching from a Structural Syllabus* [M]. English Language Institute, Victoria University of Wellington.

③Goodwin, J. (2006). Teaching Pronunciation. In *Teaching English as a Second or Foreign Language* [M]. Beijing: Foreign Language Teaching and Research Press.

④Graves, K. (2005). *Designing Language Courses: A Guide for Teachers* [M]. Beijing: Foreign Language Teaching and Research Press.

⑤Krashen, S.D. (1981b). The theoretical and practical relevance of simple codes in second language acquisition [J]. In *Second Language Acquisition and Second Language Learning*. 119—137.

⑥Maley, A. (1998). *Resource Books for Teachers* (*series*) [M]. Oxford: Oxford University Press.

⑦Moran, P.R. (2004). *Teaching Culture: Perspectives in Practice* [M]. Beijing: Foreign Language Teaching and Research Press.

⑧Nation, I.S.P. (2004). *Teaching and Learning Vocabulary* [M]. Beijing: Foreign Language Teaching and Research Press.

⑨Tomalin, B. & Susan Stempleski. (1998). *Cultural Awareness* [M]. Shanghai: East—China Normal University Press.

⑩Wallace, M.J. (1991). *Training Foreign Language Teachers: A Reflective* [M]. *Approach*. Cambridge: Cambridge University Press.

⑪陈琳．全日制义务教育英语课程标准解读［M］．北京：北京师范大学出版社，2002.

⑫高立波．经典教学案例与创新课堂设计［M］．北京：世界知识出版社，2006.

⑬鲁子问．中小学英语真实任务教学实践论［M］．北京：外语教学与研究出版

社，2003.

⑭鲁子问．小学英语游戏教学理论与实践［M］．北京：中国电力出版社，2004.

⑮鲁子问．小学英语课堂教学理论与实践［M］．北京：中国电力出版社，2004.

⑯鲁子问，王笃勤．新编英语教学论［M］．上海：华东师范大学出版社，2006.

⑰鲁子问，康淑敏．英语教学设计［M］．上海：华东师范大学出版社，2008.

⑱鲁子问．小学英语活动设计与教学［M］．北京：高等教育出版社，2008.

⑲皮连生．英语学习与教学设计［M］．上海：上海教育出版社，2004.

⑳束定芳，庄智象．现代外语教学理论、实践与方法（修订版）［M］．上海：上海外语教育出版社，2008.

㉑王笃勤．真实性评价——从理论到实践［M］．北京：外语教学与研究出版社，2007.

㉒王电建，赖红玲．小学英语教学法［M］．北京：北京大学出版社，2002.

㉓文秋芳．英语学习的成功之路［M］．上海：上海外语教育出版社，2003.

㉔武尊民．英语测试的理论与实践［M］．北京：外语教学与研究出版社，2002.

㉕叶澜．让课堂焕发出生命活力——论中小学教学改革的深化［J］．教育研究．1997，(9)．

㉖余文森．有效教学的案例与故事［M］．福州：福建教育出版社，2008.

㉗余文森．论教学中的预设与生成［J］．课程·教材·教法．2007，(5)．

㉘邹申．语言测试［M］．上海：上海外语教育出版社，2005.

㉙中华人民共和国教育部基础教育司．走进新课程［M］．北京：北京师范大学出版社，2002.

㉚中华人民共和国教育部．(全日制义务教育 普通高级中学）英语课程标准（实验稿）［M］．北京：北京师范大学出版社，2001.

㉛钟启泉，崔允漷，张华．基础教育课程改革纲要（试行）解读［M］．上海：华东师范大学出版社，2001.